U0945072

高等学校法学教学丛书

编委会

■ 高等学校法学教学丛书

法理学导论

FALIXUE DAOLUN

主　编　刘昕杰

副主编　王有粮　樊英杰

撰稿人　刘昕杰　王有粮　李海昕　樊英杰

　　　　刘　铖　毛晓宁　张天如　范　杰

四川大学出版社

责任编辑:王　冰
责任校对:李思莹
封面设计:墨创文化
责任印制:李　平

图书在版编目(CIP)数据

法理学导论 / 刘昕杰主编. —成都：四川大学出版社，2011.6
(高等学校法学教学丛书)
ISBN 978-7-5614-5335-3

Ⅰ.①法…　Ⅱ.①刘…　Ⅲ.①法理学-高等学校-教材　Ⅳ.①D90

中国版本图书馆 CIP 数据核字（2011）第 117465 号

书名　法理学导论

主　　编　刘昕杰
出　　版　四川大学出版社
地　　址　成都市一环路南一段 24 号 (610065)
发　　行　四川大学出版社
书　　号　ISBN 978-7-5614-5335-3
印　　刷　郫县犀浦印刷厂
成品尺寸　185 mm×260 mm
印　　张　11.5
字　　数　261 千字
版　　次　2011 年 7 月第 1 版
印　　次　2011 年 7 月第 1 次印刷
印　　数　0 001～3 000 册
定　　价　22.00 元

◆读者邮购本书,请与本社发行科联系。电 话:85408408/85401670/85408023　邮政编码:610065
◆本社图书如有印装质量问题,请寄回出版社调换。
◆网址:www.scupress.com.cn

前　言

这是一部主要出自于四川大学法学院教师之手的高等学校法学教学丛书。

四川大学法学院始创于1905年，其法学教育曾经辉煌过。刑法学的谢盛堂、赵念非、伍柳村教授，民商法学的裘千昌、朱昌祯、胡长清教授，宪法学的胡恭先教授，国际法学的刘斯传教授，诉讼法学的龙守荣教授，法院组织法的杨兰荪教授等，在法学界极负盛名。四川大学法学院培养的学生如王怀安（曾任最高人民法院副院长）、胡绩伟（曾任人民日报社总编）、孙孝实（曾任西南政法学院教务长）、王叔文（曾任中国社会科学院法学研究所所长）、刘清波（曾任台湾政治大学法律系主任）等，均在我国法学教育研究和法制建设中做出了突出成就。后来，法学教育因种种原因中断多年。1984年，四川大学重招法学本科生，再招刑法学硕士研究生（1985年）、诉讼法学硕士研究生（1996年）、民商法学硕士研究生（1998年）、法律硕士专业学位研究生（2000年）、诉讼法学博士研究生（2001年），至此，法学教育层次结构基本形成并在继续发展。其间，法学院的教师们精韧不怠、默默耕耘、求实创新、日积月累，有了自己的教学心得和体会。现在通过书籍的方式，将其再现。如果此种方式能够在中国走向法治社会的过程中为法学教育事业奉献一些有益的思考和努力，甚幸。

这套高等学校法学教学丛书，以教材为主、教学参考资料为辅。就教材而言，我们力求在反映法学教育基本教学内容和规格的基础上，充分反映法学发展的新信息和成果，以体系合理、概念准确、内容精练、资料新颖、务实创新为努力方向；就教学参考资料来说，我们力求给学生提供典型和具有探究价值的事例或案例，严谨精彩的判词和法律文书，观点新颖并有指导意义的论文和专著。

我们认为这样的努力是有意义的，我们将为此尽力。

丛书编委会谨识

说 明

这是一本供法科新生阅读的法理学入门教材。按照近年来法理学教学改革的基本方向，大学本科的法理学课程逐渐采取两阶段教学模式，即将原由大一讲授所有法理学内容的教学计划逐渐分解为大一讲授法理学基础内容，经过两三年的部门法学习之后，再进行法理学高阶内容的讲授。以此便于大一新生能够较快地掌握法学的基础理论知识，不再为仓促地学习形而上的法哲学内容而感到迷茫。以此为标准，我们编写这样一本基础教材专供刚刚进入法学院校的大学生使用，因其并未包含法理学的所有问题，故称之为《法理学导论》。

这本《法理学导论》所包含的内容分为四个部分：背景、概念、原理和技能。背景部分是对法学源流和法律职业的简单介绍；概念和原理部分主要涉及法的本体论和运行论等最基本的法理学知识，有关法的价值理论、法的历史文化传统、法与社会的关系、法律解释与法律推理等内容，或已留待高年级研习，或与其他专业课程有所重叠，故未纳入本书范围；技能部分不应视作法理学知识，但文献检索和学术规范对大学生十分实用，故专列介绍。全书除体例和个别观点外，均采学界通说，在论述中借鉴了张文显教授、徐显明教授、卓泽渊教授、付子堂教授等主编法理学通行教材中的观点和论据。全书文字尽量简洁通俗，在每章内容之前有学习要点，正文中穿插“学术前沿”、“随堂思考”、“经典摘录”等栏目，在课后附有“课后思考”和“深入阅读”，利于学生自学和延伸思考。

大学一年级是打好法学基础知识的关键时期，本书的目的是为法科新生四年的法学专业学习做好理论铺垫。需要特别说明的是，本书仅仅是一本水平一般的学科知识入门读物，读者在利用这本《法理学导论》进行基础知识学习的时候千万不能陷入应试考试的机械记忆式学习。“学而不思则罔，思而不学则殆”，博大精深的法学有待求学者主动地进行广泛的阅读和深入的思考。

目 录

第一编 背 景

第二编 概 念

第三编 原 理

第四编　技　能

社会生活。从狭义上讲，需要有相对完备的公安、检察和法院组织及其物质附属物，如警察、法庭、监狱等等。第三，精神条件。法的作用的实现，需要相应的精神条件。这包括法治意识的培育、权利和义务的观念、秩序正义等理念。第四，人员条件。法律作为社会规范，其实行必须由人来运作。"徒法不能以自行"。即使有良好的制度，如果缺乏具有良好法律素质和职业道德的专业人员，法律的作用也难以充分实现。在这个意义上，人员条件也是对这个社会物质条件和精神条件的集中体现。

（五）法的作用的实现，也需要耗费一定的社会成本

法律为人们设定权利，就是让人们为正当权利而斗争。这意味着法的作用实现的过程必然带来一定的社会成本。换言之，法的作用的实现是要付出代价的。它要么表现为法律程序中对社会资源的消耗，要么表现为对双方当事人中的一方权利诉求的否决。例如，一方当事人请求离婚，而另一方当事人却不愿意离婚，法律在实现其对婚姻的社会作用时，一旦实现了离婚的自由就不能就此个案件而言保障另一方当事人不离婚之自由。因此，当选择法治的时候，我们就应当认识到法的作用的实现伴随着其对社会成本的消耗，并为此作好心理和舆论准备。通过法律来调节社会生活是一种有效的选择，但不是没有代价的选择。

深入阅读

1. 瞿同祖：《法律在中国社会中的作用——历史的考察》，载《中外法学》1998年第4期。

2. 付子堂：《法律功能论》，中国政法大学出版社，1999年版。

3. 刘作翔：《论法律的作用及其局限性》，载《法制与社会发展》1996年第2期。

4. [美]艾德加多·巴斯卡哥利亚、威廉·赖特利夫：《发展中国家的法与经济学》，法律出版社，2006年版。

课后思考

1. （2006年司法考试）关于法的作用，下列哪些选项是错误的？（ ）

A. 法是由人创制的，人们在立法时受到社会条件的制约

B. 法律人在处理法律问题时没有自己的价值立场

C. 法具有概括性，能够涵盖社会生活的所有方面

D. 法律不能要求人们去从事难以做到的事情

2. （2006年司法考试）20世纪90年代初，传销在中国内地流行时，法律法规对此没有任何具体规定。当时，执法机关和司法机关对这类案件的处理往往依据《民法通则》第7条"民事活动应当尊重社会公德，不得损害社会公共利益，破坏国家经济计划，扰乱社会经济秩序"。这说明法律原则有哪些作用？（ ）

A. 法律原则具有评价作用

B. 法律原则具有裁判作用

C. 法律原则具有预测作用

D. 法律原则具有强制作用

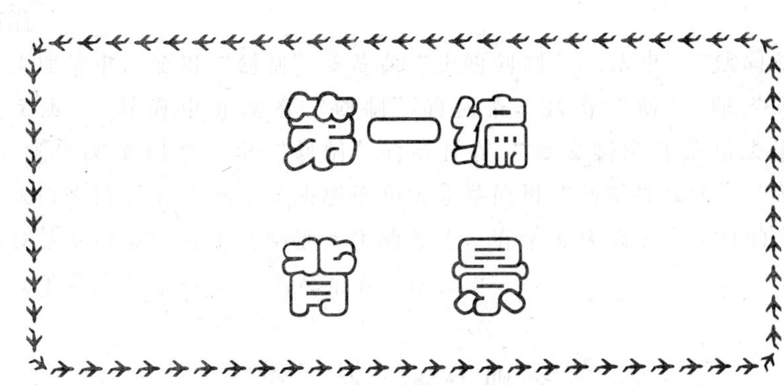
第一编
背景

第一章　法学源流

学习要点

了解·识记：中西方法学的基本历史脉络

第一节　西方法学的演进

当我们试图回顾西方法学的演进简史，就必须注意到，实际上并没有一个能用简单化或模式化的语言来进行描述的所谓“西方”。虽然中文读者往往根据逻辑推测和思维习惯在头脑中设定一个“西方”，然而这个“西方”在事实上却并不单一，其思想内涵和学术传统往往是深邃而悠久的。

经典摘录

西方是不能借助罗盘找到的。地理上的边界有助于确定它的位置，但这种边界时时变动。而西方是具有强烈时间性的文化方面的词。不过，它不仅仅是一种思想，也是一个社会共同体。它意指历史的结构和结构化了的历史两个方面。(伯尔曼：《法律与革命——西方法律传统的形成》，贺卫方等译，中国大百科全书出版社，1993 年版，第 2 页。)

虽然“西方”的概念难以简单界定，但毋庸置疑的是，西方法学开端于古希腊。不仅西方古代法律文化发源于古希腊，而且几乎所有当代西方社会的科学、艺术、技术在学术史的意义上均可追溯至古希腊。根据现有文献和考古发现来看，在以雅典为代表的古希腊城邦国家中，成文法尚不多见，而法律的制定和施行也往往采用城邦内民主或大民主的程序和方式，健全的专门法律机构和职业法学家集团也没有产生，因而法学在古希腊尚未形成独立的学科。然而，以习惯法为主的制度体系在日常生活、特别是城邦政治活动中已得到较广泛的使用，人们感知和认识、分析法律现象的条件已基本具备；与此同时，古希腊发达的哲学极大地发展了人们（尤其是自由民中的知识分子）认识和反思社会现象的能力。因而，古希腊先哲们创造性地提出和阐发了与法治相关的一系列观念，这对今天仍然是富于启发意义的。古希腊法律思想的杰出代表是苏格拉底、柏拉图和亚里士多德。人们通常将苏格拉底看做“智者”，是“智者”们将哲学“从天上拉回了人间”。柏拉图（Plato，公元前 427—前 347）是苏格拉底的弟子，他将苏格拉底思想发扬光大并体系化，是最伟大的古希腊哲学家之一。其著作《国家篇》(《理想国》)、《法律篇》、《政治家篇》集中体现了他的法律思想。“正义”是柏拉图法律思想中的核心主题，其关键在于思考了：人们相互冲突或重叠的诉求之间，什么是正当的或正义的。这一问题，也为其弟子亚里士多德（Aristotle，公元前 382—前 322）的法治理论提供了最重要的“问题意识”之一。亚里士多德是古希腊哲学的集大成者，其著述广泛地涉及形而上学、逻辑学、自然科学、心理学、伦理学、政治学、法学、文艺理论等众多领域，而被誉为百科全书式的大学者。在法学领域，他为了实现柏拉图的正义理论，讨论人治与法治的关系，明确指出“法治应优于一人之治”①，提出了法治的经典定义，建立了系统性的法治理论。此外，关于法与权力、理性的关系，法与人、神、自然的关系，法与利益、正义的关系，公民为何要服从国家和法律等问题均被深入讨论，这些问题是法学史上“永恒的主题”。古希腊的法律观念，特别是基于柏拉图和亚里士多德思想的柏拉图主义和亚里士多德主义，直至今日都一直是西方法学发展的重要思想资源和理论范式。

经典摘录

在社会发展某个很早的阶段，产生了这样的一种需要：把每天重复着的生产、分配和交换产品的行为用一个共同规则约束起来，借以使个人服从生产和交换的共同条件。这个规则首先表现为习惯，不久便成了法律。随着法律的产生，就必然产生以维护法律为职责的机关——公共权力，即国家。随着社会进一步发展，法律进一步发展为或多或少广泛的立法。这种立法愈复杂，它的表现方式也就越远离社会日常经济生活条件所借以表现的方式。立法就显得好像是一个独立的因素，这个因素似乎不是从经济关系中，而是从自身的内在根据中，可以说，从“意志概念”中，获得它存在的理由和继续发展的根据。人们忘记他们的法起源于他们的经济生活条件，正如他们忘记他们自己起源于动物界一样。随着立法进一步发展为复杂和广泛的整体，出现了新的社会分工的必要性：一个职业法学家阶层形成起来了，同时也就产生了法学。（恩格斯：《论住宅问题》，《马克思恩格斯选集》第3卷，人民出版社，1995年第2版，第211页。）

古代西方法学在古罗马发展到了顶峰。罗马帝国时期，简单商品经济和较复杂的财产关系得到了长足的发展。具有“实用理性”精神传统的罗马民族不仅制定了发达的法律制度，也创造出繁荣的罗马法学。在这一时期，还出现了职业法学家阶层、法律学校和法学流派。罗马法学家解决了许多立法、执法和司法的技术和方法问题，而且继承古希腊人的自然法观念以论证罗马法的神圣性和普遍适用性。西塞罗（Cicero，公元前106—前43年）是这一时期最杰出的法学家之一，他将古希腊的自然法观念发展为自然法理论，区分了自然法与人定法，认为自然法是神的理性和自然正义，是衡量人定法的正当性标准。奥古斯都大帝建立了法学家官方解答权制度，法学家的社会地位空前提升，法学不仅获得了独立的地位，也成为罗马法的渊源之一。罗马法学是西方古代社会产生最早的法学，也是在简单商品社会中发展起来的最完备的法学，对商品生产社会最本质的法律关系都做了相当完善的规定，对当代法律产生了世界性影响。罗马法的这种深远影响，表现在宏观层面上，它既是中世纪注释法学产生的根据、教会法学内容的参考，也是近现代民法学理论的基础，还是大陆法系形成的历史渊源；从微观层面看，近现代法学中的许多概念、术语、原理、原则、制度、体系也都不同程度打上了罗马法的

① ［古希腊］亚里士多德：《政治学》，吴寿彭译，商务印书馆1983年版，第167～168页。

印记。

在中世纪，西方社会可以说是一个基督教的社会。马克思就曾指出："中世纪把意识形态的其他一切形式——哲学、政治学、法学都合并到神学中，使它们成为神学的科目。"[①] 然而，在中世纪基督教神学的笼罩下，神学家（如托马斯·阿奎那）的著述中依然包含了丰富的法律思想，他们将古希腊和古罗马的思想糅合在神学中，保存和发展了古希腊和古罗马的法律思想。这一时期，法学取得的成就主要集中在注释法学和教会法学这两个方面。在中世纪后期，日益发展的商品经济产生了对法律的客观需要，于是出现了以研究复兴罗马法为中心任务的法学教育和法学研究活动。随着这一活动的不断发展，职业法学家阶层得以重新出现，并以意大利北部的伦比亚大学为中心出现了注释法学派，亦称"伦比亚学派"。注释法学派又分为前注释法学派和后注释法学派（评论法学派），前者着眼于过去，力图恢复罗马法的本来面目，采用的是机械注释的方法；而后者则着眼于现在，力图将历史与现实结合起来，用经过发展的罗马法来解决现实问题，采用的是既注释又评论的研究方法。注释法学，从方法论意义上标志着世俗法学的新生，也意味着法学开始摆脱神学的控制而重新成为独立的学科，因而它在法学史上发挥着承前启后的作用。因此，罗马法的复兴与文艺复兴、宗教改革并称为中世纪的"3R 运动"。这一时期的教会法学，虽然扮演了维护神权统治的角色，但也在客观上奠定了基督教文明背景下的近现代西方社会法律思想的基础。例如，基督教义中"上帝面前，一律平等"的思想观念应该说是后世"法律面前，人人平等"原则的重要思想渊源；教权统一而不可分割的思想对国家主权观念的形成、国际法的建立均产生了深远影响；而教会法学在主张教权至上的同时也不否定世俗王权，这为资产阶级分权学说提供了历史依据。因而，在认识到教会法的消极影响时，也要注意其积极因素。

经典摘录

教会的威信衰落下去，科学的威信逐渐上升。旁的分歧与这两点全有连带关系。近代的文化宁可说是一种世俗文化而不是僧侣文化。国家越来越代替教会成为支配文化的统治势力。（［英］罗素：《西方哲学史》下卷，马德元译，商务印书馆，1976 年版，第 3 页。）

经历了 13、14 世纪开始的文艺复兴和宗教改革运动，反对封建旧秩序的人文主义精神催生了人文主义法学派的产生，它将君主（而不是神）和人性（而不是神性）重新视作国家和法律的基础加以考察。这使西方法学朝着世俗化的方向发展和变革。人的个性与独立意识被高扬，人的价值和尊严得到认同。如康德所宣称的那样，自己和他人的人性"在任何时候都同样看做是目的，永远不能只看做手段"[②]，这一观念已成为近代文明的基本标志。作为上述思想在法律思想中的反映，西方近代法学开出了全新的内涵，形成了以自然法学派和分析实证法学派为代表的众多法学流派。19 世纪末 20 世纪初，西方社会内部矛盾加剧，旧的利益结构被打破，新的利益结构开始形成，有关劳资、福利、教育、经济等社会立法相继出现，法的社会化成为时代趋势。在这种条件

---

① 《马克思恩格斯选集》第 4 卷，人民出版社 1995 年版，第 255 页。
② ［德］康德：《道德形而上学原理》，苗力田译，上海人民出版社 2002 年版，第 47 页。

下，强调法律的社会作用、法律的实效、法律规则生效的手段、法律与其他社会控制方式的联系的社会法学派应运而生。由于自然法学派、分析实证法学派、社会法学派对西方法学影响最大，故被称为西方法学的三大主要法学流派。

（一）自然法学派

自然法学派大致经历了三个发展阶段：形成于 17 世纪初至 17 世纪中叶，以强调法学与神学的分离为特点，格劳秀斯（Hugo Grotius，1583—1645）的《战争与和平法》以及霍布斯（Thomas Hobbes，1588—1679）的《利维坦》是这一时期的代表作；完备于 17 世纪末至 18 世纪中叶，以从人的理性中推导出个人的基本权利，并进行相应政治法律制度建构为特点，洛克（John Locke，1632—1704）的《政府论》、孟德斯鸠（Baron De Montesquieu，1689—1755）的《论法的精神》以及卢梭（J. J. Rousseau，1712—1778）的《社会契约论》是这一阶段的代表作；此后直至 19 世纪，新自然法学派逐渐形成。自然法学派认为，在国家制定法或实在法之外，有一种更根本的法，这种法源于事物的本性，特别是人的本性，即人的理性。自然法是实在法的客观基础，又是衡量实在法是否合理的标准。自然法学派强调从道德、价值、正义等角度分析法律，即法律应当关注某种应然性，法律的发展应当遵循一定的价值原则并体现一定的价值要求。

（二）分析实证法学派

分析实证法学的代表奥斯汀（John Austin，1790—1859）在 1832 年出版的《法理学的范围》一书中，详细论证了分析实证法学的基本主张。分析实证法学派的主要观点是：严格分开“实际上是这样的法律”和“应该是这样的法律”；在法律与道德的关系的问题上，认为道德与法律没有必然联系，因道德的好坏没有确定性标准，因而需将道德因素从法律研究中剔除；在研究方法上，注重实证分析，不以任何先验的假设和推论为前提，强调对法律概念的分析，依靠逻辑推理来确定可适用的法律。这也标志着西方法学从传统的形而上学转向专门化的法律思维。

（三）社会法学派

社会法学派将社会学的分析框架和理论工具引入法学领域，在社会中研究法律，并通过法律研究社会，强调法律的社会作用和效果。代表人物有埃利希（Ehrlich，1862—1922）、庞德（Roscoe Pound，1870—1964）等。在社会法学派视界中，法在本质上是一种社会秩序，真正的和主要的法律不是国家立法机关制定的法律规则，而是社会立法中的秩序或人类联合的内在秩序。法律与国家之间并没有不可分割的联系，它并非一定由国家机关特别是立法机关所制定和实施，在没有国家的时候和地方也存在法律。法律绝非仅仅是规则的体系，而是由规则、原则、政策多种复杂的要素构成，法律本身必不是单纯的一种规则。社会法学派的观点表明了他们坚持在法与社会的相互关系中，以法的实际运作为对象，揭示了法产生于社会之中，目的是消解彼此利益之间的矛盾、冲突、对立和斗争，以平衡各种利益。而且，他们还把法置于整个社会之中，分析各种社会的、政治的、心理的以及文化的诸因素对于法及其运作的作用和影响。应当说，法律社会学有利于加深对法的内涵的理解，有利于扩展法学研究的领域和视野。

学术前沿

阅读下列法学家的观点，加深对西方法学多元化的认识。

洛克：在自然状态中，人人必须遵守“自然法”，任何人不得侵害他人的生命、健康、自由和财产，违法者应当受到审判和处罚。人类为确保自己的生命、财产的安全和更好地解决相互之间的纠纷，只有相互协议，“各自放弃他们单独行使的惩罚权力”，把它交给公众一致指定的人“来专门加以行使”，这即是公民社会的出现和国家的建立。

奥斯汀：法学只应研究“实际上是这样的法”，即实在法，而不是像自然法学家那样研究“应当是这样的法”，即理想法或正义法。他认为一般法学不同于一国的或特殊的法学。一般法学的任务是从逻辑上比较分析各种成熟的实在法制度的共同原则、概念和特征，其中包括权利、义务、损害、制裁、惩罚和赔偿等重要概念。法与道德无关，或至少两者并不存在必然的联系，法律尽管是不道德或不正义的，但只要是合法地制定的，仍应具有法律效力。

埃利希：即使在现代，国家对法所起的作用也是有限的，而大量存在的是“活法”（living law）。这种法不同于国家执行的法，而是社会组织的内在秩序。尽管这种法在法律命令中没有地位，但它却支配着社会生活本身。人们生活在无数复杂的法律关系中，但除少数人外，都自愿履行这些关系所赋予的义务。如履行父亲或丈夫的义务，尊重他人财产，清偿债务，等等，其动机并不是出于害怕国家的强制。（以上概括自张宏生主编《西方法律思想史》，北京大学出版社，2000 年版；谷春德主编《西方法律思想史》，中国人民大学出版社，2000 年版。）

除以上三大法学流派之外，西方法学历史上还有一些其他的法学流派，如哲理法学派、历史法学派、功利主义法学派等。

哲理法学派亦称做法的形而上学，它用抽象的思辨方法来研究法律，其研究对象更倾向于应然法，是德国古典哲学发展到最高峰的产物。其代表性著作是康德（Immanuel Kant，1724—1804）的《法的形而上学原理》和黑格尔（G. W. F. Hegel，1770—1831）的《法哲学原理》。其特征是用纯粹哲学的方法和视角来探求法的一般原理，将自由和权利设定为法的形而上学原理。值得注意的是，康德与黑格尔的思想，是其整个哲学体系的组成部分，是他们构筑的宏伟理论体系的一部分，因而对他们法律思想的理解，一定要回到他们思想的整体考虑和具体情境中，不能作断章取义式的理解。他们的观点也不尽相同，例如康德更强调自由、平等、权利，对普鲁士民法典产生了很大影响；而黑格尔就主张成文法源于习惯法，具有某种国家主义的倾向。

与哲理法学派不同，同样诞生于德国的历史法学派以实然法为研究对象，以历史比较为研究方法。其创始人是胡果（Gustav Hugo，1764—1844），他的学生萨维尼（Fredrich Karl von Savigny，1779—1861）在其代表作《论当代在立法和法理学方面的使命》中较系统地阐述了历史法学派的基本观点。他认为自然法学的理性主义观念在德国行不通，应该用历史的方法来研究法律；法律是民族精神的体现，是随着民族的发展而自发形成的，所以不能人为地通过立法来建立，因为人为的法律必然失真而丧失民族精神。因而，法律的主要表现形式是习惯法，且习惯法优于成文法。

经典摘录

法是由各民族历史发展所决定的民族共同意志，或者说是民族共同信念的反映，即其所谓的“民族精神”。……不能将一个国家民法形成的力量归于立法者……一切法律均缘起于行为方式，在行为方式中……习惯法渐次形成；就是说，法律首先产生于习俗和人们的信仰，其次乃假手于法学——职是之故，法律完全是由沉潜于内、默无言声而孜孜不倦的伟力，而非法律制定者的专断意志所孕就的。(萨维尼：《论立法和法学的当代使命》，许章润译，中国法制出版社，2001 年版)

功利主义法学的代表人物是休谟（David Hume，1711—1776）、边沁（Jeremy Bentham，1748—1832）和密尔（J. S. Mill，1806—1973）。其实功利主义法学家们有意识地将功利主义与粗俗的享乐主义区分开来，他们将功利主义法学的核心观念界定为：政府的职责是增进社会的幸福，“最大多数人的最大幸福”是政府决定当做什么或不当做的根本理据。无疑这是一种重视法律实施效果的立场，而这一立场也带来了实证的方法，也为国家干涉和社会改革提供了理论依据。

学术前沿

19 世纪 40 年代，一位德国年轻人在批判黑格尔法哲学的基础上创立的马克思主义及其法哲学，与上述两种法哲学流派（按：哲理法学派与实证分析法学派）乃至以前所有的西方法哲学，却有天壤之别。马克思主义法哲学完全是新兴无产阶级的意识形态。由此产生了西方法哲学史研究中的一个难题：能否将马克思主义法哲学纳入西方法哲学史范畴？……马克思主义法哲学是西方法哲学史纲上不可缺少的重要一环。马克思主义法哲学的主要理论渊源是黑格尔法哲学，《黑格尔法哲学批判》(1843) 一书既表明了马克思主义法哲学的理论渊源，又初步奠定了其理论基石——历史唯物论。人们普遍认为，马克思主义的诞生是西方思想史上的一场革命。该命题意味着，马克思是对包括康德、黑格尔以及古典自然法学家的法哲学在内的，以往西方思想进行批判的基础上，提出了史无前例的新思想。这说明，马克思主义（包括法哲学）是西方的土壤中生长起来的参天大树。(张乃根：《西方法哲学史纲》，中国政法大学出版社，2002 年版，第 255～256 页。)

马克思主义法学是由马克思、恩格斯创立的。这两位思想巨人合著的《德意志意识形态》是马克思主义法学诞生的标志。在这篇奠基性的著作中，马克思和恩格斯揭示了法和法的关系根源于社会物质生活条件，根源于利益冲突，法随着经济条件的发展而发展等客观规律，揭示了法与阶级、国家的联系，阐明了马克思主义法学的一系列基本原理。其后，马克思和恩格斯在《共产党宣言》、《论住宅问题》、《哥达纲领批判》、《家庭、私有制和国家的起源》、《路德维希·费尔巴哈和德国古典哲学的终结》、《英国工人阶级状况》、《法兰西内战》、《资本论》、《反杜林论》、《法学家的社会主义》等著作中进一步丰富和发展了他们的法学理论。马克思主义法学以辩证唯物主义和历史唯物主义作为世界观和方法论，深刻分析了社会各个方面的现象，科学地阐述了法的本质及其发展规律，使法学成为一门真正的科学。同时，马克思主义法学是在对以往的法学分析评价的基础上，继承了其中进步的思想和正确的认识成果，从而把法学推向了崭新的发展阶段。19世纪末，马克思和恩格斯先后去世。他们去世后，列宁作为当时共产党人的杰出代表不仅继承、捍卫了马克思和恩格斯的法学理论，而且在创建和领导世界上第一个社会主义国家的过程中，创造性地发展了马克思主义法学。马克思主义法学也对中国现代法学的发展起到了重要影响。

从20世纪50年代中叶起，由于一系列重大政治论证和学术争论的推动，西方法学开始振兴，经过十多年的发展，出现了西方法学史上前所未有的繁荣局面。自然法学派、社会法学派和分析法学派都纷纷以新的理论姿态出现。以行为主义心理学和行为主义政治学为理论基础和原型的行为主义法学，作为存在主义哲学组成部分的存在主义法学，试图折中调和各派实现法的概念、法的价值、法学方法三统一的综合（统一）法学派也纷纷登场。20世纪70年代后，主张运用经济学的理论和方法分析、评论法律制度和法律活动，朝着实现最大经济效益的目标改革法律制度的经济分析法学派异军突起。此外，受现象学与解释学的影响，解释法学或法律解释学也开始流行；而在所谓“后现代”视阈中，女性主义法学等思潮也时有兴起。

第二节　中国法学的历史

中国是世界上文明最发达且历史最完备的国家，拥有丰富的法律文化遗产。早在春秋战国时期就已经有法学专著问世，其后历代亦有丰富的法律思想。值得一提的是，中国传统法学，从发端处即与西方法学完全不同，它始终浸润在中国传统哲学、伦理以及政治思想中，是中国传统文化对世界法律文明的独特贡献。这种独特之处、这种差异不能简单使用“东方”与“西方”（或“法治”与“人治”）等理论范畴加以归类或评价。

根据文献记载和现有考古发现，我国在夏、商、西周时期已经出现关于法律的论述，形成了以天命和宗法制度为核心的法律思想。相传夏朝已开始用“天命”、“天罚”等神权法思想解释法律现象。如《尚书·甘誓》就记载：“有扈氏威侮五行，怠弃三正，天用剿绝其命，今予惟恭行天之罚。”随着奴隶制生产关系的发展和王权的加强，“天命”、“天罚”的神权法在殷商有了很大发展。殷商统治阶层以迷信鬼神著称，“殷人尊神，率民以事神”[①]，商王还专门豢养了一批“卜”、“祝”、“巫”占卜，所有国家大事，举凡年成丰歉、战争胜负、下雨打雷、定罪量刑等，都要占卜一番。中国古代神权法在西周发生了重要变化，发展出了虽有天命但“惟命不于常”[②]，只有有德者才可承受天命。此外，西周还出现了以血缘为纽带调整家族内部关系，维护家长、族长的统治地位和世袭特权的行为规范，即所谓“宗法”。周公是西周时期法律思想的代表人物，他提倡礼治，将“尊尊”、“亲亲”作为礼治的基本原则。这些原则实际上指导着西周的立法和司法活动。此外，周公等西周统治者吸取殷商灭亡的教训，感到一味“重刑辟”反而会激起人们的反抗。为了使天命不再转移，周公提出了“明德慎行”学说，他主张区别对待犯罪、反对连坐处罚、反对滥杀无辜，主张刑罚适中，这在世界法学史上都是十分

---

① 《礼记·表记》。

② 《尚书·康诰》。

罕见的。概言之，夏、商、西周神权法有一个发展变化的过程，大致可概括为：形成于夏代，盛极于殷商，动摇于西周。

春秋战国时期，中国古代社会的剧烈转型造就了一个“礼崩乐坏”的时代。昔日的礼乐秩序被打破，对礼乐文化的追忆和反思构成了这一时期的思想基调之一。对社会关系特别是对礼乐的不同观念，发展成“百家争鸣”式的各种学说，这为中国古代法学的兴起和发展提供了契机，中国也迎来了历史上思想空前繁荣的辉煌时期。在春秋战国层出不穷的学派中，儒、法、墨、道四家对法学的兴起和发展贡献突出。

（一）先秦儒家

先秦儒家的代表人物是孔丘（公元前551—前479年）、孟轲（约公元前372—前289年）和荀况（约公元前313—前238年）。三人虽同属儒家，但因其生活时代各不相同，每个人所面临的社会现实和思想资源已发生了很大变化，故他们的主张也有很大差异。若要作一个简单归纳，孔子的法学思想仍然主张维持礼治，发展出一套以“仁”为核心的法律学说；孟子处在战国中期，他在一定程度上适应了时代变化，提出了“仁政”学说；而荀子则生活在战国后期，当时的中国社会正处于由诸侯割据向大一统帝制转变的前夜，荀子的儒家学说也吸收了在现实中显示出巨大威力和功效的法家学说，发展出既“隆礼”又“重法”的学说。实际上，荀子是以儒为主、儒法合融的先行者。总体上，孔子和孟子以性善论为哲学出发点，强调圣贤个人的统治力量，重视道德礼教的作用，主张礼主刑辅，综合为治。

（二）先秦法家

法家的主要代表人物是管仲（？—公元前645年）、子产（？—公元前522年）、李悝（公元前455—前395年）、商鞅（约公元前390—前338年）和韩非（约公元前313—前238年）。他们是先秦诸子百家中新兴地主阶级的代表。其中管仲、子产和邓析等人是春秋时期的法家先驱；而战国初期的李悝，编撰了我国第一部较为系统的封建法典《法经》；战国中期的商鞅对变法、重势和重术等一系列思想作了理论上的论证，是法家法律思想的主要奠基者；战国末期的韩非在继承和发展法家学说的基础上，形成了更为完整的法学学说，是先秦法家的集大成者。同时，法家思想家又多是当时的政治活动家，他们将自己的学说运用到政治实践中，对中国社会产生了深远的影响。在内容上，“刑赏二柄”是法家关注的重点，他们坚持趋利避害的人性论，强调用明确、公开、客观而严苛的法律来治理国家，通过加强君主专制统治来建立社会秩序。

（三）先秦墨家

墨家是先秦法家兴起以前，可以与儒家并称的最大学派。其代表人物是墨翟（约公元前468—前376年），出身于小手工业者阶层，其学说在一定程度上代表了中下层民众的政治和法律观念。墨家法律学说的核心是“兼爱”思想，他们将天意视作法律的根源，强调“兼相爱，交相利”的社会信念，主张在经济上重视生产、节约、利民，在刑罚上“不杀无辜，不失有罪”。

（四）先秦道家

其代表人物是老聃（生卒年不详）和庄周（约公元前369—前289年），前者是先秦道家的创始者，而后者为道家思想的集大成者。他们将“道”视作万物的根源，以“小国寡民”为其理想国，反对制定各种礼法制度，主张一切顺乎自然，“无为而治”，甚至认为“法令滋彰，贼盗多有”。道家法学学说和思想开创了中国法律虚无主义的先河。

经过春秋战国时期的百花齐放、百家争鸣，中国古代法学学说已非常昌盛，传统中国社会中主流法学思想的思想因素和基本范畴，几乎都已奠定。但这一局面随着秦朝中央集权的专制主义的出现而终止。到了汉代，汉武帝采纳了董仲舒“罢黜百家，独尊儒术”的主张，儒学在所有思想领域占据了统治地位，也深刻影响了此后两千年的中国法学。尽管儒学的具体内容、表现形式在传统中国有所流变，但从董仲舒到朱熹等的儒家思想家，始终遵循着“德主刑辅”的正统法律思想。因而，可以说，中国古代的主流法律学说是以儒家法律思想为核心的文化体系。

学术前沿

一般认为，中国古代法律学说主流是儒家法律思想，但也有学者将中国传统社会的法学概括为“儒表法里”（或“明儒暗法”），认为法律实践层面上更多沿袭了法家的基本进路。以此为基础，还将这种“法里”细化为“法道互补”。这提示我们：中国传统法学的确蕴涵了中国传统文化的诸多思想因素，不能将之简单等同于某一种学说的运用。（参见秦晖：《传统十论》，复旦大学出版社，2003年版，第167～247页。）

中国古代的“律学”是否就是今日的“法学”，在学术界颇有争议，但可以肯定的是：律学作为一门独立的学问，在中国源远流长，并形成了自己的学术传统。自汉代始，就出现了“律学”（亦称“刑名律学”、“注释律学”）。其研究对象是“律”，其研究方法即根据儒学原则对成文法律规范进行讲习、注释。它不仅对律文进行文理解释，也对礼法关系、条文与法意的关系、律与例的关系、定罪与量刑、刑罚的宽与严、肉刑的存废等一系列问题进行阐述。西汉时期，于定国、杜延年，东汉的郭躬、陈宠等人世代传习法令，学生多达数百人。东汉经学大师马融、郑玄都曾对汉律作章句注解，晋代张斐和杜预也曾注释晋律，并说明了一些立法原理和法律适用问题。东晋以后，律文注释者渐渐从民间走向官方。著名的《唐律疏议》就是官方注释的范本，堪称中国乃至世界历史上最系统、保存最完整的古代注释法学著作，对中国后世以及一些亚洲国家都产生了重大影响。律学家对律文的讲习和注解，使儒家经义与法律融合为一体，最终完成了法律的儒家化，使传统中国法学形成了法律伦理化和伦理法律化的法律文化传统。正如《唐律疏议》篇首的疏文宣称：“德礼为政教之本，刑罚为政教之用，犹昏晓阳秋相须而成者也。”此外，三国魏明帝还曾设律博士，专门传授律学，而律学官也一直延续到宋代。宋代王安石从“立法善于天下则天下治”的认识出发，锐意进行变法改革，曾设学校，立明法科，提倡律学，最终因保守势力的反对而未能成功。应该说，律学一直是传统社会法学史中的正统和主流。但随着近代商品经济的萌芽和发展，律学传统也开始受到了挑战。例如，黄宗羲就认为君主专制的法是一家之法，非天下之法；法应是天下之公器，应以天下之法取代一家之法①。

---

① 参见《明夷待访录·原法》

随堂思考

根据你所了解的中西传统法学的研究对象和方法，谈谈你对不同文化背景下法律思想发展的认识。

1840 年以降，传统中国社会经历了前所未有的大变局，中国思想界出现了大量的新观念、新理论、新主张、新学说，中国开始了极其艰难的现代化过程。

洋务派主张“中学为体，西学为用”，康有为、梁启超主张实行君主立宪，并发动了戊戌变法，而孙中山、章太炎则主张废除君主制，实行民主共和制。面对内外困局，晚清政府也曾研究外国法律，并开始修订本国法律。为此，清政府还派遣官员和学生出国考察和学习法律。这些人回国后，开始介绍和论述西方的法律和法学，开创了中国近代法学教育和法学研究。1901 年京师大学堂设立法科，1906 年成立法律学堂，这标志着近现代法学在中国成为一门独立的学科。由于当时紧迫的政治时局、救亡图存和制度变革的需要，“民权”、“立宪”、“民主”、“宪政”、“人权”、“自由”等西方“法治”概念被译介到中国。例如，西方近代政治法律文化中的“权利”（right）就是在 1864 年由美国传教士丁韪良主译的《万国公法》中首次使用。以此为开端，“人权”、“天予人之权”等近现代政治哲学、法哲学的核心概念和术语体系开始为中国人所熟知。需要注意的是，尽管这些舶来的概念为中国人分析和建构社会打开了一扇近代化的窗户，但它们毕竟与传统法学、传统政治理念中的概念迥然有异。于是，近代以来中国思想界最重要的一对范畴“中国”与“西方”呈现在中国人的面前。应该说，直至“五四”和新文化运动以前，无论是洋务派、改良派还是共和派，无论他们是否认同“西学”或者在什么意义上认同“西学”，他们在客观上都受到了“西学”的深刻影响。虽然如此，他们的思想仍与“五四”时期的人有明显的区别。后者站在近代西方思想观念的立场上，高扬“民主”与“科学”的价值，对中国传统思想文化发起全面的、彻底的和不妥协的攻击、批判和否定；而前者却是力图打通古今，融贯中西。这种试图从传统文化内部去开新出近现代文化与制度的努力，在今天仍有十分重要的意义。

随堂思考

回忆你所知道的近代著名人物，利用图书馆资源查询下他们对引进西方法学作出过哪些贡献？

在国民党的统治下，官方法学在承袭部分传统法律的同时，开始移植西方现代法律，法学思想也开始西化。

十月革命一声炮响，给中国人民送来了马克思主义。毛泽东、周恩来、朱德、刘少奇等老一辈无产阶级革命家，将马克思主义的基本原理与中国革命与建设的实践相结合，在论证和建立新民主主义革命法制的过程中，创造性地提出了一些关于中国马克思主义法学的理论，这些思想散见于《人民民主主义论》、《论政策》、《论联合政府》、《论人民民主专政》、《关于废除国民党的六法全书与确定解放区的司法原则的指示》、《关于废除伪法统》等论著和文献中。新中国成立后，中华民族实现了国家独立和民族解放，中国法学也在中国共产党领导下焕发出蓬勃生机。毛泽东的《关于中华人民共和国宪法草案》、《关于正确处理人民内部矛盾的问题》，周恩来的《专政要继续，民主要扩大》，刘少奇的《中国共产党中央委员会向第八次全国代表大会的政治报告》以及董必武的

《关于党在政治法律工作方面的思想工作》、《进一步加强人民民主法制，保障社会主义建设事业》、《在军事检察院检察长、军事法院院长会议的讲话》等论著和文献是这一时期马克思主义法学中国化的成果。党的十一届三中全会后，邓小平同志深刻总结了我国和其他社会主义国家在民主和法制建设方面的经验教训，并根据我国新时期改革开放和社会主义民主法制建设的实践经验，创造性地提出了有中国特色社会主义民主和法制理论，具体包含：民主法制战略论、民主法制关系论、法制立国论、依法治国论、法制发展论，等等。1997 年 9 月，党的十五大提出了依法治国的基本方略，这直接推动了中国法学在 21 世纪的繁荣。

深入阅读

1. ［英］韦恩·莫里森：《法理学：从古希腊到后现代》，李桂林、李清伟、侯健、郑云瑞译，武汉大学出版社，2005 年版。

2. 何勤华：《西方法学史》，中国政法大学出版社，2003 年版。

3. 何勤华：《中国法学史》，法律出版社，2006 年版。

4. 李贵连：《近代中国法制与法学》，北京大学出版社，2002 年版。

5. 张乃根：《西方法哲学史纲》，中国政法大学出版社，2008 年版。

课后思考

1. 以下是当代自然法学派和实证法学派关于法律与道德关系的基本观点：

法律与道德密不可分，法律不仅体现了法律的外在道德，而且法律制度作为整体必须满足程序上的内在道德。法律的外在道德是指通常意义上的道德，即由“正确”、“好坏”、“公平”、“正义”等原则和观念组成的道德。法律的内在道德是指法律制度必须具备的八点要求，缺乏其中任何一点都不成其为法律制度。法律的内在道德本身就是道德，因为满足这些要求使较好的法律更为可能。（Fuller，*The Morality of Law*　富勒：《法律的道德性》）。

由于人们存在道德偏好，因此价值是相对的，不存在统一的、真的道德价值，客观地认定什么是正义只是一个谎言。也就是说，自然法学说具有将主观的利益、兴趣客观化的虚幻性。在基本规范的帮助下使用特定的规范概念，法律是一门价值无涉的法律科学。作为科学问题的法律问题是社会技术问题，与道德无关，法律区别于正义是实证的法律，实证法的科学显然不同于正义哲学。（Kelsen，What is Justice　凯尔森：《何为正义》）

法律反映和符合一定道德要求，尽管事实上往往如此，然而不是一个必然的真理。（哈特：《法律的概念》）

通过查阅相关法学流派的观点，结合上述材料，谈谈你对法律与道德关系的认识。

2. 目前大多数学者都认为中国古代有律学而无法学。如张中秋认为：

“律学”与“法学”只有一字之差，实际上并不这么简单，而是反映了两种不同性质和形态的法律学术，即两种不同类型的法律知识。它们的真正区别不只是在外延上（这是次要的），而是在内涵的属性，也即质的规定性上。这是一种性质、类型之别，不能混为一谈。……法学因以正义为核心，所以，它所探讨的重点首先必然是这样一些问题：自然法、法的本质、法的价值、法与自由、法与平等、法与权利、法与民主、法与政治、法与道德和宗教的关系、法和法律的权威以及在社会中的地位与作用等。这些问题都是围绕“正义与权利”这一核心而展开转而又阐释和强化这一核心的。……“律学”主要是从文字、逻辑和技术上对法律条文进行详细解释，关注的中心问题是刑罚的宽与严，肉刑的存与废，律、令等法条的具体运用，以及礼与刑的关系等。……质言之，传统中国由于缺乏系统的自然法理论，也就不可能产生出与西方对等意义上的法学。（张中秋：《论传统中国的律学》，《河南省政法管理干部学院学报》2007 年第 6 期。）

比较阅读西方法学的著作和中国传统律学的著作，体会中西法学的基本差异。

第二章　法律职业

学习要点

了解·识记：法律职业的含义和特征，法律职业的伦理道德，法律职业基本制度

理解·应用：法律职业与法律共同体

法治秩序的构建和运行离不开法律职业者的参与，在这种意义上，法治可以说是法律通过法律职业者的治理。法学研习的过程就是法律人的养成过程，其最终的目的便是培养出合乎社会需求的法律人。

经典摘录

从事法律不仅是一种谋生方式，而且也是在"公共服务"精神下所追求的一种职业。在理想的境界中，法律既是一门艺术，也是一种引以骄傲的行业，一种兼有学问和自由的行业。（史蒂夫·苏本等：《美国民事诉讼的真谛》，蔡彦敏、徐卉译，法律出版社，2002 年版，第 40 页。）

第一节　法律职业概述

一、法律职业的含义

法律职业是指以律师、法官、检察官为典型代表，以其他从事法律工作的人员为组成部分，受过专门的法律训练、具有娴熟的法律技能、遵守严格的法律伦理的人所构成的自治性共同体。狭义上，法律职业只包括律师、法官、检察官三种职业；从广义上来说，法律职业还可以包括一切通晓法律并从事法律工作的人员，他们可能是公证员、企业和政府的法律顾问、法学者等等。

西方学者格林伍德曾对职业的特征进行过概括：(1) 职业人员的技能以系统的理论知识为基础，而不仅仅根据特殊技术的训练；(2) 职业人员对他们的工作具有相当大的自主性；(3) 职业人员形成联合体，它调整职业内部事务，对外则代表职业人员的利益；(4) 加入一个职业，要受到现成员的认真审查，成为一个职业成员往往要参加职业考试，获得许可证，得到头衔，这个过程受到有关职业组织的调整；(5) 职业拥有道德法典，要求其所有成员遵守它，违反者将可能被开除出该职业①。基于此，我们将法律职业的特征作如下概括：

理论与技能特征。法律职业者需要掌握系统的法律理论知识与专门的法律技能，这

① 转引自朱景文主编：《现代西方法社会学》，法律出版社 1994 年版，第 103 页。

些技能和知识来源于专门的法学教育和法律职业训练。法律教育所传授的是系统的、内在协调和统一的法律知识，这是与法律体系的统一性相协调的，也是法律职业技能得以统一的重要前提。

自主与自治特征。现代社会的日益复杂，使得现代社会的法律也日益复杂。这种复杂性从本质上决定了法律职业是一个相对封闭的领域。法律职业者在这个领域内运用法律概念体系、法律技能方法，进行一种有异于日常思维的法律逻辑运作。对于专业领域内的问题，多是法律职业内部的同行对其进行判断和评议，普通人难以就这些问题作出合理的判断。这也就要求法律职业要自主、自治、自律，进行一定程度的自我管理和自我约束。

准入特征。一方面，法律职业所要面对和处理的问题具有复杂性。另一方面，法律职业又是一种公共职业。正如美国法学家庞德所说，法律职业是“一群人从事一种有学问修养的艺术，共同发挥替公众服务的精神，虽然附带地以它谋生，但仍不失其替公众服务的宗旨”①。如同医生职业一样，法律职业的上述性质决定了未经专门训练、掌握特殊技能的人，不得进入法律职业的神圣殿堂。

伦理特征。法律职业具有复杂性、自治性、公共性，法律职业者所遵循的职业伦理也有别于一般伦理和其他职业伦理。例如，律师明知委托人罪行重大，但却不得基于良心而拒绝接受委托，也不得将其所了解的罪行向法庭告发或向公众透露。

随堂思考

作为一名刚踏入法律之门的法科学生，上述的法律职业特征与你原先的设想有哪些反差？

二、法律职业的形成

从严格意义上讲，中国历史上没有发展出法律职业群体。法官这一称谓虽早在战国时期的法家著作《商君书·定分》中就已出现，但却始终没有成为正式的制度。历代的司寇、廷尉、大理寺卿等均是行政官员，只是兼理司法事务。而后来出现的专事法律事务的人，如书吏、师爷、讼师等，要么无政治前途、要么无国家薪俸、要么根本就被视为不正当职业。

西方也不是在一开始就具有专业的司法官员，法律职业的出现经过了较长时期的发展。现代意义上的职业产生于文艺复兴时期的欧洲，但其形成历史甚至可以上溯至古罗马。公元前366年，罗马通过“军伍大会”选举产生了“裁判官”，主要职责是解决上诉于他的种种争执和解释一般的法律，以及我们熟知的法学家阶层，他们就是原初形态的职业法律家。

随堂思考

为什么中国历史上没有形成法律职业，这对于中国法律的发展有何影响？

12世纪开始的罗马法复兴运动，为现代法律职业的形成奠定了智识基础。对罗马法的教学和研究工作持续了很长时间，到13世纪末，几乎所有的法科大学都在教授罗

---

① ［美］伯曼编：《美国律师讲话》，三联书店1980年版，第208页。

马法。这些人使用着同样的法律文献，拥有相同的法学理论知识、相同的职业技能训练、相同的学术语言，初步具有了现代法律职业的一般特征。

按照德国著名学者马克思·韦伯的说法，现代法律职业形成于16世纪。他认为："战争技术的发展呼唤着专家和专业化的官吏，司法程序的细密化，也要求有训练有素的法律专家。16世纪时，在较先进的国家，专业官吏在战争、财政和法律这三个领域取得了明确的胜利。就在君主专制主义凌驾于身份等级制度之上的同时，君主大权独揽的统治也逐步让位于专业官僚体制。"①

三、法律职业与法律职业共同体

要明确法律职业这一概念的含义，首先要了解"职业"在西方的特殊含义。权威辞书《牛津英语大辞典》对"职业"（profession）的解释是具有某种学识，而享有特权并承担特殊责任的某些特定的服务性行业，如神学、法律、医学等。法律职业，就是具有系统的法律知识，享有一定的自主权并承担公共责任的行业。

而从事法律职业的人则被称为法律人（lawyer），《牛津英语大辞典》将其解释为：一群受过良好的法律专业训练、精通法律专门知识、具有高尚的职业伦理、实际操作和运用法律的人。

对于法律共同体，有学者认为即是法律职业这一群体；马克思·韦伯认为，法律共同体是由某种共同的特质维持或形成的其成员间因共识而达成协议的群体，其特征是具有同质性，而这种同质性以出身、政治、道德、宗教信仰、生活方式或职业等社会因素为表现。但是，法律职业群体"并非等同于法律职业共同体或会自然过渡到法律职业共同体，只有在这一群体能够折射出一种无形的、支撑着这一群体所从事的法律事业的法治精神时，它才能被称为法律共同体"②。

经典摘录

所有的法律人，团结起来！无论是最高法院的大法官还是乡村的司法调解员，无论是满世界飞来飞去的大律师还是小小的地方检察官，无论是学富五车的知名教授还是啃着馒头咸菜在租来的民房里复习考研的法律自考生，我们构成了一个无形的法律共同体。共同的知识、共同的语言、共同的思维、共同的认同、共同的理想、共同的目标、共同的风格、共同的气质，使得我们这些受过法律教育的法律人构成了一个独立的共同体、一个职业共同体、一个知识共同体、一个信念共同体、一个精神共同体、一个相互认同的意义共同体。我们承继的不仅仅是一个职业或者手艺的传承，而是一个伟大而悠久的文化传统。我们不仅仅在市场上寻找出价的机会，更主要的是在大学神圣的殿堂里，在这悠久的知识传统中寻找启迪、智慧与灵感。如果我们没有共同的法律语言，对法律没有共同的理解，没有共同的社会信念，没有共同承担社会责任的勇气和能力，有谁来支撑我们的法治大厦？有谁来抵制专断权力的任性？有谁来抵制暴民政治带来的无序和混乱？（强世功：《法律共同体宣言》，载张文显、信春

---

① ［德］马克思·韦伯：《学术与政治：韦伯的两篇演说》，冯克利译，生活·读书·新知三联书店1998年版，第68页。

② 参见张文显、信春鹰、孙谦编：《法律职业共同体研究》，法律出版社2003年版。

鹰、孙谦编：《法律职业共同体研究》，法律出版社，2003 年版，第 186～187 页。）

第二节 法律职业素养

在现代社会，法律职业具有专门性或专业性的特点。在法律发展的早期，由于社会生活比较简单，执法人员可以根据普通习惯来判断是非、解决纠纷，只要凭深厚的生活经验和阅历就基本能够胜任执法角色。因此，古代执法人员可以不必经过专门化的职业训练。但是随着社会分工的增加、社会生活的复杂化，特别是市场经济条件下的高度社会分工的发展，法律职业的专门化在现代社会已被接受为一种社会生活的必需。法律职业的专门性主要是指法律职业人员具有高度的法律专业素养。现代法律职业及其共同体的形成过程，就是法律职业素养统一的过程。

一、法律职业的语言

法律人在处理法律问题时首先要面对的就是法律规范。而一切法律规范都必须以"法律语句"的形式表达出来，具有语言的依赖性。离开了语言，法律就无以表达、记载、解释、发展。法律人在其工作中每时每刻都与语言打交道。如果没有语言，法律人就失去了架构规范与事实之间的桥梁。总之，对于法律人来说，"语言不仅是理解不语的客体之当然实用工具，其本身也是法律者工作的核心对象——他要理解法律，描述事实行为，根据规范对案件进行推论"。

法律调整的生活事实多种多样，无法穷尽，而法律条文用语却尽可能的精简和有条理。法律所调整的社会事实的无限性与法律规范数量的有限性之间存在冲突。因为日常语言是多义的、不准确的，这不可避免。法律语言采纳了大量的日常语言，因此也必然继承了其不准确性即含义的变化性。法律规范所包含的不确定的法律概念和一般条款决定了法律语言的不确定性和开放性。但是，也正是这种不确定性和开放性为新的社会事实和评价标准留下了余地。法律语言是法律职业素养中最基本的要素，需要法律人不断地学习。

经典摘录

研读法律的学生如果对其本国的历史相当陌生，那么他就不可能理解该国法律制度的演变过程，也不可能理解该国法律制度对其周遭的历史条件的依赖关系。如果他对世界历史和文明的文化贡献不了解，那么他也就很难理解那些可能对法律产生影响的重大国际事件。如果他不精通一般政治理论，不能洞见政府的结构与作用，那么他在领悟和处理宪法与公法等问题时就会遇到障碍。如果他缺乏经济学方面的训练，那么他就无法认识在许多法律领域中都存在的法律问题与经济问题之间的紧密关系。如果他没有受过哲学方面的基础训练，那么他在解决法理学和法学理论的一般问题时就会感到棘手，而这些问题往往会对司法和其他法律过程产生决定性的影响。（博登海默：《法理学、法律哲学与法律方法》，邓正来译，中国政法大学出版社，1999 年版，第 505～506 页。）

二、法律职业的知识

法律知识是一种专业知识，它主要由两部分构成，一部分是制定法中的关于规则的知识，另一部分是法律理论中关于原理的知识。关于规则的知识是基础，但这种知识是暂时的。政治、历史、社会的因素可能改变法律规则的调整内容，虽然表述这些规则的条文在措辞上并没有变化。这就需要法律人运用普适的法律原理知识来处理关于规则的知识的局限性。

法律原理或者说法学理论在这些情况下会变得十分重要：第一，无法律可以适用，只能通过法理与习惯等法律渊源得到结论，弥补法律漏洞；第二，对同一个事实有两个以上的法律可以适用，但产生相互矛盾的结果时，需要判断哪一个法律较为允当，从而得出判决；第三，对于已有判决先例，但法院认为先例不公允，又没有法律的明文规定可以推翻前判决，需要法学理论作为正当性理由；第四，逻辑推理可以自足的前提下，仍会发生逻辑推理和政策考虑冲突的情形，需要法律人巧妙地把政策考虑到法律推理过程之中；第五，尽管实在的法律已有明确的规定，但严格地遵循它可能严重不符合社会或道德标准，需要法律理论在现行的规则体系内，找到合理规避或替代的方法；第六，尽管法律有完备的规定，但是在适用时遇到价值观念的冲突，需要权衡这种冲突。

三、法律职业的技能

技能是指运用实践知识和经验进行有目标的活动的能力。某种技能是以相关的知识为基础的，如没有相应的法律知识，法律技能的形成就无从谈起。一定的知识只能解决相关的具体问题，而掌握某种技能则可以把这种知识迁移运用到其他相关的问题上去。

法律职业的技能是一种专门化的技能，它包括法律识别技能、法律解释技能、法律推理技能、证据操作技能、法律程序技能、法律论辩技能、法律文本制作技能等。法律识别技能指对法律规章的识别和对案件事实、证据的识别之运用。法律解释技能指运用专门的方法来阐释法律文本及其包含的规则。法律推理技能指从一个或几个已知的法律前提，如法律事实和法律规则、原则、判例等法律资料，推出某种法律结论，其实质是为了论证法律裁决的正当。证据操作技能指依据证据的原理、特性和规律，运用证据法规则来审查判断证据并在程序中证明法律事实的各种方法。法律论辩技能指在职业活动中，运用专业理论知识、语言、思维、经验，根据案件事实进行论证、批驳以说服对方。法律文本制作技能指法律人制作裁判文书、代理词、辩护词等各类法律文本。

四、法律职业的思维

法律思维是借助法律语言进行的理性认识过程。一个法律人素质之高下，不仅见之于其知识的多寡、技能的娴熟程度，更在于其独特的思维方式。语言学家认为语言不仅仅反映了言语者的需要和环境的影响，而且还会影响言语者看待世界的方式，甚至有人认为现实世界在很大程度上是在群体语言习惯基础之上无意思的建构而成的，可见语言作为人类思维的“元工具”的重要性。法律语言概念严密、逻辑清晰，与日常语言差别很大，在学习并使用法律语言的过程中，法律人也渐渐培养其独特的思维方式。

第一，遵循向过去看的习惯，较为稳妥、保守。许多学者将法官看做是法律借以说话的嘴巴。在判例法国家，遵循先例的原则被认为是尊敬前辈智慧、传承历史经验的最佳方式。保守的思维特色也是与法律内在的稳定性特征相对应的。对于法官来说，这种稳妥表现为遵循业已形成的传统价值，不求激进。这对于一个健全的社会是一种必要的调节器，也是社会纠纷的安全阀。即使法律人思维的保守性在某些时候可能会抑制社会制度的变革，但这却是出于对秩序的尊重。法律是人类秩序的象征，而秩序是维系社会健康和发展的基本要求。

第二，注重理性，谨慎对待情感因素。法律人思维的理性是由法律本身就是一种人为理性决定的，法律人对正义的追求只能通过法律的途径去实现。虽然法律思维并不绝对地排斥情感因素（事实上也不可能对理性与情感作出绝对的区隔），但这种感情因素应该是受到限制的，是与道德的、宗教的那种强烈的情感倾向极其不同的。

第三，法律之上，追求正义。它具体体现为法律人在法律认知活动中唯法是从的法律权威意识。法律对于法律人来说是至高的权威，它是判断一切个人、社会团体、国家机关行为是否合法的准绳；在法律人看来，法律具有神圣不可侵犯的地位，任何组织或个人的违法行为都应该承担相应的法律责任；在法律人看来，法律是不可替代的社会控制手段，是维系现代社会正常运转的纽带，法律相对于其他社会控制的手段具有更为决定性的作用；法律人对法律真诚信仰，视其为正义与公平的化身。

五、法律职业的经验

与其他职业不同，法律职业不仅强调学识，而且强调经验，因为法律职业处理的是人与人之间的利益分配与矛盾纠纷，存在相当多的不确定因素，而非像成文法般的规整与有条理。所以，对于法律人来说，一个案件的处理，所要考虑的因素远比法律规则所表明的要多得多，而这种对所涉及因素的尽可能全面的考量，很大程度上取决于经验。具有深厚理论功底与丰富司法经验的霍姆斯大法官都感叹：自始至终，法律的生命不在于逻辑，而在于经验。

一个成熟的法律人需要具有人生经验，才能从各种路径中找到处理复杂关系的最佳方案。这种寻找最佳方案的过程，可以说是一种试错的过程。与法律知识不同，这种经验是在实践中磨炼积累的。柏拉图就曾借苏格拉底之口说：“一个好的法官一定不是年轻人，而是年纪大的人。他们是多年后年龄大了学习了才知道不正义是怎么回事的。”①

第三节　法律职业伦理

伦理道德是社会秩序的基本内容，是一个社会规则体系的重要部分。伦理，即处理人与人之间关系应当遵循的道理和规则，是人类社会生活关系之规范、原理、规则的总称，建立在个人良心、社会舆论以及习惯的基础之上。

法律职业的伦理是不同于大众伦理的。由其职业特征所决定，法律职业所遵循的伦理是法律内的伦理，与大众所崇尚的伦理有所区别。正因为如此，法律人某些合乎职业伦理的行为不能为大众所理解和接受，甚至会受到舆论的谴责。例如，律师为自然犯（在侵害或者威胁法益的同时明显违反伦理道德的犯罪），如杀人犯、强奸犯等辩护时，常常受到社会中其他人的反感甚至谴责。

如前所述，法律职业具有公共性，相对于一般社会道德而言，具有更强的约束性。违反职业道德的法律职业人员要承担更大范围的责任。

---

① ［古希腊］柏拉图：《理想国》，郭斌和、张竹明译，商务印书馆 1986 年版，第 119 页。

一、法官职业伦理

法官职业伦理是法官在行使审判权、履行审判职能的过程中或者从事与之相关的活动时，应当遵守的行为规范的总称。许多法学家都曾论述过法官的职业伦理。比如英国法学家霍布斯认为，一个好的法官的条件是："第一，须对自然律之公道原则有正确之了解；此不在乎多读书，而在乎头脑清醒，深思明辨。第二，须有富贵不能移之精神。第三，须能超然于一切爱恶惧怒感情之影响。第四，听讼须有耐性，有注意力，有良好之记忆，且能分析处理其所闻焉。"① 关于法官的职业伦理，《美国法官行为守则》规定：(1) 法官应该维护司法正直和独立；(2) 法官在所有活动中应该避免不当的行为或可能被视为不当的行为；(3) 法官应该公平和勤奋地履行职务；(4) 法官可以参与司法以外的活动以改进法律、法律制度和司法行政；(5) 法官应该约束司法以外的活动，尽量减低与法官职务冲突的风险；(6) 法官应该定时申报他所从事法律及司法以外活动所得的报酬；(7) 法官应该克制自己的政治活动。

我国最高人民法院于2001年颁布了《中华人民共和国法官职业道德基本准则》，再结合各国对法官职业道德的要求，可概括如下：

第一，忠实于法律。坚持法律至上，避免违背法律与法律目的。抵制关系案、人情案，公开审判，保持中立地位。审慎处理法官与法官、法官与当事人或律师之间的关系，正确处理与媒体的关系、维护司法独立。遵守司法礼仪、保持良好仪表、重视法庭威严等。

第二，清正廉洁。不接受诉讼当事人的钱物和其他利益，保持正常的生活方式，不得以其地位、身份、声誉谋取利益。避免私自单独会见一方当事人及其代理人，避免歧视、诋毁、侮辱当事人。严格遵守回避规定等。

第三，业外活动中的职业道德。法官从事各种职务外活动，应当避免使公众对法官的公正司法和清正廉洁产生合理怀疑。如法官必须杜绝与公共利益、公共秩序、社会公德和良好习惯相违背的行为；谨慎出入社交场合，谨慎交友，慎重对待与当事人、律师以及可能影响法官形象的人员的接触和交往；法官发表文章或者接受媒体采访时，应当保持谨慎的态度，不得针对具体案件和当事人进行不适当的评论，避免因言语不当使公众对司法公正产生合理的怀疑等。

二、律师职业伦理

一般说来，律师的职业道德和国家司法官员的职业道德存在一定的差异。存在这种差异的根本原因在于律师要最大限度地维护其委托人的合法权益，这是律师执业伦理的核心。律师职业的特殊性在于，他接受委托，通过维护委托人合法权益或为社会提供法律服务的方式实现公正。律师与其委托人之间是一种契约关系，因此必须诚信地为当事人提供法律服务。律师职业伦理的基本内容包括：

第一，诚信履行合同，忠于委托人利益。提供法律服务时，应当进行独立的职业思考与判断，认真、负责。不得向委托人就某一案件的判决结果作出承诺。律师在依据事实和法律对某一案件作出某种判断时，应向委托人表明作出的判断仅是个人意见。提供

① 法学教材编辑部《西方法律思想史》编写组编：《西方法律思想史资料选编》，北京大学出版社1983年版，第208页。

法律服务时，不仅应当考虑法律，还可以以适当方式考虑道德、经济、社会、政治以及其他与委托人的状况相关的因素。不得私自接受委托承办法律事务，不得私自向委托人收取费用、额外报酬、财物或可能产生的其他利益。不接受与正在办理的案件有相反利害关系的案件等。

第二，保守秘密。律师在职业活动中会了解到很多秘密或隐私信息等。律师对这些信息的使用仅限于业务所必需，除此之外必须严格保密，不得利用这些信息从事商业或其他活动。对于律师而言，保守秘密往往是和对当事人的忠实义务相联系的，保守秘密的目的是为了更好地维护当事人的利益，从而更好地维护整个法律体系以至社会的利益。

第三，其他。律师在执业推广中，不得贬低同行的专业能力和水平，不得以明显低于同行业的收费水平竞争某项法律业务。不能进行歪曲事实或法律实质，或可能会使公众产生对律师不合理期望的宣传。尊重其他法律人，在庭审或谈判过程中各方律师应互相尊重，不得使用挖苦、讽刺或者侮辱性的语言等。

学术前沿

律师的业务活动本身就非常典型地展示了营利活动与伦理规范之间的紧张关系。律师等需要专门学识和使命感的自由职业的定义，原来同神圣结合在一起，具有话语共同体的指向，是与一切以货币为评价尺度的市场经济原理格格不入的。尽管自由职业跟其他职业一样需要经济收入，但这不是首要目的而只是附带的结果。对于从事律师、医生以及牧师等职业来说，最根本的价值是为公众服务的精神，其职业义务的内容尤其强调利他主义和伦理性。在近代西方社会中，法学家阶层甚至曾经被作为制衡庸俗的商业文明和大众政治泛滥的学识贵族而由国家彰显其地位……然而，律师以其法律技术获得高额经济收入却使其社会形象有时黯然失色……到了律师人数猛增，“法律商业主义”（legal commercialism）的倾向显露之后的今天，尤其是在美国，人们甚至用“救护车的追逐者”（ambulance chaser）来称呼那些在交通事故后，纷纷赶来争着受理损害赔偿案件的缺德律师。（季卫东：《法治秩序的建构》，中国政法大学出版社，1999年版，第241页。）

三、检察官职业伦理

检察官与国家之间是一种职务委托关系，代表国家追诉犯罪，通过行使检察公诉权追诉犯罪的方式实现公正。因此，检察官必须忠于国家和社会公共利益。在我国，检察官既是刑事公诉案件中的原告，代表国家追诉犯罪，同时又是法律实施的监督者，对法院和政府的司法活动行使监督权。最高人民检察院2009年公布的《检察官职业道德基本准则（试行）》将检察官职业伦理概括为“忠诚、公正、清廉、文明”：

第一，忠诚。忠于国家和人民、忠于宪法和法律；忠实履行法律监督职责，自觉接受监督制约，维护检察机关的形象和检察权的公信力等。

第二，公正。依法履行检察职责，不受行政机关、社会团体和个人的干涉；不滥用职权和漠视法律，正确行使检察裁量权等。

第三，清廉。模范遵守法纪；不徇私情，自尊自重；接受监督；不兼任律师、法律顾问等职务，不私下为所办案件的当事人介绍辩护人或者诉讼代理人。

第四，文明。工作中应体现人文精神和人文关怀；执法理念文明，执法行为文明，执法作风文明，执法语言文明等。

四、法学家职业道德

在整个法律职业群体中，较之法官、检察官、律师等群体，法学家群体比较松散，它没有严格的资格认证，也没有如律师般强有力的行业组织。但是，法学家对法律的产生、传播、发展及实施具有不可替代的作用。法学家们创造法律知识、培养法律人才、监督法律体系的运作、传播法治思想，深层次地嵌入法律职业，嵌入法治进程。

关于法学家职业道德目前还没有达成共识。法学家本身也是学者，其职业道德与学者的职业道德有相同的地方，也有不同于其他学科学者的独特之处。我们将其归纳如下：

第一，模范遵守法律。法学家所从事的法学教育首先是一种公民教育，法学家应当自己为人师范，严格遵守法律，承担公民责任。

第二，恪守学术规范，保持学术独立。法学家应当抵制学术腐败，诚实做学问，谨慎对待权力和财富的诱惑，保持学术良心和思想独立。

第三，致力于消除社会不公，维护民主与法治。法学家应对社会发展保持敏感，担负起道义责任。面对社会不公，法学家应勇于呼号和批判，以推进国家民主与法治为己任。

第四节　法律职业制度

法律职业制度是国家关于法律职业者的教育、考试、培训、任职、待遇、惩戒、执业机构等一系列法律规定的总和。

一、法律教育制度

法律教育培养法律人才，是法律职业制度中的首要内容。一般来说，各国的法律教育制度是和该国的法律传统、司法制度、教育发展程度紧密相关的。

美国的法律教育非常发达，教育质量比较高，因此为许多国家所效仿。其法律教育制度也比较独特，我们可做如下概括：

第一，主要由行业协会进行管理，实行法律共同体内的自我管理。由于各个大学实力的不同，各个法学院在诸如课程设置及教学等方面的差异很大。为确保法律职业者道德和业务素质的最低标准得以维护，联邦和各州政府对法学院的管理主要依托非官方的行业协会——全美律师公会（American Bar Association，简称 ABA）、全美法学院协会（Association of American Law School，简称 AALS）和全美法律图书馆馆员协会（Association of American Law Library，简称 AALL）。ABA 成立于 1878 年，协会下设有法律教育常务委员会（Standing Committee on Legal Education），它负责发“牌照”给要开办法学院的大学，规定对法学院的各种硬件要求；AALS 成立于 1900 年，1971 年被确认为两个全国立案的法律机关（另一个是 ABA 法律教育和律师资格部）之一，该协会出版的《法律教育季刊》（Journal of Legal Education），长期享有声望；AALL 对全国法律图书馆进行行业管理，规定各种标准规格并定期进行评比检查验收。

第二，职业教育。美国法学教育的职业性特征是其他特征的基础，是美国法学教育最本质的特征。具体来说就是，美国法学教育以律师为培养目标。所谓职业教育是指这样一种概念：法律教育应与人文教育相分离；学生在开始学习法律之前被假定已获得了必要的人文科学知识；典型的法律学生是恰好成熟，并且为寻求从事法律职业做准备；法学院的任务在于为法律学生提供分析和解决法律实务方面的问题的各种技术性训练，其宗旨是训练他们“像法律家那样进行思考”。

第三，本科后教育。美国的初级法学教育被置于大学本科教育之后，通常被认为是研究生层次的职业教育，这是美国法学教育与世界各国所不同的。从美国法学院的入学条件看，报考法学院的学生要求已获得某个学院或者大学的文学士（B. A.）学位或理学士（B. S.）学位。总结起来，美国把法律教育置于大学本科之后至少有三个方面的原因：第一，法律是一门渊深的学科，学生必须具有相当的成熟度才能对其有深刻的理解；第二，律师于国民安定、社会发展有重大关系，因此法律教育应当具有较高起点；第三，把法学教育置于较高的平台上有利于法律职业本身的进步。

第四，有多种课程设置和学位制度。主要的如：J. D.(Juris Doctor)，法律职业博士学位，是美国法律学制中的初级法律学位。LL. M.(Master of Laws)，法学硕士学位，该学位学制一年，在拿到 J. D.学位后，再攻读一年，合格后就可以取得这一学位。S. J. D.或 J. S. D.(Doctor of Jurisprudence 或者 Doctor of Judicial Science)，法律科学博士；从事纯法学理论研究工作，学制 2~20 年，有的甚至终生拿不到学位，攻读这一学位，只需在学校读一年，一年后可离校，边工作边作论文，论文完成后再回来答辩。

法学教育主要有两种模式：一种是大学的法学教育，主要偏重理论；一种是职业法律教育，主要侧重法律实践与技能培养。中国的法学教育是理论教育与职业教育相结合的。但由于课程学习主要是教师讲授，因此理论学习较多，实践性教学比较缺乏。中国的法学教育存在一些问题，如门槛较低、教学内容比较陈旧、专业设置比较混乱等，这些问题的解决可能需要一个较长的过程。

二、法律职业准入制度

法律职业准入制度是关于从事法律职业的资格和条件的相关制度。国内外普遍遵从的从业条件一般包括：通过专门的职业考试，获得法律从业资格；进行正式职业前的时间训练和学习，获得基本的职业技能；通过同行对个人道德修养的评估。

很多国家对初任律师和法官、检察官都规定了较为严格的条件或资格，比如取得相应的法律专业学位等。作为律师还须在律师事务所任实习律师若干年。法官的任职资格则更为严格。如英国强调法官必须由富有实务经验且道德学问优秀的人士担任。担任地方法院的法官（不包括治安法官），必须有不少于 7 年的出庭律师经历；担任高等法院的法官，必须具有 10 年以上的出庭律师经历，或者 2 年以上地方法院法官的经历。所以在英国，法官最初任职的平均年龄为 47 岁，高级法院的法官年龄一般都在 60 岁以上。大陆法系国家也十分重视法官的任职资格，强调法官必须接受专门的法律知识的训练，熟练地掌握法律的知识和技巧。尽管大陆法系和普通法系在法官任职资格的标准上有所不同，但其任命法官的业务资格标准则基本相同：(1) 都必须有接受正式法学教育的背景和法学学位；(2) 都必须经过律师资格考试，甚至在此基础上的更为严格的国家考试（这些考试都并非由法学院设计，而是由律师协会或司法行政部门举行）；(3) 都必须有专门的法官职业训练或律师执业经验。

我国从2002年起举行国家司法考试，初任法官、检察官、律师都需要通过这一考试。这一考试提高了法律职业的门槛，进而保证了法律职业者的职业素养，也统一了进入法律职业的标准，为构筑法律职业共同体的学识背景和职业共识、促进法律职业共同体的形成创造了有利条件。

学术前沿

在女性主义思潮影响和妇女运动推动下产生了女性主义法学。基于这一视角，有学者认为女性在法律职业中有其独特的、不可替代的作用，法律发展的最终方向应该是从过去传统的主流社会男性中心向更加中性多元化的方向发展，吸收女性的优势和美德，使法律更具人性化，使法律职业更加合理。

三、法官职业保障制度

在司法权独立行使的原则下，法官的身份保障具有重要意义。与法官职务相关的司法行政上的行为都必须谨慎，以免侵害法官的独立性。法官的职业保障涉及很多方面，其最终目的都是为了保障法官之独立与公正。各国一般都规定，法官在执行司法职能过程中施行的行为和发表的言论享有不受指控或法律追究的权利及其一定的司法豁免权。在一些实行法官职业化的国家，不可动性原则，即工作调动之禁止，就是为了保障法官不因司法行政部门调动工作的压力而损害司法之独立。

很多国家都实行法官高薪制。一些国家还规定法官任职期间不得减少其报酬，法官在退休后还可以享受丰厚的退休金待遇。这些措施都使得法官充分感受到职业的荣耀感，同时也有助于提高社会公众对法官职业重要社会价值的认同和应有的尊重。日本最高法院院长的薪俸与内阁总理、两院议长相同，大法官的工资与内阁部长相等；英国大法官的年薪与首相相同；美国联邦最高法院首席法官的年薪与副总统同级。

深入阅读

1. 李学尧：《法律职业主义》，中国政法大学出版社，2007年版。

2. 张文显、信春鹰、孙谦编：《法律职业共同体研究》，法律出版社，2003年版。

3. [美] Judith A. McMorrow：《美国法学教育和法律职业养成》，《法学家》2009年第6期。

4. [美] 玛丽·安·格伦顿：《法律人统治下的国度——法律职业危机如何改变美国社会》，胡鸿雁译，中国政法大学出版社，2010年版。

5. 许章润：《和平与冲突：中国面临的六大问题——一位汉语文明法学从业者的民族主义文本》，《政法论坛》2005年第6期。

课后思考

1. （2003年司法考试）下列关于法律职业道德基本原则的表述，哪一项是不正确的？（　）

A. 法律职业道德的基本原则是法律职业道德的基本尺度、基本纲领和基本要求；

B. 法律职业道德的基本原则可以直接作为确定法律职业人员具体职业责任的法律

依据；

C. 由于法律职业道德基本原则是共同的，它们就构成法律职业人员共同遵循的基本要求；

D. 在不同的社会制度中，法律职业道德基本原则的要求有不同的内容。

2.（2008年司法考试）依据法官职业道德规范，关于法官行为，下列哪些评论是正确的？（　）

A. 徐法官在接待当事人的过程中，针对当事人对判决书提出的质疑，以不屑的口吻说："你一个文盲加法盲，有什么资格来质问我?"评论：徐法官的行为不符合司法礼仪。

B. 蓝法官在开庭调解时，为营造轻松和谐的气氛，身着便装，谈笑风生。评论：蓝法官的行为违反法庭规则。

C. 周法官在当地出席大学同学私人投资的公司开业典礼，并在被公开介绍法官身份后登台致贺词。评论：周法官的此行为违反了不得以职业、身份、声誉谋取利益的义务。

D. 谢法官正在承办一宗合同纠纷案件。该案被告向谢法官的配偶林某任职的A公司表示，愿将一个工程项目发包给该公司，条件是让林某任该项目的主管。林某将此事告诉了谢法官，并提及发包人是该案的被告。谢法官听后未置一词。评论：谢法官的行为违反了约束家庭成员的义务。

第二编

概　念

第三章　法与法律

学习要点

了解·识记：法与法律的含义，法的分类，法的作用

理解·应用：法的特征，法的本质

第一节　法的含义

一、中西文中的“法”

中文的“法”字在古代最早写作“灋”。《说文解字》对该字的解释是：“灋者，刑也，平之如水，从水；廌，所以触不直者去之，从去。”由此可见，法在传统中国的文字之中至少可以表达如下三层含义：第一，法与刑是等同的，在中国历史上，刑罚往往被视作法的全部，刑和法是可以通用的；第二，法有公平的含义，因为法律要“平之如水”；第三，中国早期的法依托于神明裁判，“廌”（即獬豸）是神话传说中的一种能辨别曲直的神兽，“去”是这种神兽的审判方式，它用头上的独角去触无理之人。传说西周著名的法官皋陶就是用它来审案。

随堂思考

阅读这些古籍语句，理解历史中“法”“刑”并用：“惟作五虐之刑曰法。”（《尚书·吕刑》）“法者，刑罚也，所以禁强暴也。”（《盐铁论·诏圣》）“礼者禁于将然之前，而法者禁于已然之后。”（《大戴礼记》）

中国历史上对法最早直接称为“刑”，如吕刑、禹刑，春秋战国又称“法”，如中国第一部封建成文法典《法经》。商鞅变法时为强调不分身份、平等适用法律，“改法为律”，此后中国历代法典大多数都被称为“律典”，如《唐律》、《大清律例》。清末变法之后，“法”“律”二字合用为常态，但仍多称“律”，如《大清民律》。民国之后多称“法”。在现代汉语中，“法律”一词有广义和狭义两种用法。广义的法律指所有具有国家强制力的规范性法律文件，狭义的法律仅指全国人民代表大会及其常务委员会制定的法律。

在西文拉丁词源中，“法”与“正义”、“权利”是同一个词jus，而“法律”往往是指一国立法机构制定的具体的法律规则。直至今日，西文也多区分“法”与“法律”两词。“法”为永恒的正义和公理，具有权利、公平、正义等含义（如法文droit；德文Recht），若仅指具体规则时，则称为“法律”（如法文loi；德文Gesetz），因此“法律”仅指国家创制的具体法律规范。在很多西方学者看来，“法”是指永恒的、普遍有效的正义原则和道德公理，而“法律”则指由国家机关制定和颁布的具体行为规则，是“法”的真实或虚假的表现形式。这种二元结构是西方法律文化中特有的，它集中体现

在西方自然法学派的"自然法"(应然法)与"实在法"(实然法)对立概括之中，如德国《基本法》第20条第3款规定，行政与司法必须严格遵守"法律与法"。

随堂思考

中西文中"法"的不同寓意，显示出中西法文化的哪些差异?

二、法的定义

在人类的法律思想史上，法的定义可以分为两大类：一类是非马克思主义的，一类是马克思主义的。概括起来说，非马克思主义的学者主要是从以下四个不同角度来给法下定义：第一，从立法者的角度来给法下定义，认为法是某种意志或命令；第二，从司法者的角度来给法下定义，认为法是法官的判决；第三，从守法者的角度来给法下定义，认为法是约束行为的规范；第四，从法的作用的角度来给法下定义，着重说明法的工具性。马克思主义经典作家主要从法的本质角度对此进行了分析。在马克思主义经典作家看来，法的本质包含三个方面的内容：

法的初级本质为国家意志性。法是国家意志的体现，是马克思主义经典作家在法的本质问题上的重要论断之一。马克思主义经典作家认为，在阶级社会中，始终存在着特殊的私人利益与公共利益的矛盾。为了反对特殊的私人利益，作为公共利益代表的国家就必须出面对私人利益进行干涉和约束，其实际措施就是把掌握国家政权的阶级的利益装扮成"共同利益"，把掌握国家政权的阶级的意志美化为"社会公意"，并且给予这种意志"以国家意志即法律的一般表现形式"。

法的二级本质为阶级意志性。在马克思主义经典作家看来，我们既不能把国家意志看成是一国范围内所有社会成员个人意志的简单相加，也不能把它看成是全体社会成员的共同意志。所以，国家意志实际上只能是统治阶级的意志，统治阶级凭借自己在经济上和政治上的统治地位，硬把本阶级的意志上升为国家意志并"奉为法律"。法所体现的统治阶级意志，并不是个别统治者的个人意志，也不是统治阶级内部每个成员的意志之和，而是统治阶级作为一个整体在根本利益一致基础上所形成的共同意志，是统治阶级内部各个成员的意志相互作用而产生的"合力意志"。

法的终极本质为物质制约性。从终极本质上看，法有物质制约性，即法所体现的统治阶级意志的内容是由社会的物质生活条件所决定的。这表现为，反映在法律中的统治阶级意志绝不是凭空产生的，也不是统治者个人随心所欲的结果，而是由社会的物质生活条件所决定的。社会物质生活条件的含义比较广泛，概而言之，包括地理环境、人口和社会生产方式等诸方面，其中有决定意义的是生产方式，尤其是同生产力的一定发展阶段相适应的生产关系，即社会的经济基础。法的物质制约性才是法的最深层的本质所在。

无论是马克思主义经典作家还是非马克思主义的西方法学家，都从不同侧面和角度对法做出了合理的解释。综合各方的说法，我们认为：法是国家根据社会主流价值制定和认可，并为国家强制力保障实现的行为规范系统。在这个定义中，法至少包含三个方面的意思：其一，一国法律体现的是社会主流价值，在法治国家中，社会主流价值观通过立法程序成为法律合法性的基础；其二，法律的实现以国家强制力为依托；其三，法律是行为规范，它约束着人的行为，同时法律也只能是行为规范，意味着法律并不应当控制人的思想。

三、法的特征

（一）法的规范性

法律是调整人的行为的社会规范，因此法律不同于道德或宗教。法律具有规范性，具体体现在三个方面：第一，法对人们如何行为提出了明确的指示。法律通过告知人们可以做什么，禁止做什么，必须做什么，对人们的行为进行规范和指引。第二，法的内容具有一般性和概括性。法不是针对某个人、某件事而立的，而是针对一类人、一类事而立的。法对行为的调整表现为一种规范性调整，而非个别性调整。第三，法是反复适用的。法不是仅适用一次，而是在其生效期限内对其指向的对象反复适用的。作为法的调整对象的行为是指人的外在行为，所以法与道德、社会舆论等社会调整手段的重要区别在于，法仅仅调整和约束人的外在行为，而不调整和约束人的内心思想、情感。当然，法通过约束和规范人的行为，可以影响人的思想和观念。

随堂思考

你如何理解马克思所说，“对于法律来说，除了我的行为以外，我是根本不存在的，我根本不是法律的对象”。

（二）法的国家意志性

法区别于其他社会规范的首要之处在于，法是由国家创立的社会规范。国家创立法的方式主要有两种：一是制定，即国家机关通过立法活动创制出新的规范；二是认可，即国家机关赋予某些既存的社会规范以法律效力，或者赋予先前的判决所确认的规范以法律效力。前一种情况如国家司法机关在法律没有相应规定的情况下，依据社会的风俗习惯、一般道德规范来审判案件，也就是认可民间习惯和道德规范等其他社会秩序为法律。后一种情况主要存在于判例法国家，即司法机关在审理案件时要遵循本司法机关或上级司法机关先前的判决所确认的规范，实际上就是认可先前的判决所确认的规范为法律。

法既然是由国家制定或认可的，它就必然具有国家意志的属性，因此具有高度的统一性、普遍适用性。法的统一性首先指各个法律之间在根本原则上的一致，其次是指除极特殊的情况外，一个国家只能有一个总的法律体系，且该法律体系内部各规范之间不能相互矛盾。其他社会规范则不具备这种高度的统一性。几乎在每一个国家中都同时存在着若干不同的道德规范、宗教规范、风俗习惯、社会礼仪、职业规范。从法的统一性又可引申出法的普遍适用性，即法作为一个整体在本国主权范围内具有普遍的约束力，所有国家机关、社会组织和个人都必须遵守法。任何人的合法行为都无一例外地受到法律保护，任何人的违法行为也都无一例外地受到法律制裁。

经典摘录

“命令”和“约束性的命令”这两个概念等同起来是错误的，因为并不是某一具有优越权力的人所发出的每一个命令都是有约束力的。一个盗匪要我交出钱来的命令是没有约束力的，纵使这个盗匪实际上能强行实现他的意志。重复一下：一个命令之所以有约束力，并不是因为命令人在权力上有实际优势，而是因为他“被授权”或“被赋权”发出有约束力的命令。……假定法律规则是有约束力的命令，那么显然，那些命令中之所以有约束力，就因为这些命令是由有权限的机关所发出的。（凯尔森：《法与国家的一般理论》，中国大百科全书出版社，1996 年版，第 33～34 页。）

（三）法的国家强制性

任何一种社会规范都具有强制性，都有保证其实施的社会力量。然而，不同社会规范的强制性在性质、范围、层度和方式等方面是不尽相同的。法的强制性不同于其他社会规范之处在于，法具有国家强制性。法是以国家强制力为后盾，由国家强制力保证实施的。法的国家强制性，既表现为国家对违法行为的否定和制裁，也表现为国家对合法行为的肯定和保护；既表现为国家机关依法行使权力，也表现为公民可以依法请求国家保护其合法权利。因此，是否具有国家强制性，是衡量一项规则是否是法的决定性标准。当然，不能将法的国家强制力理解为法律与国家暴力密不可分。实际上，法的运行过程中并非每一个环节都依靠国家强制力予以实现，在法的运行中，国家是最后一道防范力量，往往只有当人们的行为触犯法律规范时，法的强制力才会显现出来。法律的运行和法律效力的发挥依托于人们对法律的价值认同，也并非只有国家强制力才是法律实施的唯一保障。

第二节　法的分类

法的分类就是依据一定的标准，分清法与法之间的界限或逻辑结构。法的分类的目的在于将各有关类别的法相互之间的界限廓清。法的种类众多，了解这些不同种类的法各自有怎样的个性，不仅有助于从不同侧面了解法的各有关方面，而且对于从整体上、大局上把握一般的法的含义有积极意义。目前中国法理学上的法的分类范围，大体上是从形式的或技术的角度涉及两方面问题：一是法的一般分类；二是法的特殊分类。

一、法的一般分类

法的一般分类，指的是适合于世界各国的分类。通常可从以下五个角度划分。

（一）国内法与国际法

这主要是以法的创制和适用范围为标准对法所作的分类。国内法是指由国内有立法权的主体制定的，其效力范围一般不超出本国主权范围的法律、法规和其他规范性法律文件。国内法一般是适用于不超出本国主权所及范围内的法。有的国内法，如大多数国家级的法律，是适用于本国主权所及范围内的法；有的国内法，如地方性法规、州法律，只适用于本省、本州而并不适用于本国主权所及范围，当然个别的国内法如某些民事法或民事法的规则，还可以有条件地超出国家主权范围而在国外有关空间也适用。国际法是由参与国际关系的两个或两个以上国家或国际组织间制定、认可或缔结的确定其相互关系中权利和义务的，并适用于它们之间的法。其主要表现形式是国际条约，国际法律关系的主体主要是国家。

（二）成文法与不成文法

这主要是以法的创制方式和表现形式为标准对法所作的分类。成文法又称制定法，是指有立法权或立法性职权的国家机关制定或认可的以规范化的成文形式出现的规范性法律文件。不成文法是指由国家有权机关认可的、不具有文字形式或虽有文字形式但却不具有规范化成文形式的法，一般指习惯法，或称民间法。理解不成文法的表现形式应注意：这里所谓不成文法只具有相对意义，即相对于规范化成文形式而言。不成文法不仅包括习惯法，也包括判例法、不成文宪法等。判例法属于不成文范畴，但判例法是有文字表现形式的，它是法院通过判决所创制的法；英国宪法也被称为不成文宪法，但英国宪法也有文字表现形式，如自由大宪章、人身保护法等。法学上的成文法与不成文法的区分，不应完全看法是否有文字表现形式，而要看是否有规范化的成文形式。判例法有文字形式（判决）而被列为不成文法范畴，原因在于它没有一般制定法的规范化成文形式；英国宪法被列为不成文宪法，原因也在于它不是以规范化的即集中的成文宪法典的形式表现出来。

随堂思考

我国是成文法国家还是不成文法国家？查阅相关文献然后总结，哪些国家是不成文法的国家，与成文法国家相比，他们的法律制度有何特点。

（三）根本法与普通法

这是以法的地位、效力、内容和制定程序为标准对法所作的分类。这种分类主要适用于成文宪法制国家。根本法指的是在整个法的渊源体系中一般说居于最高地位的一种规范性法律文件。在中国这样的单一制国家，根本法即宪法的别称。在中央和地方都有立宪权的联邦制国家，根本法是宪法的一种，即联邦宪法。无论何种国家，作为宪法典的宪法，都是国家的总章程，是国家最高立法机关经由特殊严格程序制定和修改的，综合地规定国家、社会和公民生活的根本问题的，具有最高法的效力的一种法的形式或法的渊源。普通法是宪法以外的所有法的统称。普通法中所包括的法的种类是繁多的，它们各自的地位、效力、内容和程序亦有差别。但无论何种普通法，一般来说，其地位和效力低于宪法，其内容涉及的是某类社会关系而不是综合地调整多种社会关系，其制定和修改程序也不及根本法那样严格和复杂。作为与根本法对称的普通法，不同于与衡平法对称的普通法。

（四）一般法与特别法

这是以法的适用范围为标准对法所作的分类。一般法指对一般人、一般事项、一般时间、一般空间范围有效的法，如刑法、民法、婚姻法。特别法指对特定的人、特定事项有效，或在特定区域、特定时间有效的法，如战争时期的法。一般法与特别法的分类，其相对性比之其他法的分类更为明显。有些法，无论从对人、对事、对时间、对空间哪个角度看，都属于一般法，如刑法、民法、刑事诉讼法、民事诉讼法；或是都属于特别法，如《戒严法》。更多的法则兼有一般法与特别法两重性，在这种意义上属于一般法，在别种意义上又属于特别法。例如，《高等教育法》对《教育法》是特别法，对具体规定高等教育领域各有关方面或有关具体问题的法律、法规和规章，则又是一般法；特区《基本法》对《宪法》是特别法，对特区其他法律、法规则又是一般法。

（五）实体法与程序法

这是以法所规定的内容不同为标准对法所作的分类。实体法一般是指以规定主体的权利、义务关系或职权、职责关系为主要内容的法，如民法、刑法、行政法等。程序法通常指以保证主体的权利和义务得以实现或保证主体的职权和职责得以履行所需程序或手续为主要内容的法，如民事诉讼法、刑事诉讼法、行政诉讼法、仲裁法等。实体法与程序法这种分类是基于它们的主要内容而成立的。这种分类并不意味着两者互不涉及对方的内容，事实上，实体法中也有某些程序方面的内容，程序法方面也有权利和义务或职权和职责的内容。

随堂思考

有人认为程序法就是为了实现实体法而存在的，你是否赞成这一观点？

二、法的特殊分类

法的特殊分类是相对于法的一般分类而言的，仅适用于部分国家和地区而不适合所有国家和地区的分类。国内目前对法的特殊分类主要涉及以下诸方面。

（一）公法与私法

公法与私法的划分主要存在于大陆法系，是大陆法系划分部门法的基础。英美法系国家没有划分公法、私法的传统。公法与私法的划分源自古罗马。按照最先提出公法与私法划分学说的罗马法学家乌尔比安的观点，公法与私法的划分标准在于法所保护的利益是国家公益还是私人利益，凡保护国家公益的法为公法，保护私人利益的法为私法。乌尔比安的这一划分标准在大陆法系被作为传统继承下来。当然也有人不同意这种划分标准而主张以别的标准来划分公法与私法。有人认为应以法的关系的主体为标准来划分，凡规定国家之间、国家机关之间或国家机关与私人之间关系的法为公法；规定私人之间关系的法为私法。还有人认为应以法所调整的社会关系为标准来划分，凡规定国家与个体之间权力与服从关系的法为公法，规定个体相互间权利和义务关系的法为私法。

经典摘录

公法是有关罗马国家稳定的法，私法是涉及个人利益的法。事实上，它们有的造福于公共利益，有的则造福于私人。（桑德罗·斯奇巴尼选编：《正义与法》，黄风译，中国政法大学出版社，1992 年版，第 33 页。）

这一研究有公法和私法两个领域。公法是关系到罗马人的公共事务之状况的法律，私法是关系个人的法律。（优士丁尼：《法学阶梯》，徐国栋译，中国政法大学出版社，1999 年版，第 11 页。）

公法一般包括宪法、行政法、刑法、程序法。私法在大陆法系国家一般划分为民法、商法两大部门。在大陆法系，婚姻家庭方面的法也属于民法。这种划分法，在西方法学中称为“民商分立”，后来又出现“民商合一”的趋向，即民法和商法逐渐合并，不再有单独的商法典。在英美法系国家，由于私法是在普通法的基础上发展起来的，而这种普通法又与法院诉讼的分类相关，因而它们的私法中没有称为民法的一个独立的部门法。在那里，调整私人财产关系的有其他一些名称的部门法，如财产法、契约法、侵权行为法、继承法、家庭法、婚姻法等。

公法与私法的划分有着悠久的历史传统，迄今采行这种划分法的范围或受这种划分法影响的国家和地区仍非常广泛。当然，这种划分无论是过去还是现在也都有明显的局限性，或至少需要以其他的划分法作为其补充。目前中国法学界主张公法与私法的划分者比过去为多，这一方面是因为中国与民法法系传统颇有相通之处，另一方面也是因为近些年来经济发展以及与之相伴随的整个社会发展的需求所致。

（二）普通法与衡平法

普通法与衡平法的划分存在于英美法系国家。这里的普通法不是法的一般分类中与根本法相对应的普通法，而是指 11 世纪诺曼底人入侵英国后所逐步形成的普遍适用于英格兰的一种判例法。它是产生于司法判决，由法官所创造的法。在 11 世纪前，英国通行盎格鲁撒克逊人的日耳曼习惯法，教会法和罗马法在当时也有一定影响。1066 年诺曼底人入侵英国，建立了中央政权。在王权得到加强的情况下，英王派员到全国各地巡回审理案件，并逐渐建立了一批王室法院（后来通称普通法法院）。这些官员和法院根据英王敕令、诺曼底人习惯，并参照当地习惯进行判决，在此基础上逐步形成了一套全国适用的判例法。由于它是全国普遍适用的，故称普通法。普通法是英美法系的一个主要渊源。

经典摘录

衡平法不是一种自立的制度——它几乎根本不是一种制度——而是一些补充性规则的集合。我们可以认为，普通法是一种完整的制度，如果衡平法法院的衡平审判权被撤销，仍有法律适用于每个案件，尽管这种法律可能有些粗糙，它不能完全适应我们时代的需要，但我们对每个案件毕竟有法律适用。与此相反，如果废除了普通法，衡平法必定不复存在，因为它在每一点上都以庞大的普通法本体的存在为前提。（茨威格特等：《比较法总论》，潘汉典等译，法律出版社，2003 年，第 285 页。）

衡平法是英美法系又一重要渊源，是英国法传统中与普通法相对应的一种法，它是 14 世纪后在英国产生和发展起来的，作为对普通法的修正和补充形式而存在并与普通法平行发展的一种判例法。14 世纪后，由于资本主义经济的萌生和发展，出现了许多前所未有的案件。这样，原来那些判例法即普通法以及普通法法院的程式，已不能处理这些新案件。在这种情况下，根据英国封建传统，案件在没有先例遵循、得不到普通法法院公平处理时，可以向国王提出申诉，由王室顾问和大法官根据公平原则加以处理。这种由大法官判决的案件所形成的判例法，逐渐发展为一种与普通法并行的衡平法，并建立了与普通法法院并行的衡平法法院（亦称大法官法院）。

深入阅读

1. 梁治平：《法辨》，中国政法大学出版社，2002 年版。
2. 刘星：《法律是什么》，法律出版社，2009 年版。
3. 张永和：《灋义探源》，《法学研究》2005 年版第 3 期。

课后思考

1. 在没有系统学习法学知识之前，在你心目中的法和法律是怎样的形象？这种形象主要来源于何处？

2. （2007 年司法考试）《最高人民法院关于审理盗窃案件具体应用法律若干问题的解释》规定：各地高级人民法院可根据本地区经济发展状况，并考虑社会治安状况，在本解释规定的数额幅度内，分别确定本地区执行“数额较大”、“数额巨大”、“数额特别

巨大”的标准。依据法理学的有关原理，下列正确的表述是：（ ）

A. 该规定没有体现法的普遍性特征；

B. 该规定违反了“法律面前，人人平等”的原则；

C. 该规定说明法律内容的决定因素是社会经济状况；

D. 该规定说明政治对法律没有影响。

第四章　法的要素

学习要点

了解·识记：法律概念的含义，法律规则的含义、构成要素、种类，法律原则的种类

理解·应用：法律规则与法律原则的区别及相互关系，法律原则的司法适用

法律要素是指构成法律的基本元素，也是法律系统得以存在的基础。任何形态的法律都是由其基本的要素构成的。我国学者一般认为，法律由法律概念、法律规则和法律原则三要素构成。

学术前沿

对于法律要素的划分，学界有不同的看法。社会法学派庞德认为，法律由律令、技术和理想三个要素构成。实证法学派哈特将法律归结为单一的规则要素，法律规则又可分为主要规则（即设定义务的规则）和次要规则（即授予权利的规则）。自然法学派德沃金则认为法律包括规则、政策和原则三要素。

第一节　法律概念

一、法律概念的含义

法律概念是对具有法律意义的现象和事实进行理性概括和抽象表达而形成的具有法律意义的权威性范畴或术语。法律概念具有如下特征：

第一，法律概念具有确定性。这是法律概念的语言特征，也是对法律概念最基本的要求。法律中不能采用具有歧义的语言，法律概念的指代必须清楚而明确，并具有一定的排他性。

第二，法律概念具有法定性。这是法律概念的法律特征。一旦生活中的语言被应用到法律之中，就具有了法律的权威性和强制性。

第三，法律概念具有可操作性。这是法律概念的实践特征。法律概念并非只停留在文字上，更体现于法律的运行过程之中，因此法律概念可以用来预测、评价相关的社会实践。

法律概念是其他法律要素的前提，是法律的基本元素，法律规则和法律原则的表达都无法脱离法律概念而存在。法律概念本身虽未规定主体的权利义务，但它是确定主体权利义务的前提。社会生活中的许多问题要转化为法律问题，首先便是要运用法律概念对相关事物进行概念归纳，如只有我们明确了“被告人”的法律概念，并将社会生活的某个主体认定为被告人时，相关法律中与其相关的实体权利和诉讼权利才适用于他。

案例分析

2003年12月，北京市第一中级人民法院对原中央电视台文艺节目中心副主任兼文艺部主任赵安受贿案进行宣判。请结合刑法对“受贿罪”和“国家机关工作人员”这两个法律概念的解释，谈谈法律概念对于法律适用的重要性。

二、法律概念的种类

根据不同的标准，可以将法律概念分为不同的种类。

按照法律概念涉及的内容，法律概念分为涉人概念（如公民、法官等）和涉事概念（如故意、代理、受贿等）。

从法律关系的角度可以将法律概念分为主体概念（如法人、自然人、公诉人等）、内容概念（如所有权、请求权、赔偿责任等）、客体概念（如标的物、不动产、国家财产等）和事实概念（如出生、违约、侵权等）。

随堂思考

《侵权责任法》第42条规定：“因销售者的过错使产品存在缺陷，造成他人损害的，销售者应当承担侵权责任。”试分析其中的法律概念及其分类。

如果从概念适用的环境来看，法律概念又可以分为日常术语、专门术语和技术语言。日常术语是指直接来源于日常生活的法律概念，如“金额”、“财产”等。这些概念有些含义与日常用法相同，有些已经产生了一些变化，如“证据”、“出生”等。专门术语是法律所特有的语言，这些概念一般没有运用到日常生活中，如“时效”、“抽象行政行为”等。技术语言则是由于学科领域交叉而产生的其他学科的专门术语，如知识产权法中、医事法中的一些技术语言。

由于法律概念的覆盖面不同，法律概念还可以被分为一般法律概念和部门法律概念。前者适用于所有的法律领域，如“权利”、“义务”、“责任”等；后者则适用于特定的法律部门，如经济法中的“消费者”、国际法中的“庇护”等。

第二节　法律规则

一、法律规则的含义

法律规则是指采取一定的结构形式具体规定人们的法律权利、法律义务以及相应法律后果的行为规范。

法律规则与法律条文是两个有联系但并不相同的概念。法律规则是法律条文的内容，法律条文是法律规则的表现形式。并不是所有的法律条文都直接规定法律规则，有的法律条文是非规范性法律条文，如一些技术性法律条文；也并不是所有的法律规则都必须通过法律条文来表现，如某些法律规则可通过习惯法、判例法来表现；即使法律条文表述了法律规则，也不是一个法律条文都完整地表述一个法律规则的或者只表述一个法律规则的。

二、法律规则的基本结构

法律规则一般由假定条件、行为模式和法律后果三个部分组成。其中，假定条件是法律规则中有关适用该规则的条件和情况的部分，包括适用条件和主体条件，用以说明该法律规则在哪些范围内有效。行为模式即法律规则中规定人们如何具体行为之方式的部分，包括可为（授权）模式、应为（义务）模式和勿为模式。法律后果是法律规则中规定人们在作出符合或不符合行为模式的要求时应承担相应的结果部分，包括肯定的后果和否定的后果。

学术前沿

法学界对法律规则构成要素的学术观点大致有如下三种，即“三要素说”——法律规范构成要素有假定、处理和制裁三要素；“两要素说”——法律规则的要素有行为模式和法律后果两要素；“新三要素说”，即法律规则由行为模式、条件假设（假定）和后果归结三要素构成。

例如《中华人民共和国刑法》第 382 条规定：“国家工作人员利用职务上的便利，侵吞、窃取、骗取或者以其他手段非法占有公共财物的，是贪污罪。”这一条表达的是关于贪污罪的法律规则。在这个规则中，“国家工作人员”是假定条件，即只有当行为主体为“国家工作人员”的情况下，才适用贪污罪的法律规则，“利用职务上的便利，侵吞、窃取、骗取或者以其他手段非法占有公共财物”是行为模式，一般刑法所规定的行为均为勿为模式，一旦行为人实施了勿为模式中的贪污行为，则会遭受法律的否定后果。

随堂思考

试分析下列法律规范的结构：

“为谋取不正当利益，给予国家工作人员以财物的，是行贿罪。”

“夫妻有相互继承遗产的权利。父母和子女有相互继承遗产的权利。”

三、法律规则的分类

根据行为模式和调整方式的不同，法律规则分为授权性规则、义务性规则与复合性规则。授权性规则是规定行为主体有权做出或不做出某种行为的法律规则。授权性规则常用“可以”、“有权”等词语表达，主要存在于民法、商法等私法当中。义务性规则是规定行为主体必须做出或不能做出某些行为的法律规则。义务性规则一般用“应当”、“不得”、“有义务”等词语表达，主要存在于刑法等公法当中。复合性规则是兼具授予权利、设定义务两种性质的法律规则。复合性规则大多是有关国家机关组织和活动的规则。

根据强制性不同，法律规则分为强制性规则与任意性规则。强制性规则是指必须按照法律所明确规定的行为模式进行行为或不行为的规则，此类规则不允许当事人自行协商。任意性规则是指当事人之间可以在法律允许的范围内进行自行确定权利与义务的规则的具体行使方式。

根据内容的确定性程序不同，可以将法律规则分为确定性规则、委任性规则和准用性规则。确定性规则是法律中明确规定了行为规则的具体内容与方式，不需要再援引其他规则，大部分法律规则均属于此类。委任性规则是指内容尚未确定，而只规定某种概括性指示，由相应国家机关通过相应途径或程序加以确定的法律规则。准用性规则是指内容本身没有规定人们具体的行为模式，而是可以援引或参照其他相应内容规定的规则。

第三节 法律原则

一、法律原则的含义

法律原则是指可以作为法律规范的基础或本源的综合性原理和准则。法律原则没有规定行为主体的具体权利和义务，也没有规定具体的法律后果。法律原则是对一定时代与价值观念的法律表达，体现出了法律的价值取向。

法律原则具有高度的抽象性，其覆盖的范围要广于法律规则。一条法律规则一般只能调整一种类型的行为，而一条法律原则却可以调整多种类型的行为。法律原则还具有较强的稳定性，一个时期内的法律原则并不会频繁地变换，甚至在不同的国家可能存在同样的法律原则。

在法律适用过程中，法律原则与法律规则相比具有如下特点：第一，在内容上，法律规则是明确、具体的，法律原则是笼统、模糊的；第二，在适用范围上，法律规则只适用于某一类行为，法律原则对人的行为及其条件有更大的覆盖面和抽象性；第三，在适用方式上，法律规则是以“全有或全无的方式”应用于个案当中，而法律原则可以一定程度地应用于个案，而且不同强度的原则甚至冲突的原则都可能存在于一部法律之中。

经典摘录

法律原则和法律规则之间的区别是逻辑上的区别。它们都是针对特定的情况下的有关法律责任的特定决定，但是，它们的不同之处在于它们所做的指示的特点。……规则在适用时，是以完全有效或者无效的方式。如果一条规则所规定的事实是既定的，那么或者这条规则是有效的，在这种情况下，必须接受该规则的解释办法。或者该规则是无效的，在这样的情况下，该规则对裁决不起任何作用。我在法律规则和原则之间做出区分的理由之一，就是要表明规则如何经常在对立的原则之间以这种方式表现出一种妥协，如果我们漫无边际地谈论规则和原则的冲突，这一点就丢失了，或者被淹没了。（德沃金：《认真对待权利》，信春鹰等译，中国大百科全书出版社，1998 年版，第 43～46，110 页。）

二、法律原则的作用

法律原则在立法上指导着法律概念和法律规则的形成和确定。法律原则是一定时期法律价值的表现，也是立法思想的集中体现，因此法律原则的确立和发展对法律概念和法律规则起着重要的指导作用，法律概念和法律规则不能同法律原则相抵触。如我国刑法确定了罪刑法定原则之后，原有刑法中与之不符的“类推”等法律概念和法律规则就不再为新刑法所规定。

法律原则在司法过程中弥补法律规则缺失。由于立法的滞后性，法律规则不可能对社会的所有关系和行为进行规定，因此在司法过程中难免没有法律漏洞的存在。在此情况之下，法律原则发挥着弥补法律规则空白的作用。例如在我国民法典尚未完全制定颁布之前，民法中的诚实信用原则、公序良俗原则等都发挥着重要的作用。

法律原则保障了国家法律的统一和协调。法治要求国家法律的统一，而不同法律概念、法律规则之间难免出现一定的冲突，法律原则制约着法律系统内部概念规则的制定和理解，使得不同概念和规则之间有着共同的价值基础，保障不同概念和规则得以协调，从而有利于立法者、执法者与司法者能够在法律系统中找寻到合适的角度去各尽所能地发挥法律的最佳作用。

法律原则有助于社会大众对法律精神的理解。法律概念和规则具有一定的专业性，法律原则由于能够较为集中地表达法律价值而更易于被一般民众所理解。因此，法律原则成为社会大众认识、理解甚至参与法律运行的重要基础和途径。

不仅如此，法律原则所表现出来的法律精神对一个国家的法制建设和法制改革都具有一定的指导作用。我们目前所进行的建设社会主义法治国家事业，在立法、司法和执法，乃至国家权力结构的调整和政府机构功能的变革方面无不受到法律原则的指导，法律原则指导着具体的法律建设始终向着宪政、法治、人权、和谐的目标前进。

三、法律原则的分类

根据法律原则产生的依据，可分为政策性原则和公理性原则。政策性原则是国家某一时期大政方针的法律表达，体现了国家政治与社会的发展特点，如我国宪法规定的计划生育原则。公理性原则是法律体系中具有公认法律效力的原则，如“法律面前，人人平等”。

根据法律原则作用的范围不同，可分为基本原则和具体原则。从整体上体现法律精神的“法治原则”、“宪法至上原则”等可视作基本原则，而一些体现某一方面和某一领域价值的法律原则如“婚姻自由”、“比例原则”等可视作具体原则。基本原则与具体原则具有相对性，如“公序良俗原则”既可作为民法的基本原则，又是整个法律体系的具体原则。

四、法律原则的司法适用

与法律规则相比，法律原则的适用有着严格的限制。法律原则不可以轻易地成为判案的直接依据，是由其内涵抽象的评价标准所决定的。如果允许法官在司法实践中随意地适用法律原则，实际上就是赋予了其巨大的自由裁量权，难免不会损害法律的客观性和司法的权威性。法律原则缺乏统一的客观评价标准，每个人心目中对“公平”、“正义”、“公序良俗”等法律原则的理解都是不同的，具体到个案中，人们对法律原则理解的不同会导致一个相同的案件有着不同的判决可能。因此，除非有以下情况出现，否则应当优先适用具体明确的法律规则而不是考虑适用法律原则。

第一种情况是法律规则存在漏洞。法律规则的制定往往是滞后的，在面对社会纠纷的时候，不可能做到面面俱到，法官在审理案件时会遇到“无法可依”的情况。在这种情况下，法律原则可以发挥其弥补空白的作用，法官可以依据法律原则进行审理。第二种情况是适用法律规则会出现社会完全无法接受的结果。这种情况需受到严格的限制，因为判断何为社会无法接受是一个法官自由裁量的问题。在具体个案中，若涉及原则P1与规则的冲突，那么，原则P1就不仅需要与支持该规则的原则P2进行衡量，还需与一些形式原则相衡量，这些形式原则中就包括“通过正当权威所指定的规则必须遵守”以及“不得无理由的偏离一贯的法律实践”等原则①。因此，基于法律安定性的理

---

① 阿列克西语，转引自林来梵：《论法律原则的司法适用：从规范性法学方法论角度的一个分析》，《中国法学》2006年第2期。

由，在规则和原则出现冲突时不到万不得已不应当适用法律原则。

不仅如此，判决中法律原则的适用还必须具备充分的说理程序，法官必须为其引用法律原则提供充分的法律论证。这个论证不仅包括对适用法律原则必要性的论证，而且要对其适用法律原则于个案的准确性予以充分的说明。

深入阅读

1. 支振锋：《驯化法律：哈特的法律规则理论》，清华大学出版社，2009 年版。

2. 王夏昊：《法律规则与法律原则的抵触之解决》，中国政法大学出版社，2009 年版。

3. ［美］迈克尔·D·贝勒斯：《法律的原则：一个规范的分析》，张文显译，中国大百科全书出版社，1996 年版。

4. ［美］德沃金：《认真对待权利》，信春鹰译，中国大百科全书出版社，1998 年版。

5. 陈林林：《基于法律原则的裁判》，《法学研究》2006 年第 3 期。

课后思考

1. （2010 年司法考试）关于法律规则、法律条文与语言的表述，下列哪些选项是正确的？（ ）

A. 法律规则以“规范语句”的形式表达；

B. 所有法律规则都具语言依赖性，在此意义上，法律规则就是法律条文；

C. 所有表述法律规则的语句都可以带有道义助动词；

D. 《中华人民共和国民法通则》第十五条规定：“公民以他的户籍所在地的居住地为住所，经常居住地与住所不一致的，经常居住地视为住所。”从语式上看，该条文表达的并非一个法律规则。

2. （2008 年司法考试）关于法律规则的逻辑结构与法律条文，下列哪些选项是正确的？（ ）

A. 假定部分在法律条文中不能省略；

B. 行为模式在法律条文中可以省略；

C. 法律后果在法律条文中不能省略；

D. 法律规则三要素在逻辑上缺一不可。

3. （2007 年司法考试）我国《宪法》第 26 条第 1 款规定：“国家保护和改善生活环境和生态环境，防治污染和其他公害。”下列哪一选项是正确的？（ ）

A. 该条文体现了国家政策，是典型的法律规则；

B. 该条文既是法律原则，也体现了国家政策的要求；

C. 该条文是授权性规则，规定了国家机关的职权；

D. 该条文没有直接规定法律后果，但仍符合法律规则的逻辑结构。

4. 黄某与蒋某系夫妻，后黄某与张某相识并一直在外租房公开同居生活。2001 年初，黄某立下书面遗嘱将财产赠与张某。黄某去世后，张某以蒋某侵害财产权为由诉至四川省某人民法院，法院直接援引民法公序良俗原则判定黄某的遗嘱无效。请运用法律规则和法律原则的知识，结合相关法律，分析此案。

第五章　法律渊源

学习要点

了解·识记：法律渊源的含义，法律渊源的分类

理解·应用：当代中国的正式法律渊源，当代中国的非正式法律渊源

第一节　法律渊源的概念

一、法律渊源的含义

法律渊源这一概念在中外法学著作中有着不同的含义。在学说史上大致有以下几种认识：第一，是指法律的历史渊源，即引起特定法律原则和规则产生的历史上的行为和事件；第二，是指法律的理论渊源，即那些促进过立法和法律改革的理论原则和哲学原理；第三，是指法律的形式渊源，即那些被赋予法律效力和强制力的、具有权威性的某些原则和规范；第四，是指法律的文件渊源，即那些对于法律规范作权威性解释的文件或者公文；第五，是指法与法律的本质来源，如自然法认为法渊源于人类的理性。

一般而言，法理学上的法律渊源是指法的形式渊源，即法的各种具体表现形式，主要是由不同国家机关制定或者认可的，具有不同法律效力或者法律地位的各种类别的规范性法律文件的总称。因此，法律渊源又可以称为法的形式。

由于社会制度、国家管理形式和结构形式的不同以及受政治思想、道德、历史与文化传统、宗教、科技发展水平、国际交往等的影响，具体哪些资料能够作为法律渊源的范围与种类，在不同环境下是不同的。即使同一个法律共同体在不同的历史时期，法律渊源的范围与种类也是存在差异的。

学术前沿

关于法律形式与法律渊源。有学者指出，法律渊源不适宜代替法律形式的概念，认为法律渊源既可能是指法律的形式渊源和效力渊源，也可能是指法律的实质渊源和材料渊源，而我们所说的法律渊源亦即法律形式，只是存在形式和效力两个角度的意义，是外部表现形式上的意义①。

二、法律渊源的分类

因为法律的渊源有多样性的特点，所以从不同的角度可以对其作出不同的分类。

从历史的角度来看，法律渊源主要有以下三种分类：第一，习惯法。习惯是人们在长期共同生活中自发形成的行为模式。生活中习惯多种多样，但并不是所有习惯都能被视作法律渊源。只有那些经过法律和社会认可的，并由公权力保证其实施的习惯才具有

① 张文显主编：《法理学》，高等教育出版社 1999 年版，第 58 页。

法的效力。第二，判例法。判例是指司法机关对案件所做的判决。在英美法系国家，由于存在“遵循先例”的传统，故判例不仅对本案有效，而且对以后的案件审理活动都有强制性和指导性，以至于产生了普遍约束力。这样一来便形成了判例法。第三，制定法。又可以称为成文法，是指由国家有权机关依据法定职权和法定程序制定的各种规范性文件。制定法与习惯法、判例法有着不同，它是从一开始就具有普遍约束力的行为规范。在不同国家、不同历史时期往往有不同选择。有的以制定法为主要的或唯一的形式，有的以习惯法或者判例法为主要的或唯一的形式。

从现实看，法律渊源又可以分为正式法律渊源和非正式法律渊源。这种分类在法律实践中也是最主要的关于法律渊源的分类。一般来说，法律的正式渊源是国家立法确认的具有法律效力的法的渊源；而法律的非正式渊源是指虽然未经国家法律确认具有法律效力，但是对法律实践具有一定实际影响的法的渊源。对于这种分类方法，美国著名法学家埃德加·博登海默认为法律是运用于法律过程中的法律渊源的集合体和统一体；法律渊源则是可以成为各种法律判决合理基础的资料与思考。在此基础上，他把法律渊源分为正式渊源与非正式渊源两种。正式渊源是指那些可以从体现于官方法律文件中的明确条文形式中得到的渊源，如宪法、法规、行政命令、条例、司法先例等；非正式渊源指那些具有法律意义的资料和考虑，但这些资料和考虑尚未在正式法律文件中得到权威性的或至少是明文的阐述与体现。如正义的标准、推理和思考事物本质的原则、个别衡平法、公共政策、道德信念等①。这种对法律渊源作出的划分，能够帮助我们将那些没有被国家确认，但又对法治实践有实际影响的因素（如政策、道德等）纳入研究范围。在这个层面上来说，无疑是有启发性的。

第二节　当代中国的正式法律渊源

在现行的中国法律制度下，当代中国法律渊源主要是以宪法为核心的各种制定法。主要包括宪法、法律、行政法规、地方性法规、民族自治法规、经济特区的规范性文件、特别行政区的法律、国际条约、国际惯例等。

一、宪法

宪法是我国社会主义法律最根本、最主要的法律渊源，其法律地位和效力是最高的。它是国家最高权力的象征和标志，宪法的权威直接来源于人民。我国宪法规定了当代中国根本的社会、经济和政治制度，各种基本原则、方针、政策，公民的基本权利和义务，各主要国家机关的组成和职权、职责等，涉及社会生活各个领域的最根本、最重要的方面。宪法是由我国最高权力机关——全国人民代表大会经过特殊程序制定和修改的。其特殊地位决定了宪法在我国法律渊源中处于最高和核心地位。一切法律、行政法规等，都应当依照宪法所确认的原则来制定，不得与宪法的规定相抵触，不得违背宪法原则，否则一律无效。在当代的立法体制下，宪法由全国人大负责监督实施，全国人大常委会负责解释并监督宪法实施，并对违反宪法的行为予以追究。

① ［美］博登海默：《法理学——法哲学及其方法》，邓正来等译，华夏出版社 1987 年版，第 395～396 页。

二、法律

法律有广义、狭义两种理解。从广义上讲，法律泛指一切规范性文件；从狭义上讲，仅指由全国人大及其常委会制定的规范性文件。这里所说的法律是指狭义上的法律，即指由全国人大及其常委会依法制定、修改的，规定和调整国家、社会和公民生活中某一方面带根本性的社会关系或基本问题的一种法律。在当代中国法律渊源中，法律的地位和效力仅次于宪法而高于其他法。法律又是行政法规和一般性地方法规的立法依据和基础，后两者不得违反它，否则无效。

法律由于制定机关的不同，可以分为基本法律和一般法律。基本法律是指由全国人大制定和修改的刑事、民事、国家机构和其他方面的规范性文件，如刑法、刑事诉讼法等；一般法律是指基本法律以外的，由全国人大常委会制定和修改的规范性法律文件，如文物保护法、商标法等。在全国人大闭会期间，全国人大常委会也有权对全国人大制定的法律在不与该法律基本原则相抵触的条件下进行部分补充和修改。

立法法规定，对于以下事项只能制定（狭义上的）法律：国家主权的事项；各级人民代表大会、人民政府、人民检察院的产生、组织和职权；民族区域自治制度、特别行政区制度、基层群众自治制度；犯罪和刑罚；对公民政治权利的剥夺、限制人身自由的强制措施和处罚；对非国有财产的征收；民事基本制度；基本经济制度以及财政、税收、海关、金融和外贸的基本制度；诉讼和仲裁制度等。

此外，全国人大及其常委会作出的具有规范性的决议、决定、规定、办法等，也属于“法律”类的法的渊源。

三、行政法规

行政法规是由最高行政机关国务院依据宪法和法律制定、修改、发布的，有关国家行政管理和管理行政事项的规范性法律文件的总称，其法律地位和效力仅次于宪法和法律，故国务院制定的行政法规不得与宪法和法律相抵触。全国人大常委会有权撤销国务院制定的同宪法、法律相抵触的行政法规、决定和命令。需要注意的是，国务院根据全国人大授权而制定的有关改革开放的规范性文件不属于行政法规，而是授权立法，比行政法规具有更高的效力。

行政法规的立法目的是保证宪法和法律的实施，它有助于宪法和法律的原则及精神得以具体化。行政法规是宪法、法律与地方性法规之间的重要纽带，其调整的社会关系和规定事项，远比法律调整的社会关系和规定事项广泛具体，一切不带根本性或宪法、法律没有调整的社会关系都可以由行政法规加以调整。而地方性法规的制定不得与行政法规相抵触，则又进一步保证了宪法、法律得以实施。

学术前沿

行政规章可分为部门规章和政府规章。部门规章是指国务院所属部委根据法律和国务院行政法规、决定、命令，在本部门的权限内，所发布的各种行政法律规范文件，也称部委规章；政府规章则是指有权制定地方性法规的地方人民政府，根据法律、行政法规制定的规范性法律文件，也称地方政府规章或地方规章。这两类行政规章是否属于法的正式渊源，目前还存在争议。

四、地方性法规、民族自治法规、经济特区的规范性文件

地方性法规是由特定地方国家机关根据本行政区域内的具体情况和实际需要，依法

制定的在本行政区域内具有法律效力的规范性法律文件的总称，其效力低于宪法、法律、行政法规。现阶段，根据宪法和地方各级人民代表大会和地方各级人民政府组织法、立法法的规定，省、自治区、直辖市以及省级人民政府所在地的市和经国务院批准的较大的市的人民代表大会及其常委会，在不同宪法、法律、行政法规相抵触的前提下，有权制定地方性法规，并报全国人大常委会和国务院备案。地方性法规在本行政区域的全部或部分区域有效。全国人大常委会有权撤销同宪法、法律、行政法规相抵触的地方性法规。此外，地方各级国家权力机关及其常设机关、执行机关所制定的决定、命令、决议，凡属规范性者，在其行政区域内，也都属于法的渊源之列。

民族区域自治是我国的一项基本政治制度。根据宪法和民族区域自治法，民族自治地方的自治机关除行使宪法第三章第五节规定的地方国家机关的职权外，同时依照宪法和有关法律行使自治权。民族自治地方的人民代表大会有权依照当地民族的政治、经济和文化特点，制定自治条例和单行条例，但应报全国或省级人民代表大会常委会批准之后才生效。

经济特区是指我国在改革开放中为发展对外经济贸易，特别是利用外资、引进先进技术而实行某些特殊政策的地区。经济特区根据其自身特点制定的规范性文件，是由全国人大及其常委会授权制定的，其法律地位和效力不同于一般的法规、规定。从理论上说，假如经济特区制定并适用的规范性文件与上一位阶的规范性文件有不同规定的，并不一定因此而被宣布无效或撤销。

五、特别行政区的法律

宪法规定，国家在必要时得设立特别行政区，在特别行政区实行的制度按照具体情况由全国人民代表大会以法律规定。这是“一个国家，两种制度”的构想在宪法上的体现。特别行政区实行不同于全国其他地区的经济、政治、法律制度，即在若干年内保持原有的资本主义制度和生活方式，因而在立法权限和法律形式上也有特殊性。在当代中国的法律渊源中，特别行政区的法律、法规已经成为单独的一类。

六、国际条约、国际惯例

国际条约是指我国作为国际法主体同外国缔结的双边、多边协议和其他具有条约、协定性质的文件。这些我国同外国缔结或我国加入的他国已订立的各种协议，经我国最高权力机关批准，或我国政府申明承认参加后，在国内具有法律效力，从而成为我国的法律渊源之一。其具体表现形式包括国际法主体间形成的宪章、公约、盟约、规约、专约、议定书、换文、公报、联合宣言、最后决议书等。1990 年由全国人大常委会通过的《中华人民共和国缔结条约程序法》规定了各种条约的签订程序：中央人民政府即国务院同外国缔结条约和协定；全国人大常委会决定同外国缔结的条约和重要协定的批准和废除；中华人民共和国主席根据全国人大常委会决定，批准和废除同外国缔结的条约和重要协定。同时还规定加入多边条约和协定，分别由全国人大或国务院决定；接受多边条约和协定，由国务院决定。

国际惯例是指以国际法院等各种国际裁决机构的判例所体现或确认的国际法规则和国际交往中形成的共同遵守的不成文的习惯。国际惯例是国际条约的补充。当前我国立法实践中对国际条约和国际惯例的法律效力予以了确认。如《民法通则》第 142 条规定：“中华人民共和国缔结或者参加的国际条约同中华人民共和国的民事法律有不同规定的，适用国际条约的规定，但中华人民共和国声明保留的条款除外。中华人民共和国法律和中华人民共和国缔结或者参加的国际条约没有规定的，可以适用国际惯例。”

随堂思考

对于具体案件的判决究竟应当从哪里寻找法律渊源以及选择法律渊源的标准是什么，这一问题至今没有统一答案。历史上自然法学派、分析法学派、现实主义法学派等都有自己不同的观点。请结合相关知识谈谈你的看法。

第三节　当代中国的非正式法律渊源

由于社会生活千变万化，任何国家的法的正式渊源都不可能为法律实践中遇到的每一个法律问题提供一个明确答案，总会有一些法律问题不可能从正式的法律渊源中寻找到确定的大前提。这包括以下几种情况：第一，正式的法的渊源完全不能为法律决定提供大前提；第二，适用某种正式的法律渊源会与公平正义的基本要求、强制性要求和占支配地位的要求发生冲突；第三，一项正式的法律渊源可能会产生出不同解释的不确定性。当这些情况发生时，法律人为了给法律问题寻找一个合理的法律决定就需要诉诸法的非正式的渊源。

不同国家的法的非正式的渊源的种类并不相同。就当今的中国而言，法的非正式的渊源主要包括：

1. 习惯。关于习惯之于现代法律的作用和意义，存在多种不同的观点。但是一般都承认习惯对于现代法律具有影响。社会法学派的法理学家们曾告诉我们，法律并不存在于单一的层面上，只把注意力集中在现有的制定法上是不够的，我们还需要进一步考察和探究那些隐藏在制定法背后并决定着制定法实践功效的社会习惯性规范。习惯的含义多种多样，但能够作为法的非正式渊源的习惯只能是指社会习惯，特别是那些与重要的社会事务即为了确保令人满意的集体社会而必须完成的各种相关的习惯，因为后者往往与人们的一些具体义务和责任相关。习惯之所以能够成为法的非正式渊源是因为它是特定共同体的人们在长久的生产生活实践中自然而然形成的，是该共同体的人们事实上的共同情感和要求的体现，也是他们的共同理性的体现。

2. 判例。判例在英美法系国家属于法的正式渊源，发挥着巨大的作用。而大陆法系一般不视其为正式的法律渊源，另一方面却都在一定程度上肯定了判例的重要性。在我国，最高人民法院于2000年决定定期向社会公布部分裁判文书，在各卷的案例汇编的前言中指出：“最高人民法院的裁判文书，由于具有最高的司法效力，因而对各级人民法院的审判工作具有重要的指导作用，同时还可以为法律、法规的制定和修改提供参考，也是法律专家和学者开展法律教学和研究的宝贵素材。”[①] 判例之所以为现代大陆法系国家所重视，并在法的适用中发挥重要作用，是因为它可以弥补制定法的不足。具体来说，任何判例都是法官结合特定案件事实将具有一般性和抽象性的制定法规范具体

---

① 最高人民法院办公厅编：《最高人民法院公布裁判文书（2000年）》，人民法院出版社2001年版，前言第2页。

化的一种结果。也就是说判例不再是一般的和抽象的了。这至少为将来的法官运用该制定法解决具体案件提供了思路、经验和指导。同理，任何判例都是法官针对具体案件事实将具有模糊性和歧义性的制定法进行解释而得到的一种结果，也就是说，任何判例都在一定程度上消除了语言的模糊性和歧义性，使制定法的语言的外延和内涵在一定程度上得到厘清。这样，判例就为将来的法官适用制定法解决具体案件提供了帮助，至少可以减轻法官的工作负担。

3. 政策。在我国，中国共产党的政策属于法的非正式渊源。虽然党的政策在理论上主要是党的行动准则，不能强行约束非党群众，但是，由于中国共产党是中国社会主义现代化建设的领导核心，党的政策当然具有广泛的影响力。宪法以及各种法律、法规中规定的诸多原则都是国家政策的体现，有的内容甚至成为宪法、法律和法规本身的有机组成部分。因此，党的政策对法律的制定或实施都有指导作用。

经典摘录

"在实行法律的过程中，总会出现一些情况，如法律确定性的要求与正义的要求发生了冲突，又如必须在两种相互对立的价值之间作出明确的选择。"法律作为一般规则，有时难免会出现某些例外的情况，法官必须应用宪法和制定法中实在的和明确的命令，即使他坚信这些命令不符合或不再符合当今正义的基本观念。换句话说，当实在法提供了秩序框架时，法官通常都要受之约束，在一般情况下不能为了正义而背离它。但当实在法完全不能解决法院所遇到的问题时，那么正义等标准必定在解决争议的衡量方法中起到重要作用。一般来说，应这样考虑，不必被视为是对司法权力的侵越。有些法律同文明体面之要求是如此不符，以致法官有权不把它们视为法律。（博登海默：《法理学——法哲学及其方法》，邓正来等译，华夏出版社，1987 年版，第 432、435 页。）

深入阅读

1. ［瑞典］亚历山大·佩岑尼克：《法律科学：作为法律知识和法律渊源的法律学说》，桂晓伟译，武汉大学出版社，2009 年版。

2. ［加拿大］罗杰·赛勒：《法律制度与法律渊源》，项焱译，武汉大学出版社，2010 年版。

3. 高其才：《中国习惯法论》，中国法制出版社，2008 年版。

4. 武树臣：《判例制度研究》，人民法院出版社，2003 年版。

课后思考

1.（2007 年司法考试）下列哪一选项体现了法律的可诉性特征？（ ）

A. 下一级的规范性法律文件因与上一级的规范性法律文件冲突而被宣布无效；

B. 公民和法人可以利用法律维护自己的权利；

C. "一国两制"原则体现在《香港特别行政区基本法》的制定过程中；

D. 道德规范上升为法律规范。

2.（2009 年司法考试）2007 年，某国政府批准在实验室培育人兽混合胚胎，以用

于攻克帕金森症等疑难疾病的医学研究。该决定引发了社会各界的广泛关注和激烈争议。对此，下列哪些评论是正确的？（　）

A. 目前人兽混合胚胎研究在法律上尚未有规定，这是成文法律局限性的具体体现；

B. 人兽混合胚胎研究有可能引发严重的社会问题，因此需要及时立法给予规范和调整；

C. 如因该研究成果发生了民事纠纷而法律对此没有规定，则法院可以依据道德、习惯或正义标准等非正式法律渊源进行审理；

D. 如该国立法机关为此制定法律，则制定出的法律必然是该国全体公民意志的体现。

3.（2005 年司法考试）下列有关法源的说法哪些不正确？（　）

A. 大陆法系的主要法源是制定法；

B. 英美法系的法源中没有成文宪法；

C. 不同国家的法源之间不能进行移植；

D. 在法律适用过程中，一般先适用正式法源，然后适用非正式法源。

第六章　法律体系

学习要点

了解·识记：法律体系，法律部门

理解·应用：法律体系的划分原则，当代中国法律体系的特点和主要法律部门

第一节　法律体系释义

一、法律体系的概念及特征

所谓体系，是指若干事物或意识互相关联进而构成的整体。法律体系，也称为法的体系，指由按照一定的原则和标准划分的同类法律规范所组成的法律部门所构成的一国现行法律规范的统一整体。通常，法律体系也指部门法律体系。法律体系具有以下几个特点：

第一，法律体系的基础是一国全部现行法律。法律体系是由一个国家的全部现行法律构成的整体，因而一国全部的现行法律是构成一国法律体系的基础。首先，在空间意义上，法律体系既不是几个国家法律构成的整体，也不是一个国家一个地区或几个地区法律构成的整体。其次，在时间意义上，构成一国法律体系的只能是该国现行法律，既不包括该国历史上已经失效的法律，也不包括一国将要制定或正在制定却尚未生效的法律。如，我国当代法律体系，只包括现行法律，不包括古代法，也不包括新中国成立以后制定但已经失效的法律法规以及将要制定的法律。需要强调的是，虽然学术界对国内法与国际法的关系历来有争议，但我们认为，一国法律体系应当包括一国现行的国内法和被本国承认的国际法。这是因为，无论国内法与国际法之间存在什么样的区别，这一点是明确的：被一国承认的国际法在该国当然具有法律效力，因而在学理上将其纳入该国法律体系之中是符合事实的。将一国承认的国际法纳入法律体系，不仅是为了该国法律体系的完整，也是该国主权的表征。

学术前沿

关于国内法与国际法的关系问题，学界历来有争议，其中最典型的就是一元论和二元论。简单说来，一元论认为国内法与国际法同属一个法律体系，并在此基础上分为国际法优先派和国内法优先派。但这两个流派都存在某些理论瑕疵，例如国内法优先派认为国际法的权威源自国内法，就容易将国际法视为“涉外公法”，这实际上就有从根本上取消国际法的倾向；而相反，国际法优先派则容易导致对国家主权的全面否定。因此，有学者提出了二元论或“平行说”，认为国际法与国内法分属两个不同的法律体系。例如，卓泽渊教授就认为，一国法律体系“不包括国际法”。但二元论也同样存在理论不足，因为日益密切的国际交往作为一个基本事实，使国际法与国内法的运用联系更加紧

密，国际法本身适用的主体日益宽泛，调整的对象日益丰富，将国际法与国内法截然分开缺乏现实依据。

第二，法律体系的基本构成单元是法律部门。法律体系由法律部门构成，而不是由具体法律规范直接构成。现实社会中社会关系的多样性和复杂性使得调整这些社会关系的法律规范在内容或形式上也相应表现出多样性和复杂性。在理论上，这些法律规范可以按照一定的原则和标准划分为不同的法律部门，而正是这些法律部门成为法律体系的基本单元。当然，并非法律部门的简单叠加和组合就可以构成法律体系。法律体系是在一定原则和标准的基础上获得系统化的理论建构。

第三，法律体系是具有内在逻辑关系的统一整体。申言之，法律体系不是由法律任意组合而成的杂乱无章的法律集合，它是一个门类齐全、结构严密、内在协调的有机整体。所谓门类齐全，是指法律体系应当包含调整各类社会关系的法律部门，不能有所遗漏；所谓结构严密，是指无论在构成法律体系的法律部门之间，还是在法律部门内部，都应当具有逻辑上的相关性；所谓内在协调，是指在法律体系中，既要保持法律部门与法律体系整体的统一和谐和法律部门之间的协调一致，也要保持法律部门内部的法律规范层次分明，例如宪法部门与一般法律部门的协调一致、程序法与实体法的协调一致等。

第四，法律体系的表现形式是受历史文化传统以及其他社会因素共同影响的。在法律史上，存在样式不同的法律体系。这些法律体系的形成，不仅受制于法律文明的发展阶段，而且也取决于这些法律体系赖以存在的历史文化传统、社会类型、经济发展水平等多种因素。如，大陆法系国家的法律体系、英美法系国家的法律体系和社会主义法系国家的法律体系不仅体现了法律体系的多样性，而且也反映了这些综合因素对其形成的影响。

第五，法律体系具有较强的稳定性。所谓法律体系的稳定性，是指法律体系的结构及其所包含的主要法律部门，在较长时期内保持基本稳定。这是因为：首先，法律的权威性要求法律体系必须具有较强的稳定性；其次，作为法律的调整对象，社会关系往往也具有相对的稳定性，这就使得法律及法律体系相应保持稳定。当然，法律体系的稳定是相对的，一个国家不能够、也不可能为了法律体系的稳定性而放弃立法对社会关系的适应性变化。这意味着，法律体系的稳定是发展中的稳定，是不断完善中的稳定。

随堂思考

恩格斯曾说："在现代国家中，法不仅必须是它的表现，而且还必须是不因内在矛盾而自相矛盾而自相抵触的自己的一种内部和谐一致的表现。"（《致康·施密特》，《马克思恩格斯选集》第四卷，人民出版社 1995 年版，第 702 页。）请结合经典论述，谈谈你对法律体系的认识。

二、法律体系与相关概念的关系

在法学理论中，存在一些与法律体系相近的概念，如法系、法制体系、法学体系等等。它们之间既有区别又有联系。

（一）法律体系与法系

法系（legal system），也被译作法律体系，但它与此处所说的法律体系具有不同的含义。我国学者一般将法系的概念理解为，根据法律的历史文化渊源、外在表现形式和法所体现的意识形态的不同所作的分类。凡具有共同历史渊源、外在表现形式并体现相同意识形态的法律就构成一个法系。可以看出，法系同法律体系主要存在以下三方面的差异：第一，构成基础不同。法律体系的构成基础是一国的法律规范，而法系则是由两个以上国家的法律构成的，例如大陆法系就包括了法、德等欧洲大陆国家和受其影响的其他国家和地区的法律。第二，所指法律的时间形态不同。法律体系仅限于一国的现行法律规范；而法系意义上的法律，则涵盖了历史意义上的法。第三，划分标准不同。法律体系划分法律的基本标准是法律的调整对象及其调整方法，而法系则主要是以法律的历史文化传统和法的外在表现形式为标准的。

（二）法律体系与法制体系

所谓法制体系，是指与整个法律制度相关的规范体系以及运行系统。法制体系包括立法体系、执法体系、司法体系、守法体系、法律监督体系等等。而法律体系作为现行法律部门所构成的统一整体，其内容仅及于现行法律规范本身，是静态的法律系统。可见法制体系不仅包括法的静态系统，也包括法律制度运行的全系统，因此其外延大于法律体系，法律体系是法制体系的组成部分。

（三）法律体系与法学体系

所谓法学体系，是指法学的各个分支学科组成的有关法学的学科体系。二者的主要区别是：第一，所属范畴不同。法学体系是学科体系，属于社会科学范畴，具有思想文化属性和意识形态属性；而法律体系，属于社会规范范畴，其归纳的对象是作为社会规范的具有普遍约束力和强制性的法律。第二，基本构成单元不同。构成法律体系的基本单元是法律部门，其划分依据主要是法律调整的不同社会关系以及由此产生的不同调整方法；而法学体系的基本构成单元是法学的各分支学科，其划分依据主要是研究的对象和范围。第三，内容和范围不同。法律体系只涉及一国的现行法，而法学体系不仅研究一国的现行法，还要研究各国的现行法乃至历史上的法和未来的法。在研究各个法律部门之外，法学体系还要研究理论法学，例如法理学、法史学、比较法学、法社会学、法经济学等。因此，法学体系所研究的内容和范围远大于法律体系的内容和范围。第四，法律体系具有属国性，即通常情况下一个国家只有一个法律体系，该法律体系也只在该国范围内有效；而一个法学体系既可以把不同国家的法律纳入自己的研究范畴，同时，在一个国家之内也可能存在多个不同的法学体系。虽然存在诸多差异，但二者也有密切的联系：一方面，法学体系以法律体系的存在为前提和基础。一个国家法学体系中的学科分支，往往与法律体系中法律部门的划分是一致的，例如，与法律体系中宪法、民法、刑法、经济法、行政法、诉讼法、国际法等法律部门相对应，法学体系中也存在宪法学、民法学、刑法学、经济法学、行政法学、诉讼法学、国际法学等学科分支。另一方面，法学体系对法律体系的研究成果也会对法律本身的不断完善和发展起到重要推动作用。

三、法律体系的历史发展

法律体系是一个历史的、发展的范畴。现代意义上的体系完备、门类繁多的法律体系是在古代法律体系的基础上发展起来的。由于受社会生产力低下、科学文化不发达等因素的制约，古代社会的法律体系在体系性、完备性等方面均难以同现代法相比，但这却不能否认古代社会存在法律体系的事实。

如果可以把对法律的分类和体系化归纳看做法律体系萌芽的话，西方国家划分法律体系的观念萌发很早。早在古希腊时期，亚里士多德就以城邦宪法为标准将法律划分为基本法和非基本法①。罗马帝国时期，法律体系化的思想得到了重大发展。以乌尔比安为代表的罗马法学家将法律划分为公法和私法，“公法涉及罗马帝国的政体，私法则涉及个人的利益”②，而私法又包括自然法、万民法和市民法，这或许是人类历史上最早且对后世影响最大的关于法律体系的思想。而这一思想在近代革命以后的欧洲大陆国家得到了有规模的实践。拿破仑时期的法国建立了以宪法为根本法，以民法为支柱，以商法、刑法、民事诉讼法和刑事诉讼法为基本法律的六法体系。这一法律体系不仅成为欧洲大陆其他近代国家的法律体系的模式，从而促成了大陆法系的形成，而且也标志着近代西方法律体系的正式建立。直至今日，全球范围内的大陆法系国家对这一体系尚未有根本性的突破。与欧洲大陆相对应的英美法系国家，由于法律文化传统的原因，从近代法建立之初便走上了与欧洲大陆法不同的道路，其法律体系与其法系风格相适应而独具特色。

中国古代法律体系既不同于大陆法系，也不同于英美法系，充分体现出中华民族的文化传统与民族精神。需要指出的是，中国古代在法典编纂体例上“诸法合体、民刑不分”并不等于中国古代没有法律体系的观念，也不等于法律体系上的“诸法杂糅”；相反，中国古代法典根据自己的历史文化传统将社会关系进行分类，形成自己独特的法律体系。一般认为，中国最早的封建制法以公元前 5 世纪李悝所著《法经》为标志。《法经》具有盗、贼、囚、捕、杂、具等诸法，是我国历史上第一部系统的法典，这也可以视为法律体系观念在我国的早期萌芽。汉《九章律》在《法经》基础上增加了户、兴、厩三篇而成，法律体系更加完善。及至隋唐，中国封建社会到达一个顶峰，法制也日臻完备。公元 651 年制定的《唐律》及次年撰写的“律疏”，史称《永徽律疏》（后改为《唐律疏议》），成为中国封建社会法典的楷模。它把类似现代法律总则的名例律置于律首，将调整具体社会关系的卫禁律、职志律、户婚律、厩库律、擅兴律、贼盗律、斗讼律、诈伪律、杂律、捕亡律、断狱律十一篇类似现代法律分则的律法分列其后，其法律体系为历代王朝和毗邻国家所沿袭。其特点是礼法结合，法有差等；德主刑辅，重刑轻民，诸法合体。由此可见，中国古代存在自己特有的法律体系，它不仅对法律部门有自己初步的认识，也迸发出对法律之社会作用的独特洞见，可以说中国古代法律体系走上了自己独特的发展道路。直至清季，我国才效仿西方分立组建新的法律体系。民国政府早年为防止法制中断，曾允许有条件地引用清代律法；随后，就按照六法体系开始了大规模的法典编撰活动，到 20 世纪 30 年代基本形成了民国的六法体系。

四、法律体系的结构

法律部门是法律体系的直接构成单元。从法律部门进一步微观来看，就是具体的现行法律规范；而从法律部门出发宏观地考察法律体系，就是法律体系的结构。同法律体系本身一样，其结构也是一个历史范畴。随着社会历史的发展，法律体系结构学说经历

① ［古希腊］亚里士多德：《政治学》，商务印书馆 1956 年版，第 129 页。

② ［古罗马］查士丁尼：《法学总论——法学阶梯》，商务印书馆 1989 年版，第 5～6 页。

了从公法、私法二元结构说到公法、私法与社会法三元结构说的发展。

如前所述，在古罗马时期法律就被划分为公法、私法两大类。“有关罗马国家的是公法，有关私人的法为私法”，乌尔比安这种划分一直在大陆法系得到传承，因此传统的法律体系由公法、私法两大结构性元素构成。虽然对公法、私法的划分标准屡有争议，但一般认为公法即关于国家或国家与个人、社会组织之间权利义务关系的法律部门的综合，如刑法、行政法等；所谓私法，主要是指关于平等主体之间的权利义务的法律部门的总和，如民商法等。法律体系结构的这种二元划分，具有一定的客观性，它与社会经济事实相吻合。公法与其调整的公权对社会的干预相适应，而私法与其调整的市场自主调节相适应。因此，公法与私法的划分始终是认识法律体系结构的重点。

随着社会历史的发展、特别是社会现代化的发展，传统的二元法律体系结构面临危机。第一，在思想方面，西方国家开始从个人本位向社会本位过渡，导致社会化运动全面发生，直接影响了法律的价值取向，而法律价值取向的转化不仅影响了法学理论的变革，而且导致了新的法律门类的出现。第二，在政治层面，国际共产主义运动自 19 世纪末到 20 世纪初获得了巨大成功，促使体现两大阶级矛盾的劳资关系成为西方现代国家必须着力解决的重大社会问题，这也直接导致了劳动法和社会保障法等新法律的出现。第三，在经济方面，为解决自由经济带来的重大经济问题，以强调国家权力介入经济领域的思想获得发展，如凯恩斯的国家干预经济。以此为背景，以调整国家干预经济的社会关系的法律，即经济法成为 20 世纪初，尤其是第二次世界大战后西方现代国家法律现代化的重要现象。第四，随着以工业化为标志的现代化的发展，西方现代国家面临严重的人与自然关系的紧张，人类生存环境和不可再生的自然资源受到破坏与无情掠夺在现代化的过程中成为不可避免的代价，人类的可持续发展在现代化的推进中。面临严峻质疑，也成为已经现代化的国家反思现代化和关切人类未来发展的重大课题。对此类事关人类命运的发展问题的思考所形成的全新的认识和社会变革不仅促成了一系列新型社会关系的出现，也导致了与此相关的新型法律门类的产生，如环境资源保护法、外层空间保护法等。这些伴随着现代化发展而形成的新法律，既不属于传统公法，也难以用传统私法给予概括，它们既具有公法的因素，也带有私法的印记。这些新法律所具有的共同特点，不仅意味着超越公法与私法二元结构的社会法的产生，而且标志着现代法律体系的三元结构的产生。

第二节　法律部门及其划分标准

一、法律部门与法律体系

所谓法律部门，是根据一定标准和原则划定的同类法律规范的总称，如宪法部门、行政法部门、民法部门、刑法部门等。在不做严格限定的情况下，法律部门通常也被称为部门法。但是，从理论表述和逻辑统一性上讲，将二者互用是存在问题的，因而我们认为对二者从理论和表述上作区别使用和限定是必要的。我们认为部门法并不完全等同于法律部门，其内涵和外延存在差异，比如宪法可以被看做是一个法律部门，但却不能被当做部门法。同一法律部门内也可包含不同的部门法，如民商法部门就包含物权法、知识产权法、合同法等部门法。从这个意义上讲，法律体系是法律部门体系而不是部门法律体系。

前面说过，法律部门是法律体系的基本构成单元，即是说具体的法律规范并不直接构成法律体系，法律体系是由一个个相对独立的法律部门构成的。这是理解法律部门同法律体系之间关系的关键点。此外，在理解法律部门概念时，需要注意以下几个问题：

第一，法律部门与法律规范的相互关系。首先，法律规范是构成法律部门的基本要素，没有法律规范就没有法律部门；其次，法律部门是由在一定标准下划分的同类法律规范构成的，单独的法律规范不可能构成一个法律部门。法律部门是对调整同类社会关系的法律规范的系统化整理。例如，刑法部门是由调整犯罪、刑罚以及与之直接关联的法律规范构成，民法部门由调整平等主体之间人身关系、财产关系以及与之直接关联的法律规范构成。

第二，法律部门的划分具有一定的相对性。虽然可以按照一定的标准将法律规范划分为不同的法律部门，但这种划分不是绝对的。这主要表现在两个方面：首先，从横向上看，法律部门之间存在交叉。这是由于社会关系错综复杂，彼此联系，因此法律部门之间往往很难截然分开。事实上，相当数量的社会关系需要几个法律部门进行调整。例如，劳动法中的劳动行政管理关系就既需要劳动法律部门也需要行政法给予调整；又如，民法中的婚姻登记问题既是一个民法上的问题也是一个行政法上的问题。其次，从纵向上看，同一法律部门还可以进一步划分为若干子部门。这些子部门由构成该法律部门的法律规范中调整更加具体的同类别的社会关系的特殊法构成，是该法律部门的分支。例如，立法法、组织法、选举法是宪法部门的子部门；物权法、合同法、知识产权法是民法部门的子部门。

第三，法律部门也是不断发展变化的。一个法律体系究竟由哪些法律部门构成，并非一成不变，它也会随着社会和社会关系的发展变化而改变。随着有些社会关系的特殊性日益凸现，调整这类社会关系的法律规范便从原所属的法律部门中独立出来，成为单独的法律部门，如以劳动法和环境资源法为代表的社会法部门。

二、法律部门的划分标准和原则

（一）法律部门的划分标准

我国学者在法律部门划分标准问题上一般持双重标准说，即划分法律部门的标准是法律规范的调整对象和法律规范的调整方法。法律规范的调整对象就是特定的社会关系。法律规范的调整方法就是法律责任的承担方式和法律制裁的方式。尽管二者都是法律部门划分的标准，但是前者是主要标准，后者是辅助标准。

1. 划分法律部门的主要标准是法律规范所调整的社会关系

社会关系作为法律规范的调整对象，与人类的社会生活一样，不仅极其复杂而且千变万化，不同的社会关系具有不同的社会性质，也具有不同的社会地位、作用和影响。社会关系的复杂性和差异性决定了法律规范的多样性，用同样的法律规范或无视差别的调整方法去调整社会关系，不仅不反映客观规律，而且也无法达到法律预期的实效，因此，法律规范所调整的社会关系的复杂性和差异性也决定了不同的法律规范的特殊性。这意味着法律规范的调整对象——社会关系——是理解法律规范类型化的基础，也是划分法律部门的主要标准。

2. 划分法律部门的辅助标准是法律规范的调整方法

虽然法律所调整的社会关系是划分法律部门的主要标准，但却并非唯一标准。事实上，法律部门与社会关系之间不存在简单的一一对应的关系。在现实生活中既存在着一个法律部门调整完全不同种类的几个社会关系的现象，也存在着一个社会关系由几个法律部门来调整的事实。例如，刑法虽然是规制犯罪与刑罚的法律，但就其所调整的社会关系而言又是相当广泛的，涉及政治、经济、财产、婚姻家庭、人身安全等各个领域的社会关系。其中，每一种社会关系又相应的有专门的法律部门调整。因此，以法律规范的调整对象作为唯一的标准，不仅很难将法律规范有效地作类型化的区分，而且也不可能准确地划分法律部门。而将法律规范的调整方法作为划分法律部门的辅助标准，就在事实和理论上解决了这一问题。从法律创制的意义上讲，法律规范调整的方法是服从于法律规范调整对象的性质和特殊性的。因此，作为法律部门的划分标准，法律规范的调整方法只能是辅助性标准而不是主要标准。双重标准意味着，在确定调整对象的前提下，可以将调整方法相同的法律规范划定为特定的法律部门。例如，针对财产类社会关系，可以将以刑事制裁方法为特征的法律规范划定为刑法部门，将以承担民事责任和以民事制裁为特征的法律规范划定为民法部门。由此可见，虽然法律规范的调整方法是划分法律部门的辅助标准，但在法律体系的理论中有着重要的意义。

（二）法律部门的划分原则

我国法学界除了提出法律部门划分的标准以外，为了使法律部门的划分更加科学、合理，还进一步提出了法律部门的划分原则。我们认为，法律部门的划分原则概括起来有如下三方面的内容。

1. 整体性原则

法律部门是法律体系的构成单元，而法律体系是对一国所有现行法律整体系统的考察。所以，法律部门的划分要以全部法律规范为基础，概括一国全部现行法律，使法律体系中所有同类法律规范都涵盖于同一法律部门。

2. 均衡性原则

均衡性原则有两方面的含义：一方面，多寡合适。即考虑所划分的法律部门在数量上要均衡，不要因法律部门划分过多而削弱法律体系的整体性，也不要因法律部门划分过少而不能有效地区别不同类别的法律规范。另一方面，粗细适当。即各法律部门所包含的法律规范不宜过多也不宜过少，尽量做到每个法律部门之间在法律规范的涵盖面上保持均衡。当然，这种均衡也并不绝对，法律部门的划分主要还是要根据各法律部门的实际需要和调整范围。

3. 逻辑与现实兼顾原则

划分法律部门，既需要一定的逻辑依据，也需要从实际出发，做到二者兼顾。这主要有以下三方面的具体要求：第一，在尊重法律现象自身客观规律的前提下，根据一国具体国情，从实际出发划分法律部门。就中国而言，就是不应照搬别国标准，划分具有中国特色的法律部门。第二，针对重叠性法律规范，即按照法律部门的划分标准，同时可以归入不同法律部门的法律规范（例如房地产和土地管理法中存在大量行政法律规范，可以划入行政法律部门，而同时因其体现国家对房地产业的管理而归入经济法律部门），就要从现实出发，决定其法律部门的归属。第三，兼顾即将制定的法律规范。虽然在逻辑层面上，法律体系中法律部门的划分以一国现行法律为基础，但法律总是在现实中不断发展变化的，法律体系的内容也在不断变化。因此，从把握法律发展趋势出发，也应该在划分法律部门的时候考虑正在制定或即将制定的法律规范。

第三节　当代中国法律体系

一、当代中国法律体系的形成

新中国成立后，彻底废除了民国时期的法律体系，开始了社会主义的法制建设。新中国成立后相当长的时间里，我国的社会主义法制建设、法学研究乃至法学教育主要学习苏联模式，法律体系以及法律部门的划分除个别部门的名称上略有差异外，基本上是模仿苏联的。而这样一个初步草创的法律体系由于立法上的严重滞后也仅仅具有理论上的意义。

党的十一届三中全会以来，为适应社会主义现代化建设和改革开放事业的需要，在邓小平建设有中国特色社会主义理论的指导下，在总结以往的经验教训、借鉴国外立法经验的基础之上，我国开始了具有现代意义的社会主义法律体系的建设。

特别是 20 世纪 90 年代以来，中国共产党第十四次全国代表大会提出了一个根本转变，即从计划经济向社会主义市场经济转变，我国关于经济方面的立法数量显著增加，充实了我国的法律体系。由于坚持对外开放的基本方针和加入 WTO 步伐的加快，法律规范也逐步同国际通行的规则和惯例相适应。20 世纪 90 年代中后期，依法治国方略的提出，极大地深化了我国对现代法治理论的认识，一系列保障公民基本权利、规范行政和司法的法律规范也被充实到我国当代法律体系之中。1997 年 9 月 12 日，中国共产党第十五次全国代表大会的报告提出，“到 2010 年形成有中国特色的社会主义法律体系”，这为我国法律体系的完善和发展指明了方向。

二、当代中国法律体系的特点

当代中国法律体系主要有三个方面的特点：

第一，在政治层面上，我国当代法律体系属社会主义性质。首先，我国当代法律体系的构建以马克思列宁主义、毛泽东思想、邓小平理论和“三个代表”重要思想为指导思想，这是坚持我国法律体系的社会主义性质和方向的思想保证。其次，社会主义公有制在国民经济中居主导地位，这是我国当代法律体系社会主义性质的经济基础。再者，我国当代法律体系以我国初级阶段理论和社会主义宪法为依据，在根本上是维护我国社会主义的政治制度和经济制度的。

第二，在法律体系的形式和风格上，基本继承了大陆法系的传统。这主要体现为我国法律规范的创制，采用成文法编纂模式，法律规范以成文法律部门划分，在成文法典的编纂体例中一般存在明确的总则以及突出总则中法学理论的作用等方面。当然，近年来我国法律体系在继承大陆法系传统的同时，也开始注意对英美法系国家法律经验的借鉴，例如在司法改革中对法院审判方式的改革。

第三，在“一国两制”实现祖国统一的方针指引下，我国法律体系正逐步向“一国、两制、三法系、四法域”的格局发展。即在一个中国的前提下，社会主义与资本主义法律制度并存；在法系上，中国大陆的社会主义法系、中国台湾和澳门地区的大陆法系和香港地区的普通法系并存；在法律的空间范围上，祖国大陆、台湾地区、香港地区、澳门地区四个法域相对独立存在。具体而言，祖国大陆保持新中国成立以来形成的法律体系，而香港地区则形成了隶属于中华人民共和国国家主权和《中华人民共和国宪法》的相对独立的香港特别行政区法律体系；澳门地区则形成了隶属于中华人民共和国国家主权和《中华人民共和国宪法》的相对独立的澳门特别行政区法律体系；台湾地区由于特殊的历史原因继承了民国时期的法律体系。四个法律体系之间相对独立，各自有着不同的法律传统。例如台湾地区的法律体系承于民国，源自大陆法系的德国和法国；澳门地区的法律体系源自大陆法系的葡萄牙；而香港地区的法律体系来自英美法系的英国。但两个特别行政区的法律体系根据我国现行宪法的规定和特别行政区基本法的相关规定与祖国大陆的社会主义法律体系保持联系。

三、当代中国的法律部门

我国当代法律体系主要包括以下法律部门。

(一) 宪法部门

宪法是我国的根本大法，是国家活动的总章程，它调整国家政治、经济、文化、科技、军事、司法等一切社会关系的根本问题。宪法部门规定了我国的经济制度、政治制度、公民的基本权利和义务、国家结构以及国家机构及其活动的基本原则，在法律体系中居于首要地位，具有最高法律效力。

目前我国的宪法法律部门大体由十个方面的规范性法律文件构成。

1. 宪法典和宪法修正案

我国现行的宪法典是1982年12月4日全国人大五届五次会议通过的，后经1988年、1993年、1999年和2004年四次修改，共有三十一条。

2. 国家机关组织法

目前的规范性法律文件包括：《中华人民共和国全国人民代表大会组织法》、《中华人民共和国国务院组织法》、《中华人民共和国人民法院组织法》、《中华人民共和国人民检察院组织法》、《中华人民共和国各级人民代表大会和地方各级人民政府组织法》等等。

3. 选举法

主要规范性法律文件包括：《中华人民共和国全国人民代表大会和各级地方人民代表大会选举法》、《中国人民解放军选举全国人民代表大会代表和县级以上地方人民代表大会代表的办法》等等。

4. 民族区域自治法

例如《中华人民共和国民族区域自治法》。

5. 特别行政区基本法

主要规范性法律文件包括：《中华人民共和国香港特别行政区基本法》和《中华人民共和国澳门特别行政区基本法》。

6. 国籍法

例如《中华人民共和国国籍法》。

7. 国旗法和国徽法

8. 公民基本权利义务法

主要规范性法律文件包括：《中华人民共和国义务教育法》、《中华人民共和国妇女权益保障法》、《中华人民共和国未成年人保护法》、《中华人民共和国残疾人权益保障法》、《中华人民共和国集会游行示威法》、《中华人民共和国国家赔偿法》等。

9. 立法法和授权法

主要规范性法律文件包括：《中华人民共和国立法法》和全国人民代表大会及其常委会将其拥有的立法权通过专门决议的形式授予国务院或地方人大及其常委会的专门授权规定。

10. 领土、领水、领空及毗连区法

例如，《中华人民共和国领海及毗连区法》。

（二）行政法部门

行政法是调整国家行政关系的法律规范的总和，旨在规范行政机关的行为，使行政权合法、正当、有效地行使，维护行政相对人的合法权益。为达到这个目的，行政法以规范行政权力为指导思想，通过对行政权力的创设、行使、监督和补救的规范调整，形成了行政组织法、行政行为法、行政监督及救济法等三大内容，其主要规范性法律文件包括以下三种。

1. 行政组织法

包括：《中华人民共和国国务院组织法》、《中华人民共和国各级人民代表大会和地方各级人民政府组织法》、《中华人民共和国公务员法》等等。

2. 行政行为法

根据其调整的是一般行政关系还是特殊行政关系，又可区分为一般行政行为法（如《中华人民共和国行政处罚法》、《中华人民共和国行政许可法》等）和特殊行政行为法（如《中华人民共和国治安管理处罚法》、《中华人民共和国海关法》、《中华人民共和国食品卫生法》等）。

3. 行政监督及救济法

如《中华人民共和国行政复议法》、《中华人民共和国行政监察法》、《中华人民共和国国家赔偿法》等。

（三）民商法部门

在我国法律体系中，民商法部门是由民法和商法合成的一个法律部门。民法是调整平等主体之间的自然人、法人和其他社会组织之间的人身关系和财产关系的法律规范的总称，商法是调整商事关系和商业活动的法律规范的总称。

我国法律体系中目前尚未制定独立的民法典和商法典，这一法律部门是由一系列规范性法律文件构成的。主要包括：《中华人民共和国民法通则》、《中华人民共和国物权法》、《中华人民共和国侵权责任法》、《中华人民共和国婚姻法》、《中华人民共和国继承法》、《中华人民共和国收养法》、《中华人民共和国专利法》、《中华人民共和国商标法》、《中华人民共和国著作权法》；属于商法的有《中华人民共和国公司法》、《中华人民共和国保险法》、《中华人民共和国票据法》、《中华人民共和国破产法》、《中华人民共和国海商法》等等。

（四）经济法部门

我国经济法部门的兴起主要是在改革开放以后，它是有关政府对经济关系实施调控的法律规范的总称。

经济法律部门中的规范性法律文件主要包括：《中华人民共和国全民所有制工业企业法》、《中华人民共和国合伙企业法》、《中华人民共和国中国人民银行法》、《中华人民共和国证券法》、《中华人民共和国产品质量法》、《中华人民共和国消费者权益保护法》、《中华人民共和国价格法》、《中华人民共和国产品质量法》、《中华人民共和国反不正当竞争法》、《中华人民共和国统计法》、《中华人民共和国会计法》、《中华人民共和国审计法》以及税法等等。

随堂思考

经济法所调整的是经济法律关系，其调整对象是相对独立的，因而有人认为经济法可以成为独立的法律部门；而另一些人认为，经济法的调整手段主要是国家行政权力对经济生活的干预，故应将之归于行政法律部门。你对这种分歧的看法是什么？

（五）社会法部门

社会法部门主要包括劳动法和环境资源法。劳动法是调整劳动关系以及与劳动关系密切的其他关系的法律规范的总和。涉及劳动用工制度、劳动合同的建立与解除、工作时间和劳动报酬、社会保障制度和福利待遇、劳动争议的解决和工会组织等方面。主要规范性法律文件包括：《中华人民共和国劳动法》、《中华人民共和国劳动合同法》、《中华人民共和国工会法》、《中华人民共和国矿山安全法》、劳动部《违反和解除劳动合同的经济补偿办法》、《劳动保险条例》等等。环境资源法，简称环境法，是关于保护环境、自然资源，防治污染和其他公害的法律规范的总称。随着可持续发展问题的突显，人类的环保意识不断增强，环境资源法受到全球化的重视。作为一个新兴的法律部门，社会法在我国其主要规范性法律文件包括：《中华人民共和国环境保持法》、《中华人民共和国森林法》、《中华人民共和国草原法》、《中华人民共和国水土保护法》、《中华人民共和国土地管理法》、《中华人民共和国矿产资源法》、《中华人民共和国渔业法》等等。

（六）刑法部门

刑法是关于犯罪、刑事责任和刑罚的法律规范的总和。一般认为，刑法部门是一国法律体系中最基础也是最重要的法律部门之一。1979 年我国制定并颁布了新中国第一部刑法典，于次年元月一日生效。该法典被 1997 年 3 月第八届全国人大第五次会议通过的现行《中华人民共和国刑法》取代。刑法部门的规范性法律文件除刑法典外，还包括八个刑法修正案、单行刑法、最高权力机关颁布的有关刑事法律规范的决定以及其他规范性法律文件中涉及的刑事法律规范。

（七）程序法部门

程序法部门是调整诉讼程序关系和非诉讼程序关系的法律部门。它包括涉及诉讼程序和非诉讼程序两大方面的规范性法律文件。调整诉讼程序的规范性法律文件主要包括《中华人民共和国刑事诉讼法》、《中华人民共和国民事诉讼法》和《中华人民共和国行政诉讼法》三大诉讼程序法，调整非诉讼程序的规范性法律文件主要是《中华人民共和国仲裁法》等仲裁程序法。

（八）国际法部门

如本章第一节所述，我们认为，国际法也属于一国法律体系之内。据此，可以将国际法部门划分为国际公法、国际私法和国际经济法三个子部门。

深入阅读

1. ［法］勒内·达维德：《当代主要法律体系》，漆竹生译，上海译文出版社，1983年版。

2. 张中秋：《中华法系与罗马法的原理及其哲学比较——以〈唐律疏议〉与〈法学阶梯〉为对象的探索》，《政法论坛》2010年第3期。

3. 朱景文，韩大元：《中国特色社会主义法律体系研究报告》，中国人民大学出版社，2010年版。

4. 何勤华：《社会主义法律体系研究（1949—2009)》，法律出版社，2009年版。

5. 曹全来：《国际化与本土化——中国近代法律体系的形成》，北京大学出版社，2005年版。

6. ［美］杰伊·M·费曼：《推开美国法律之门——你想知道的美国法律体系的一切》，法律出版社，2004年版。

课后思考

1. (1997年律师考试）法律体系是指一个国家在一定历史阶段上以现行的和即将制定的法律规范为基础，以宪法为主体，由不同的部门法律组成一个内容和谐一致、形式完整统一的有机整体。依照这一理论，下列哪些法不属于一国法律体系的内容？（　）

A. 国内法；B. 国际法；C. 已失效的国内法；D. 已失效的国际法。

2. (1998年律师考试）我国的基本法律部门包括下述哪些？（　）

A. 宪法、法律、行政法规、地方性法规；

B. 宪法、民法、刑法、诉讼法、行政法；

C. 婚姻法、仲裁法、律师法、商法；

D. 经济法、劳动法与社会保障法、环境法。

3. (1999年律师考试）下列有关法系与法律体系含义的表述哪些是正确的？（　）

A. 法系是根据英国普通法（判例法）和欧洲大陆法典法的历史传统而对法所作的分类；

B. 法律体系是由一个国家的宪法、行政法、民法、经济法、刑法、诉讼法等构成的内部和谐一致、有机联系的整体；

C. 法系是具有同一历史传统的国家和地区的法的总称；

D. 法律体系是一国之内的法构成的体系，不包括其他国家的法和完整意义的国际法。

第七章 法律关系

学习要点

了解·识记：法律关系的含义，法律关系的种类，法律关系的三要素，法律关系产生、变更和消灭的条件

理解·应用：权利义务的相互关系，法律关系变化的具体情形

法律关系是在法律规范调整社会关系的过程中所形成的人们之间的权利和义务关系。

学术前沿

法律关系概念最初来自于罗马法上的 iuris vinculum（法锁）概念，后由著名法学家萨维尼在1841年进行了系统理论阐述，成为现代法学意义上的法律关系（Rechtsverhaeltnis），而奠定这一法学基本概念的作品就是萨维尼的皇皇巨著《当代罗马法体系》。

第一节 法律关系的概念与种类

一、法律关系的性质和特征

法律关系是根据法律规范建立的社会关系，所以首先具备合法性。同时，这一命题有以下阐述：第一，法律规范是法律关系产生的前提。如果没有相应的法律规范的存在，就不可能产生法律关系。第二，法律关系不同于法律规范调整或保护的社会关系本身。社会关系是一个庞大的体系，其中有些领域是法律所调整的（如政治关系、经济关系、行政管理关系等），也有些是不属于法律调整或法律不宜调整的（如友谊关系、爱情关系、政党社团的内部关系），还有些是法律所保护的对象，这些被保护的社会关系不属于法律关系本身。即使那些受法律法规调整的社会关系，也并不能完全视为法律关系。如民事关系（财产关系和身份关系）也只有经过民法的调整（即立法、执法和守法的运行机制）之后，才具有了法律的性质，成为一类法律关系（民事法律关系）。第三，法律关系是法律规范的实现形式，是法律规范的内容（行为模式及其后果）在现实社会生活中得到具体的贯彻。换言之，人们按照法律规范的要求行使权利、履行义务并由此而发生特定的法律上的联系，这既是一种法律关系，也是法律规范的实现状态。在此意义上，法律关系是人与人之间的合法关系。这是它与其他社会关系的根本区别。

法律关系是体现意志的特种社会关系。从实质上看，法律关系作为一定社会关系的特殊形式，正在于它体现国家的意志。这是因为，法律关系是根据法律规范有目的、有意识地建立的。所以，法律关系像法律规范一样必然体现国家的意志。

但法律关系毕竟又不同于法律规范，它是现实、特定的法律主体所参与的具体社会关系。因此，特定法律主体的意志对于法律关系的建立与实现也有一定的作用。有些法律关系的产生，不仅要通过法律规范所体现的国家意志，而且要通过法律关系参加者的个人意志表示一致（如多数民事法律关系）。也有很多法律关系的产生并不需要这种意志表示。每一具体的法律关系的产生、变更和消灭是否要通过它的参加者的意志表示，呈现出复杂的情况，不可一概而论。

法律关系是特定法律关系主体之间的权利和义务关系。法律关系是以法律上的权利、义务为纽带而形成的社会关系，它是法律规范（规则）“指示”（行为模式，法律权利和义务）的规定在事实社会关系中的体现。没有特定法律关系主体的实际法律权利和法律义务，就不可能有法律关系的存在。在此，法律权利和义务的内容是法律关系区别于其他社会关系（社团组织内部的关系）的重要标志。

二、法律关系的种类

在法学上，由于根据的标准和认识的角度不同，可以对法律关系作不同的分类。本书采用下列分类。

（一）调整性法律关系和保护性法律关系

按照法律关系产生的依据、执行的职能和实现规范的内容不同，可以分为调整性法律关系和保护性法律关系。调整性法律关系是基于人们的合法行为而产生的、执行法的调整职能的法律关系，它所实现的是法律规范（规则）的行为规则（指示）的内容。调整性法律关系不需要适用法律制裁，法律主体之间即能够依法行使权利、履行义务，如各种依法建立的民事法律关系、行政合同关系等等。保护性法律关系是由于违法行为而产生的、旨在恢复被破坏的权利和法律关系。它执行法的保护职能，所实现的是法律规范的保护规则的内容，是法的实现的非正常形式。它的典型特征是一方主体（国家）适用法律制裁，另一方主体（通常是违法者）必须接受这种制裁，如刑事法律关系。

（二）纵向（隶属）的法律关系和横向（平权）的法律关系

按照法律主体在法律关系中的地位不同，可以分为纵向（隶属）的法律关系和横向（平权）的法律关系。纵向（隶属）的法律关系是指在不平等的法律主体之间所建立的权力服从关系。其特点为：(1) 法律主体处于不平等的地位。如亲权关系中的家长与子女，行政管理关系中的上级机关与下级机关，在法律地位上有管理与被管理、命令与服从、监督与被监督诸方面的差别。(2) 法律主体之间的权利与义务具有强制性，既不能随意转让，也不能任意放弃。与此不同，横向法律关系是指平权法律主体之间的权利义务关系。其法律主体的地位是平等的，权利和义务的内容具有一定程度的任意性，如民事财产关系，民事诉讼之原、被告关系等。

（三）单向（单务）法律关系、双向（双边）法律关系和多向（多边）法律关系

以法律主体的多少及其权利义务是否一致为根据，可以将法律关系分为单向法律关系、双向法律关系和多向法律关系。所谓单向（单务）法律关系，是指权利人仅享有权利，义务人仅履行义务，两者之间不存在相反的联系（如不附条件的赠予关系）。单向法律关系是法律关系体系中最基本的构成要素，而一切法律关系均可分解为单向的权利义务关系。双向（双边）法律关系，是指在特定的双方法律主体之间，存在着两个密不可分的单向权利义务关系，其中一方主体的权利对应另一方的义务，反之亦然。如买卖

法律关系就包含着这样两个相互联系的单向法律关系。所谓多向（多边）法律关系，又称“复合法律关系”或“复杂的法律关系”，是三个或三个以上相关法律关系的复合体，其中既包括单向法律关系，也包括双向法律关系，如行政法中的人事调动关系，至少包含三方面的法律关系，即调出单位与调入单位之间的关系，调出单位与被调动者之间的关系，调入单位与被调动者之间的关系。这三种关系相互关联，互为条件，缺一不可。

（四）第一性法律关系（主法律关系）和第二性法律关系（从法律关系）

按照相关的法律关系作用和地位的不同，可以分为第一性法律关系（主法律关系）和第二性法律关系（从法律关系）。第一性法律关系（主法律关系），是人们之间依法建立的，不依赖其他法律关系而独立存在的或在多向法律关系中居于支配地位的法律关系。由此而产生的、居于从属地位的法律关系，就是第二性法律关系或从法律关系。一切相关的法律关系均有主次之分，如在调整性和保护性法律关系中，调整性法律关系是第一性法律关系（主法律关系），保护性法律关系是第二性法律关系（从法律关系）；在实体和程序法律关系中，实体法律关系是第一性法律关系（主法律关系），程序法律关系是第二性法律关系（从法律关系）。

随堂思考

德国人施密特今年某日持所购京剧票去北京某剧院观看京剧《空城计》，不料该剧几位主要演员在外地演出未能返京，该剧院被迫安排了一场交响乐，施密特以该剧院违约为由向北京某区法院提起诉讼。请问，施密特与该剧院有几种法律关系？

第二节　法律关系主体

一、法律关系主体的含义和种类

法律关系主体是法律关系的参加者，即在法律关系中一定权利的享有者和一定义务的承担者。在每一具体的法律关系中，主体的多少各不相同，但大体上都归属于相对应的双方：一方是权利的享有者，称为权利人；另一方是义务的承担者，称为义务人。

在中国，根据各种法律的规定，能够参与法律关系的主体包括以下几类。

（一）公民（自然人）

这里的公民既指中国公民，也指居住在中国境内或在境内活动的外国公民和无国籍人。

（二）机构和组织（法人）

这主要包括三类：一是各种国家机关（立法机关、行政机关和司法机关等）；二是各种企事业组织和在中国领域内设立的中外合资经营企业、中外合作经营企业和外资企业；三是各政党和社会团体。这些机构和组织主体，在法学上可以笼统地称为“法人”。其中既包括公法人（参与宪法关系、行政法律关系、刑事法律关系的各机关、组织），也包括私法人（参与民事或商事法律关系的机关、组织）。中国的国家机关和组织，可以是公法人，也可以是私法人，依其所参与的法律关系的性质而定。

（三）国家

在特殊情况下，国家可以作为一个整体成为法律关系主体。例如，国家作为主权者是国际公法关系的主体，可以成为外贸关系中的债权人或债务人。在国内法上，国家作为法律关系主体的地位比较特殊，既不同于一般公民，也不同于法人。国家可以直接以自己的名义参与国内的法律关系（如发行国库券），但在多数情况下则由国家机关或授权的组织作为代表参加法律关系。

随堂思考

太平洋铁路债券是清朝政府以政府名义向美国公民借款并约定借款用途和利息及偿还办法，后中国发生政权更迭，加之两次世界大战，美国拥有此债券的公民无法主张权利。20 世纪 80 年代和 90 年代，许多美国公民向美国地方法院起诉中国政府，诉求偿还借款及利息。中国政府以恶债及国家司法豁免为由对抗。请思考，在这一系列案件中，中国政府更迭是否意味着法律关系不再延续？国家在法律关系中的地位是否可以运用国际法上的规则进行主体不合的抗辩？

二、权利能力和行为能力

公民和法人要能够成为法律关系的主体，享有权利和承担义务，就必须具有权利能力和行为能力，即具有法律关系主体构成的资格。

（一）权利能力

权利能力又称权义能力（权利义务能力），是指能够参与一定的法律关系，依法享有一定权利和承担一定义务的法律资格。它是法律关系主体实际取得权利、承担义务的前提条件。

公民的权利能力可以从不同角度进行分类。首先，根据享有权利能力的主体范围不同，可以分为一般权利能力和特殊权利能力。前者又称基本权利能力，是一国所有公民均具有的权利能力，它是任何人取得公民法律资格的基本条件，不能被任意剥夺或解除。后者是公民在特定条件下具有的法律资格。这种资格并不是每个公民都可以享有，而只授予某些特定的法律主体。如国家机关及其工作人员行使职权的资格，就是特殊的权利能力。其次，按照法律部门的不同，可以分为民事权利能力、政治权利能力、行政权利能力、劳动权利能力、诉讼权利能力等。这其中既有一般权利能力（如民事权利能力），也有特殊权利能力（政治权利能力、劳动权利能力）。

法人的权利能力没有上述的类别，所以与公民的权利能力不同。一般而言，法人的权利能力自法人成立时产生，至法人解体时消灭。其范围是由法人成立的宗旨和业务范围决定的。

（二）行为能力

行为能力是指法律关系主体能够通过自己的行为实际取得权利和履行义务的能力。

公民的行为能力是公民的意识能力在法律上的反映。确定公民有无行为能力，其标准有二：一是能否认识自己行为的性质、意义和后果；二是能否控制自己的行为并对自己的行为负责。因此，公民是否达到一定年龄、神智是否正常，就成为公民享有行为能力的标志。例如，婴幼儿、精神病患者，因为他们不可能预见自己行为的后果，所以在法律上不能赋予其行为能力。在这里，公民的行为能力不同于其权利能力。具有行为能力必须首先具有权利能力，但具有权利能力并不必然具有行为能力。这表明，在每个公民的法律关系主体资格构成中，这两种能力可能是统一的，也可能是分离的。

公民的行为能力也可以进行不同的分类。其中较为重要的一种分类，是根据其内容不同分为权利行为能力、义务行为能力和责任行为能力。权利行为能力是指通过自己的行为实际行使权利的能力。义务行为能力是指能够实际履行法定义务的能力。责任行为能力（简称责任能力）是指行为人对自己的违法行为后果承担法律责任的能力。它是行为能力的一种特殊形式。

公民的行为能力问题，是由法律予以规定的。世界各国的法律，一般都把本国公民划分为完全行为能力人、限制行为能力人和无行为能力人。(1) 完全行为能力人。这是指达到一定法定年龄、智力健全、能够对自己的行为负完全责任的自然人（公民）。例如，在我国民法上，18 周岁以上的公民是成年人，具有完全的民事行为能力，可以独立进行民事活动，是完全民事行为能力人。(2) 限制行为能力人。这是指行为能力受到一定限制，只具有部分行为能力的公民。例如，我国民法通则规定，10 周岁以上的未成年人，不能完全辨认自己行为的精神病人，是限制行为能力人。我国刑法将已满 14 周岁不满 16 周岁的公民视为限制行为能力人（不完全的刑事责任能力人）。(3) 无行为能力人。这是指完全不能以自己的行为行使权利、履行义务的公民。在民法上，不满 10 周岁的未成年人，完全的精神病人，是无行为能力人。在刑法上，不满 14 周岁的未成年人和精神病人，也被视为无刑事责任能力人。

法人组织也具有行为能力，但与公民的行为能力不同。表现在：第一，公民的行为能力有完全与不完全之分，而法人的行为能力总是有限的，由其成立宗旨和业务范围所决定。第二，公民的行为能力和权利能力并不是同时存在的。也就是说，公民具有权利能力却不一定同时具有行为能力，公民丧失行为能力也并不意味着丧失权利能力。与此不同，法人的行为能力和权利能力却是同时产生和同时消灭的。法人一经依法成立，就同时具有权利能力和行为能力；法人一经依法撤销，其权利能力和行为能力也就同时消灭。

第三节 法律关系的内容

一、法律关系主体的法律权利和法律义务

法律关系的内容就是法律关系主体之间的法律权利和法律义务。它是法律规范的指示内容（行为模式、法律权利与法律义务的一般规定）在实际的社会生活中的具体落实，是法律规范在社会关系中实现的一种状态。

法律关系主体的权利和义务与作为法律规范内容的权利和义务（法律上规定的权利和义务）虽然都具有法律属性，但它们所属的领域、针对的法律主体以及它们的法的效力还是存在一定的差别。具体表现在三个方面：(1) 所属的领域不同。作为法律规范内容的权利和义务是有待实现的法律权利和法律义务，即“应有的”法律权利和法律义务，属于可能性领域。法律关系主体的权利和义务是法律关系主体在实施法律（遵守法律或适用法律）的活动过程中所实际享有的法律权利和正在履行的法律义务，即“实有的”法律权利和法律义务，属于现实性领域。在社会生活中，法律上所规定的权利和义务，也只有转化为法律关系主体实有的权利和义务，才能使法律对社会的调整达到有效的结果。(2) 针对的主体不同。法律上规定的权利和义务所针对的是一国之内的所有不

特定的主体（包括公民、法人、国家机关等）。而法律关系主体的权利和义务所针对的主体是特定的，即在某一法律关系中的有关主体（双方当事人或权利人和义务人）。一旦特定的法律关系主体依照法律规范“指示”内容进行法律活动，那么就享有实际的法律权利，或者履行特定的法律义务。此时法律关系主体之间的权利和义务就可能发生这样或那样的联系。（3）法的效力不同。法律上的权利和义务由于针对的是不特定的主体，因而属于“一般化的法律权利和法律义务”，其具有一般的、普遍的法的效力。一国之内的所有相关的主体均应遵守法律上的权利和义务的一般规定。而法律关系主体的权利和义务由于针对的是特定的法律主体，故属于“个别化的法律权利和法律义务”，其仅对特定的法律主体有效，不具有普遍的法的效力。

既然法律关系主体的权利是特定的、实有的、个别化的，那么法律关系主体的权利和权利能力就是两个不同的概念，它们既有联系又有区别。两者的联系表现在：权利以权利能力为前提，是权利能力这一法律资格在法律关系中的具体反映。两者的区别是：第一，任何人具有权利能力，并不必然表明他可以参与某种法律关系，而要能够参与法律关系，就必须要有具体的权利。第二，权利能力包括享有权利和承担义务这两方面的法律资格，而权利本身不包括义务在内。

随堂思考

瑞士作家格罗贝蒂写过一篇小说，叫《禁止入内》，基本内容是：一对夫妇在湖畔拥有一座别墅。由于担心别人践踏别墅周边的草坪，夫妇两人竖起一块牌子，上写“私人财产”。时隔不久，夫妇两人的担心又复加重，于是，在“私人财产”字样旁边写上“禁止入内”。后来，夫妇两人依然放心不下。这样，他们先是立起小栅栏，后是立起大篱笆，木头材料的不行再换金属材料，金属材料的不够再种攀缘植物，最后，养起一条大狗，并在牌子上加写“小心恶犬”。当看到金属材料构筑的栅栏，长满攀缘植物的栅栏，“耀武扬威”的大狗，以及字迹赫然的牌子，夫妇两人终于不再担忧。他们坚信，从此不会有人进入他们的“领地”……请思考，权利的保护需要用这么多的设备么？这样的“领地”在法律的权利保护上会得到什么样的保护？你从这篇小说里读到哪些和法律、和权利科学有关的内容？如何评价这些内容？

二、法律关系主体的权利和义务的实现

法律权利和法律义务在由法律的一般规定转化为法律关系主体的实有权利和义务以后，也还存在着一个实现问题，权利不能实现就歪曲了它的本质，而义务不能实现就造成了对权利人利益的损害。当然，法律权利和法律义务的实现是一个复杂的问题，从客观方面讲，它取决于一个国家的物质生活条件和水平，取决于政治民主和法治（法制）发展的状况以及科学文化条件和道德人文环境的改善，等等。从主观方面讲，权利和义务能否实现还要看法律关系主体之间各种关系的发展，法律关系主体的行为能力的状况，以及是否有法律认识上的错误和不以人的意志为转移的事件的发生，等等。例如，权利人出于友情或同情而放弃权利，免除义务人的义务。再如，由于发生了不可抗力的事件，义务人不能履行义务。在这两种情况下，权利自身并没有实现。

权利和义务的实现最重要的是通过国家来保障。国家除了要不断创造和改善物质条

件、政治条件和文化条件以外，还必须建立和健全法制，通过法律手段的完善来保证两者在社会生活和社会关系中的落实。仅就法律权利的实现而言，国家通过法律的保障具体表现在：(1) 通过明确规定行使权利的步骤和程序，使权利具有可操作性；(2) 通过限制国家机关（尤其是行政机关）的权力，建立“依法行政”、“依法司法”的制度来保障权利；(3) 通过及时制裁侵权行为，督促义务人积极履行义务从而使权利得以实现。

然而，也必须看到，就权利本身来讲，它在现实法律生活中总是表现为外在的行为，因此总归有一个适度的范围和限度。超出了这个限度，就不为法律所保护，甚至可能构成“越权”或“滥用权利”，属于违法行为，必然招致法律的禁止甚或制裁。因此，法律对权利作适当的限制是完全必要的，严格地讲，限制是法律为人们行使权利确定技术上、程序上的活动方式及界限。但这种限制是以保障作为前提的，限制是为了更好地保障。诚然，权利不是绝对无限制的，同样法律也不能绝对无限制地剥夺或取消人们的权利。因此，这里的限制应当有一个适度的平衡。

像权利是有限度的一样，义务也是有限度的。而要求义务人作出超出“义务”范围的行为，同样是法律所禁止的。义务的限度具体表现在：(1) 实际履行义务的主体资格的限制。例如，某人虽然按照法律应承担义务，但由于其不具备履行义务的行为能力，则权利人不得强迫该义务人履行义务。(2) 时间的界限。义务在大多数情况下都是有一定的时效或时间界限的，超过了时效或时间界限，义务就不复存在。例如，父母对子女的抚养义务通常应以子女达到成年为限。(3) 利益的界限。在权利和义务的资源分配上，既然权利人不可能永远无限制地享有社会的利益，那么义务人也就不可能永远承担社会的不利和损害。要求义务人对国家、社会和他人无限制地尽义务，而漠视义务人所应有的正当权益，同样是违背事物的性质和正义原则的，也是非常错误的。正如权利人在享受权利时必须履行相应的义务一样，义务人在尽义务时也同样有自己的权利。

随堂思考

儒家讲究孝道，特别是为父母服丧三年，官员如果不为父母服丧，也就是丁忧三年，是要被革职查办的。但儒家确定这个服丧的时间三年，却用了一个同等理论，那就是父母照顾没有独立生活能力的孩子需要三年，“子生三年，然后免于父母之怀”。请思考，儒家的孝道所折射出的义务观有什么样的独到之处？

第四节　法律关系客体

一、法律关系客体的概念

笼统地讲，法律关系客体是指法律关系主体之间权利和义务所指向的对象。它是构成法律关系的要素之一。

法律关系客体是一定利益的法律形式。任何外在的客体，一旦它承载某种利益价值，就可能会成为法律关系客体。法律关系建立的目的，总是为了保护某种利益、获取某种利益，或分配、转移某种利益。所以，实质上，客体所承载的利益本身才是法律权利和法律义务联系的中介。这些利益，从表现形态上可以分为物质利益和精神利益、有形利益和无形利益、直接利益和间接利益（潜在利益）；从享有主体的角度可分为国家利益、社会利益和个人利益，等等。

二、法律关系客体的种类

法律关系客体是一个历史的概念，随着社会历史的不断发展，其范围、形式和类型也在不断地变化着。总体看来，由于权利和义务类型的不断丰富，法律关系客体的范围和种类有不断扩大和增多的趋势。归纳起来，有以下几类。

（一）物

法律意义上的物是指法律关系主体支配的、在生产上和生活上所需要的客观实体。它可以是天然物，也可以是生产物；可以是活动物，也可以是不活动物。作为法律关系客体的物与物理意义上的物既有联系，又有不同，它不仅具有物理属性，而且应具有法律属性。物理意义上的物要成为法律关系客体，须具备以下条件：第一，应得到法律的认可。第二，应为人类所认识和控制。不可认识和控制之物（如地球以外的天体）不能成为法律关系客体。第三，能够给人们带来某种物质利益，具有经济价值。第四，须具有独立性。不可分离之物（如道路上的沥青、桥梁之构造物、房屋之门窗）一般不能脱离主物，故不能单独作为法律关系客体存在。至于哪些物可以作为法律关系的客体或可以作为哪些法律关系的客体，应由法律予以具体规定。在我国，大部分天然物和生产物可以成为法律关系的客体。但有以下几种物不得进入国内商品流通领域，成为私人法律关系的客体：(1) 人类公共之物或国家专有之物，如海洋、山川、水流、空气；(2) 文物；(3) 军事设施、武器（枪支、弹药等）；(4) 危害人类之物（如毒品、假药、淫秽书籍等）。

（二）人身

人身是由各个生理器官组成的生理整体（有机体）。它是人的物质形态，也是人的精神利益的体现。在现代社会，随着现代科技和医学的发展，输血、植皮、器官移植、精子提取等现象大量出现；同时也产生了此类交易买卖活动及其契约，带来了一系列法律问题。这样，人身不仅是人作为法律关系主体的承载者，而且在一定范围内成为法律关系的客体。但需注意的是：第一，活人的（整个）身体，不得视为法律上之“物”，不能作为物权、债权和继承权的客体，禁止任何人（包括本人）将整个身体作为“物”参与有偿的经济法律活动，不得转让或买卖。贩卖或拐卖人口，买卖婚姻，是法律所禁止的违法或犯罪行为，应受法律的制裁。第二，权利人对自己的人身不得进行违法或有伤风化的活动，不得滥用人身，或自践人身和人格。例如，卖淫、自杀、自残行为属违法行为或至少是法律所不提倡的行为。第三，对人身行使权利时必须依法进行，不得超出法律授权的界限，严禁对他人人身非法强行行使权利。例如，有监护权的父母不得虐待未成年子女的人身。

人身（体）部分（如血液、器官、皮肤等）的法律性质，是一个较复杂的问题。它属于人身，还是属于法律上的“物”，不能一概而论。应从三方面分析：当人身之部分尚未脱离人的整体时，即属人身本身；当人身之部分自然地从身体中分离，已成为与身体相脱离的外界之物时，亦可视为法律上之“物”；当该部分已植入他人身体时，即为他人人身之组成部分。

（三）智力成果

智力成果是人通过某种物体（如书本、砖石、纸张、胶片、磁盘）或大脑记载下来并加以流传的思维成果。智力成果不同于有体物，其价值和利益在于物中所承载的信息、知识、技术、标识（符号）和其他精神文化。同时它又不同于人的主观精神活动本身，是精神活动的物化、固定化。智力成果属于非物质财富，西方学者称之为“无体（形）物”。我国法学界也常称为“精神产品”或“无体财产”。

随堂思考

你不小心烧毁了宿舍同学的一本教材，侵害了对方的何种权利客体？如果这种本书是他辛苦完成的小说手稿，客体是否一样？

（四）行为及行为结果

在很多法律关系中，其主体的权利和义务所指向的对象是行为及行为结果。行为包括作为和不作为，如所有权是一种绝对权，因此所有权的相对义务人就有不侵害该所有权的义务，这种义务就是不作为的行为。有些法律关系的客体不光要求当事人履行一定行为，而且需要这种行为达到一定程度，形成一定结果，即行为结果。如美容院履行义务时，就不仅需要履行一定行为，而且这种行为要达到美容的结果，如果只是实施了手术却没有达到合同约定的美容效果，也应当视作没有履行合同义务。作为法律关系客体的行为结果是特定的，即义务人完成其行为所产生的能够满足权利人利益要求的结果。这种结果一般分为两种：一种是物化结果，即义务人的行为（劳动）凝结于一定的物体，产生一定的物化产品或营建物（房屋、道路、桥梁等）；另一种是非物化结果，即义务人的行为没有转化为物化实体，而仅表现为一定的行为过程，直至终了，最后产生权利人所期望的结果（或效果）。例如，权利人在义务人完成一定行为后，得到了某种精神享受或物质享受，增长了知识和能力等。

在研究法律关系客体问题时，还必须看到，实际的法律关系有多种多样，而多种多样的法律关系就有多种多样的客体，即使在同一法律关系中也有可能存在两个或两个以上的客体。例如买卖法律关系的客体不仅包括“货物”，而且也包括“货款”。在分析多向（复合）法律关系客体时，我们应当把这一法律关系分解成若干个单向法律关系，然后再逐一寻找它们的客体。多向（复合）法律关系之内的诸单向关系有主次之分，因此其客体也有主次之分。其中，主要客体决定着次要客体，次要客体补充说明主要客体。它们在多向（复合）法律关系中都是不可缺少的构成要素。

学术前沿

2011年新年前夕，苏州发生人跪狗一事，一时间关于法律关系中动物的属性问题被捧上台面，并因为几位著名法学家的参与而在网络上炒得沸沸扬扬。各家观点主要集中在动物能否被江苏省制定的养狗条例所约束，动物是否是物的一种，动物究竟是法律关系中的客体，还是能够成为法律关系中独特的一端。

第五节　法律关系的产生、变更与消灭

一、法律关系产生、变更与消灭的条件

法律关系处在不断地生成、变更和消灭的运动过程中。它的形成、变更和消灭，需要具备一定的条件。其中最主要的条件有二：一是法律规范；二是法律事实。法律规范是法律关系形成、变更和消灭的法律依据，没有一定的法律规范就不会有相应的法律关系。但法律规范的规定只是主体权利和义务关系的一般模式，还不是现实的法律关系本身。法律关系的形成、变更和消灭还必须具备直接的前提条件，这就是法律事实。它是法律规范与法律关系联系的中介。

所谓法律事实，就是法律规范所规定的，能够引起法律关系产生、变更和消灭的客观情况或现象。也就是说，法律事实首先是一种客观存在的外在现象，而不是人们的一种心理现象或心理活动。纯粹的心理现象不能看做是法律事实。其次，法律事实是由法律规定的、具有法律意义的事实，能够引起法律关系的产生、变更或消灭。在此意义上，与人类生活无直接关系的纯粹的客观现象（如宇宙天体的运行）就不是法律事实。

二、法律事实的种类

以是否以人们的意志为转移作标准，可以将法律事实大体上分为两类，即法律事件和法律行为。

（一）法律事件

法律事件是法律规范规定的、不以当事人的意志为转移而引起法律关系形成、变更或消灭的客观事实。法律事件又分成社会事件和自然事件两种。前者如社会革命、战争等，后者如人的生老病死、自然灾害等，这两种事件对于特定的法律关系主体（当事人）而言，都是不可避免的，是不以其意志为转移的。但由于这些事件的出现，法律关系主体之间的权利与义务关系就有可能产生，也有可能发生变更，甚至完全归于消灭。例如，由于人的出生便产生了父母与子女间的抚养关系和监护关系；而人的死亡却又导致抚养关系、夫妻关系或赡养关系的消灭和继承关系的产生，等等。

（二）法律行为

法律行为可以作为法律事实而存在，能够引起法律关系形成、变更和消灭。因为人们的意志有善意与恶意、合法与违法之分，故其行为也可以分为善意行为、合法行为与恶意行为、违法行为。善意行为、合法行为能够引起法律关系的形成、变更和消灭。例如，依法登记结婚的行为，导致婚姻关系的成立。同样，恶意行为、违法行为也能够引起法律关系的形成、变更和消灭。如犯罪行为产生刑事法律关系，也可能引起某些民事法律关系（损害赔偿、婚姻、继承等）的产生或变更。

随堂思考

甲开车不慎将乙撞死，乙的儿子丙继承乙的财产。乙的死亡这一法律事实对不同的法律关系的变动是法律事件还是法律行为？

在研究法律事实问题时，我们还应当看到这样两种复杂的现象：(1) 同一个法律事实（事件或者行为）可以引起多种法律关系的产生、变更和消灭。例如，工伤致死，不

仅可以导致劳动关系、婚姻关系的消灭，而且也导致劳动保险合同关系、继承关系的产生。(2) 两个或两个以上的法律事实引起同一个法律关系的产生、变更或消灭。例如，房屋的买卖，除了双方当事人签订买卖协议外，还须向房管部门办理登记过户手续方有效力，相互之间的关系也才能够成立。在法学上，人们常常把两个或两个以上的法律事实所构成的一个相关的整体，称为“事实构成”。

深入阅读

1. 马俊驹：《人格和人格权理论讲稿》，法律出版社，2009 年版。

2. 夏勇：《人权概念起源——权利的历史哲学》，中国社会科学出版社，2007 年版。

3. 崔拴林：《论私法主体资格的分化与扩张》，法律出版社，2009 年版。

4. 朱虎：《法律关系与私法体系——以萨维尼为中心的研究》，中国法制出版社，2010 年版。

5. [德] 康德：《法的形而上学原理——权利的科学》，商务印书馆，1991 年版。

6. 郑贤君：《基本权利原理》，法律出版社，2010 年版。

课后思考

1. 郝某的父亲死后，其母季某将郝家住宅独自占用。郝某对此甚为不满，拒绝向季某提供生活费。季某将郝某告上法庭。法官审理后判决郝某每月向季某提供生活费 300 元。对此案件，下列哪些选项是正确的？(　)

A. 该事件表明，子女对父母只承担法律义务，不享有法律权利；

B. 法官作出判决本身是一个法律事实；

C. 法官的判决在原被告间不形成法律权利与法律义务关系；

D. 子女赡养父母主要是道德问题，法官判决缺乏依据。

2. 下列选项哪些属于法律关系？(　)

A. 党组织对某党员给予记过的处分；

B. 张某和王某之间形成的恋爱关系；

C. 未成年人李某的母亲替李某买保险的行为；

D. 公民张某睡觉打鼾，影响了同宿舍的人休息。

3. 法律关系的内容是法律关系主体之间的法律权利和法律义务，二者之间具有紧密的联系，下列关于法律权利和法律义务相互关系的表述中，哪些选项是正确的？(　)

A. 权利和义务在法律关系中的地位有主、次之分；

B. 享有权利是为了更好地履行义务；

C. 权利和义务的存在、发展都必须以另一方的存在和发展为条件；

D. 义务的设定目的是为了保障权利的实现。

4. 北京某大学本科生田某因考试携带记有公式的字条被监考老师发现并上报到学校，学校作出了退学的处理决定，但当时并未执行。后在该生临毕业时，学校以已被退学为由，不发给其毕业证、学位证及派遣证。田某不服，诉至法院，请求法院判令学校履行发放毕业证、学位证以及派遣证的法定职责。请分析本案所涉及的法律关系性质。

第八章　法律责任

学习要点

了解·识记：法律责任，法律制裁

理解·应用：法律责任的归责原则

第一节　法律责任的概念

一、法律责任的含义

通常使用的"责任"一词，有多种含义，包括"分内之事"、"积极义务"、"承担不利后果"等。本章讨论的法律责任是指因违反了法定义务、约定义务，或由法律直接规定的事件引起，由行为人承担的不利后果。在法律责任系统中，由违反义务（法定和约定义务）所引起的法律责任占主导地位，而不以违法或违约为前提的其他法律责任则居于从属地位。因此简而言之，法律责任主要可以概括为由于违反第一性义务而引起的第二性义务。

把握法律责任的含义，应当注意把握法律责任的四个特点：

第一，法律是追究法律责任的唯一依据。法律责任首先表示一种因违反法律上的义务（包括违约等）关系，或者因法律直接规定而形成的责任关系，它是以法律义务的存在为前提的。不同于道义责任，在判断某人的某行为是否应该承担法律责任时，只能以法律为依据。

第二，承担法律责任的是责任主体。责任主体是具有责任能力的自然人、法人或者其他组织。例如，根据我国刑法的规定，不满 14 周岁的人不具有刑事责任能力，不承担刑事责任，不是刑事责任主体。

第三，法律责任引起法定不利后果的承担。能够引起法律责任的法律事实有三种类型——违法行为、违约行为以及由法律直接规定的其他法律事实。法律责任具有内在逻辑性，必然存在前因与后果的逻辑关系，即法律责任作为法律后果必然与违法、违约行为以及法定的事件存在前因后果的关系。

第四，法律责任的实现有国家强制力的保障。法律责任的承担者承担法律责任，虽然并不必然通过国家强制力介入来实现，还可能通过自觉承担和非国家强制力来督促承担，但法律责任的追究与承担仍然以国家强制力为后盾。法律是由国家制定或认可，并由国家强制力保证实施的，法律责任的实现必然得到国家强制力的保障，这构成了法律责任与道义责任、党纪政纪责任的重要区别。

经典摘录

人类社会曾经有过漫长的不存在法律责任的历史。那是因为在原始社会……人类还没有聪明到设立一个专门机构，按照一定的标准决断是非、归结和执行责任的程度。随着私有制、剥削、奴役的出现和加剧，社会冲突不断升级和泛滥，一种凌驾于社会之上的特殊公共权力——国家产生了。伴随国家的产生，那些既有的符合统治阶级根本利益，且有利于缓和社会冲突的习惯被认可为法律，并且新的法律被源源不断地制定出来。……无论是法律化的习惯这种不成文法，还是以各种文件形式出现的成文法，都未曾超过法律责任的限度——立法是紧紧围绕着法律责任的依据、范围、承担者、认定、执行（制裁）等问题展开的。（张文显：《法哲学范畴研究》，中国政法大学出版社，2001 年版，第 116～117 页。）

二、法律责任的本质的学说

关于法律责任的本质，存在多种不同的学说，先后形成了以下几种观点。

（一）道义责任论

该理论从人的意志自由出发，主张人有自觉行为和行使自由选择的能力，由此认为一个人出于自身选择违反法律规定，应当承担道义上的责难。即若没有道德上应受惩罚的责任，一般来说不会有其他正当理由来确立应受惩罚的法律责任。对违法者的道义责难就是法律责任的本质所在。

（二）社会责任论

该理论认为，法律责任就是由于发生侵害权利的行为而出现的纠错（纠恶）机制。从这个意义上讲，法律责任本质上是以对受侵权利的补救来否定侵权行为，以对受到侵害的利益的加强来限制侵权者的侵权行为，是对合法社会利益系统的保护。

（三）规范责任论

该理论认为，法律是指引和评价人们行为的规范，对合乎规范的行为，法律给予肯定的评价、承认及保护；对不合规范的行为，法律则给予否定的评价。而否定性评价体现在法律责任的认定和归结中。因此，法律责任的本质是对违反规范行为的否定性评价。

以上三种关于法律责任本质的讨论从不同视角给出了相应的结论，但均有一定的局限性。道义责任论的缺陷在于容易混同法律与道德要求，忽视了法律与道德的区别和界限。社会责任论仅从利益的角度对法律责任进行考量，过于注重功利性。规范责任论相对前两种观点较为合理，但用“否定性评价”来描述法律责任本身也存在不足。首先法律责任并不仅仅是由违法行为所产生，更不必然是一种否定；其次，法律责任也不仅仅在于评价，更重要的是对责任主体课以特定的不利益或者负担。

学术前沿

从法律史的角度来看，法律责任存在一个从古典责任到现代责任的转变过程。古典责任是一种以道义责任论为基础的，与报应观念相联系的责任。随着人类社会关系的日趋复杂，利益格局的多元化，传统的最大限度地维护个人自由的法律责任之弊端显露无遗，“社会责任”理论应运而生，它要求法律责任应当维护“涉及文明社会的社会生活并以这种生活的名义提出的主张、要求或愿望”的社会利益，“社会责任论”的机能应当是预防、恢复和补偿。现代法律责任是一种将道义责任与社会责任融为一体的责任，这种转变的背景是报应主义与功利主义的融合，从而使法律责任具有复合性质。（余军：《法律责任概念的双元价值构造》，《浙江学刊》2005 年第 1 期。）

三、法律责任与法律权力、法律权利、法律义务的关系

（一）法律责任与法律权力的关系

首先，法律责任的认定、归结与实现都离不开国家司法权、执法权。其次，法律责任规定了权力行使的界限及滥用权力的后果，起到约束规范权力运行的作用。

（二）法律责任与法律权利的关系

首先，法律责任是规范法律权利，确定权利界限与范围的重要手段，法律责任以否定的评价与后果防止错误地行使权利。其次，法律责任是法律权利救济、强制履行与法律权利相对应的法律义务的依据，是法律权顺利实现的保证。

（三）法律责任与法律义务的关系

法律责任是一种特殊的法律义务，是由于违反一般法律义务而引起的第二性义务。两者的区别包括：产生顺序不同——法律责任与法律义务存在逻辑上的先后关系，违反法律义务才会产生法律责任。主体范围不同——法律义务主体是所有具有权利能力的人，法律责任主体只是具有责任能力的人，不包括无行为能力的人。

随堂思考

举证责任是指当事人对自己提出的、在诉讼中有待证明、真伪不明的案件事实，有义务提出证据并加以证明的一种责任，否则将承担事实真伪不明造成的不利诉讼结果风险。你认为举证责任属于本章所言的法律责任吗？

第二节　法律责任的构成

一、法律责任的构成要件

法律责任的构成要件是判定责任主体是否需要承担法律责任时应该考虑的全部因素。符合全部构成要件时，责任主体应当承担法律责任；反之，只要不符合其中一个构成要件，责任主体就不承担法律责任。因此，必须科学合理地研究确定法律责任的构成，以保障行为人的行为自由，正确实现法的功能与价值。

（一）主体要件

法律责任主体是指因违法、违约或出现法定的事由应当承担法律责任的人。法律责任主体必须是具有责任能力的自然人、法人或者其他组织。例如，不满 14 周岁的自然人故意杀人的，因其为无刑事责任能力人，不承担刑事责任。

（二）主观过错

在主观方面，通常要求责任主体存在过错。在主观上无过错，但法律规定其承担法律责任的，责任主体仍需承担法律责任。如《侵权责任法》第 7 条规定，行为人损害他人民事权益，不论行为人有无过错，法律规定应当承担侵权责任的，依照其规定。

主观过错是指行为人实施违法行为或违约行为时的主观心理状态。主观过错包括故意和过失两类。故意是指明知自己的行为将产生危害社会或侵害他人合法权益的后果，仍然积极追求或者放任其发生的主观心态。过失是指应当预见自己的行为可能危害社会或侵害他人合法权益，因疏忽大意而没有预见，或者已经预见但轻信能够避免，以致违法行为发生并产生一定后果的主观心理状态。

（三）引起法律责任的法律事实

在客观上，必须存在可能引起法律责任的法律事实——违法行为、违约行为及法律规定的其他法律事实。违法行为或违约行为在法律责任构成中具有重要的地位。违法、违约行为包括作为和不作为两类。区分作为与不作为，对于确定法律责任的范围、大小具有重大意义。

（四）损害结果

损害结果是指违法行为、违约行为以及法律规定的其他法律事实对法律所保护的国家利益、社会公共利益、他人合法权益（法益）所造成的损失或伤害。损害结果可以是对人身、财产的损害，还可以是精神上的损害，也可以是纯粹的经济上的损失。损害结果具有确定性，它是违法、违约行为已经实际确定造成的侵害事实，不是推测的、臆想的、虚构的情况。认定损害结果的存在，应当根据法律、公众常识、通常的正义观念以及特定的社会环境乃至形势来判断。

（五）因果关系

引起法律责任的法律事实与损害结果之间必须具有法律上的因果关系。因果关系是一种引起与被引起的关系，对于确定行为主体、认定责任主体、确定责任范围具有重要意义。法律上的因果关系问题的判断极为复杂，由于其直接关系到是否归责、如何归责的问题，因此因果关系的判断往往涉及复杂的社会观念判断与利益权衡问题。

二、法律责任的类型

根据不同的标准，可以对法律责任的类型作出不同的划分。根据引起责任的行为性质的不同，将法律责任分为刑事责任、民事责任、行政责任和违宪责任。这也是最重要的分类标准。

（一）刑事责任

刑事责任是指行为人因其犯罪行为所必须承受的，由司法机关代表国家所确定的否定性法律后果。产生刑事责任的原因在于行为人的行为违反了刑事法律规定，严重侵害了刑事法律所保护的法益。刑事责任是犯罪人向国家所负的一种惩罚性责任，是所有法律责任中最严厉的一种。刑事法律是追究刑事责任的唯一法律依据，罪行法定，禁止类推。

（二）民事责任

民事责任是指由于违反民事法律、违约或者由于民法规定而产生的一种法律责任。民事责任的特点是：第一，民事责任主要是一种救济责任。民事责任的功能主要在于救济当事人的权利，赔偿或补偿当事人的损失。当然，民事责任也执行惩罚的功能，具有惩罚的内容。如违约金、惩罚性赔偿本身就含有惩罚的意思。第二，民事责任主要是一种财产责任，如赔偿损失、返还特定财产等。但近年来，随着社会的发展，非财产民事责任的追究运用正日益受到重视。第三，民事责任主要是一方当事人对另一方当事人的责任，在法律允许的条件下，多数民事责任可以由当事人协商解决。

（三）行政责任

行政责任是指因违反行政法或因行政法规定而产生的法律责任。行政责任的特点是：第一，承担行政责任的主体是行政主体和行政相对人。第二，产生行政责任的原因是行为人的行政违法行为和法律规定的特定情况。第三，通常情况下，实行过错推定的方法。在法律规定的一些场合，实行严格责任（无过错责任）。第四，行政责任的承担方式多样化。

（四）违宪责任

违宪责任是指由于有关国家机关制定的某种法律和法规、规章，或者有关国家机关、社会组织或公民从事的与宪法及宪法相关法规定相抵触的活动而产生的法律责任。虽然从广义上讲所有违法行为都是违宪行为，但是，构成违宪责任的违宪行为与一般违法行为还是有所区别的。因为宪法规范不仅为普通法律提供了立法依据，而且还有自己特定的调整对象，即国家机关之间的相互关系以及它们与广大公民之间的相互关系。对违反这类宪法规范的行为，是不能通过追究刑事责任、民事责任或行政责任来预防和制止的。在我国，监督宪法实施的权力属于全国人民代表大会及其常务委员会。

此外，根据主观过错在法律责任中的地位，可分为过错责任、无过错责任和公平责任。根据我国法律，刑事责任的追究原则一律以存在故意或者过失为前提；在民事违约责任的追究中，以无过错责任原则为主，兼顾过错责任；在民事侵权损害赔偿责任的追究中，以过错责任原则为主，兼顾无过错责任和公平责任。根据责任内容的不同，可以将法律责任分为财产责任与非财产责任。例如，罚金、没收财产是财产责任，有期徒刑、无期徒刑是非财产责任。根据责任程度的不同，可以将法律责任分为有限责任与无限责任。例如，有限责任公司的股东通常情况下是以出资额为限承担有限责任，而普通合伙企业的普通合伙人是以全部财产承担无限责任。

随堂思考

违宪责任与其他法律责任有何本质区别？请试查阅有关违宪责任的中外案例。

三、法律责任的实现方式

法律责任的实现方式，是指追究或承担法律责任的具体形式。法律制裁是法律责任的一个重要实现方式。法律责任是前提，法律制裁是结果或体现。法律制裁的目的，是强制责任主体承担否定的法律后果，惩罚违法者并恢复被侵害的权利和法律秩序。法律制裁与法律责任又有明显的区别。法律责任不等于法律制裁，有法律责任不等于一定有法律制裁。追究法律责任的具体形式包括惩罚、补偿、强制三种。

（一）惩罚

惩罚即法律制裁，是指通过国家强制力对责任主体的人身、自由、精神、资格以及财产利益等实施惩罚的法律责任方式。

根据法律责任性质的不同，可以将法律制裁分为司法制裁、行政制裁和违宪制裁。其中，司法制裁又分为民事制裁和刑事制裁。

民事制裁是由人民法院依法对民事责任主体实施的强制性惩罚措施，包括停止侵害、排除妨碍、消除危害、返还财产、恢复原状、赔偿损失、支付违约金、修理重作更换、消除影响、恢复名誉、赔礼道歉等。

刑事制裁即刑罚，是人民法院依法追究犯罪分子刑事责任而实施的强制性惩罚措施。我国的刑罚分为主刑和附加刑。主刑有管制、拘役、有期徒刑、无期徒刑、死刑，附加刑有罚金、没收财产和剥夺政治权利。

行政制裁是指国家行政机关依法对行政责任主体实施的强制性惩罚措施。行政制裁可分为行政处分、行政处罚、劳动教养三种。

违宪制裁是依法对违宪行为所实施的强制性措施，包括撤销同宪法相抵触的法律、行政法规、地方性法规、行政规章，罢免国家机关的领导成员等。

（二）补偿（赔偿）

补偿（赔偿）即指在法律保护利益的基础上，通过当事人要求或者国家强制力保证要求责任主体以作为或不作为形式承担弥补和赔偿的责任方式。补偿包括防止性的补偿、回复性的补偿、补救性的补偿等不同性能的责任方式，目的主要在于弥补受害人的损害。补偿的方式除了对不法行为的否定、对受益者的精神慰藉外，主要为财产上的赔偿、补偿。在我国，补偿主要包括民事补偿和国家赔偿两类。

（三）强制

强制即指通过国家强制力迫使不履行义务的责任主体履行义务的责任方式。运用强制的责任方式，需要具备两个条件：一是责任主体不履行义务；二是有法律上的依据。强制的功能在于保障义务的履行，从而实现权利，使法律关系正常运转。强制可分为对人身的强制和对财产的强制，又可分为直接强制和代执行、执行罚等间接强制。

随堂思考

季女士与严某为夫妻。2009年6月，季女士提出诉讼离婚，诉称严某经常对自己进行电话暴力威胁，并提供了有关证据。6月25日，季女士向法院提出申请。经过了解情况、审查材料，法院依照《婚姻法》、《民事诉讼法》的规定，根据最高法院《涉及家庭暴力婚姻案件审理指南》的要求，发出了“人身安全保护裁定”，禁止季女士的丈夫对其进行殴打、威胁和骚扰，有效期为3个月。试分析本案中法律责任的类型、实现方式及其意义。

第三节 法律责任的归责、免除与竞合

一、法律责任的归责

法律责任的归责是指由特定国家机关或者国家授权的机关依法对行为人的法律责任予以判断和确认。法律责任的归责原则是指特定的国家机关或者国家授权的机关在判断行为人是否应当承担法律责任以及承担何种法律责任时必须把握的基本原则。在我国，法律责任的归责有以下几大原则。

（一）责任法定原则

责任法定原则是法治的基本要求，是指行为人是否承担法律责任、承担何种法律责任、承担法律责任的方式和程序都必须由法律事先明确规定。承担法律责任的前提是法律有明确规定，当违法行为发生时必须按照法律事先规定的性质、范围、程度、期限、方式追究责任主体的责任。

（二）责任自负原则

责任自负原则是指承担法律责任的责任主体只能是实施了违法违约行为的行为人本

人或者应当对引起法律责任的其他法律事实承担法律责任的行为人本人。责任自负原则反对株连或变相株连，确保无责任者不受法律追究。《侵权责任法》第三十二条规定，无民事行为能力人、限制民事行为能力人造成他人损害的，由监护人承担侵权责任。监护人尽到监护责任的，可以减轻其侵权责任。这种责任的转移承担与责任自负并不冲突。

（三）责任相称原则

责任相称原则要求法律责任的性质、轻重和承担方式必须与违法行为的性质和危害程度相适应，不枉不纵，既不能重犯轻责，也不能轻犯重责。

（四）责任平等原则

坚持公民在法律面前一律平等，对任何公民追究法律责任时，无论种族、民族、性别、职业、文化程度、财产状况一律平等，不允许有不受法律约束或凌驾于法律之上的特殊公民，不得进行身份歧视。

（五）合理性原则

合理性原则是指在追究行为人法律责任时，应当考虑行为人的具体情况，谨慎权衡责任追究的社会后果，以期真正发挥法律责任的功能，实现法律调整的效益最大化。例如，在决定对轻罪被告人（特别是未成年被告人）是否采取非监禁刑处罚时，需要谨慎考虑被告人的身心特点和违法犯罪行为的动因，以及社会危害性、社区矫正的预期效果等因素，实现社会效益最大化。

二、法律责任的免除

法律责任的免除，即免责，是指虽然产生了引起法律责任的法律事实，并且符合法律责任的构成要件，但由于同时具备了法律规定的特定事由，应当或者可以被免除全部或者部分法律责任。法律责任的免责不同于无责任或不负责任。免责是以符合法律责任的构成要件为前提，而“无责任”和“不负责任”是不符合法律责任的构成要件。虽然各部门法规定的具体的免责事由有所不同，但是，我国目前主要存在以下几种免责事由。

（一）时效免责

时效免责是指依法只能在特定的期限内追究责任人的法律责任，超过特定的追责期限，责任人免责。例如，我国《刑法》第 87 条规定了追诉时效制度，犯罪经过追诉时效期限不再追诉。此外，根据民法的有关规定，诉讼时效、除斥期限届满的，也引起法律责任的免除或者产生责任承担的抗辩权。

（二）不诉免责

告诉才处理的刑事案件、通过刑事和解化解的轻微刑事案件，当事人若不向法院起诉，可以通过协商、退让而免除行为人刑事责任。应当注意的是，民事纠纷诉讼案件虽然有“不告不理”原则，但即使当事人不向法院起诉要求解决，也并不代表民事责任就可以免除。通过其他纠纷解决机制解决民事纠纷或者由于当事人自觉行为，仍然存在民事责任的承担问题。

（三）自首、立功免责

行为人在实施犯罪行为后又有自首或者立功情节的，依法免除全部或者部分法律责任。

(四) 自力救济免责

自力救济，或称私力救济，是指行为人不采取国家公权力救济渠道而采取私人的力量，维护自身权益、恢复法律秩序的行为。自力救济包括自助行为、正当防卫和紧急避险。在法律规定以及特殊的紧急情况下，采取自力救济行为造成他人权益损害的，可以免除或者减轻因自力救济行为所引起的法律责任。如，《民法通则》第 128 条规定，因正当防卫造成损害的，不承担民事责任。

(五) 履行不能免责

行为人在特定条件下确实没有能力全面履行法律规定的义务的，可以部分或者全部免除法律责任。如我国《合同法》第 117 条规定，因不可抗力不能履行合同的，根据不可抗力的影响，部分或者全部免除责任。在刑法理论上，也有所谓期待可能性理论，即行为人在特定条件下并无选择合法行为的现实可能性而实施违法行为，可以作为阻却或减轻刑事责任的事由。

三、法律责任的竞合

(一) 法律责任竞合的含义

法律责任的竞合，是指由于某种法律事实的出现，导致两种或两种以上的法律责任产生并且相互冲突的现象。比如出卖人交付的物品有瑕疵，致使买受人的合法权益遭受侵害，买受人既可向出卖人主张侵权责任，又可主张违约责任，但这两种责任不能同时追究，只能追究其一，这种情况即是法律责任的竞合。法律责任竞合是法律上竞合的一种，它既可发生在同一法律部门内部，如民法上侵权责任和违约责任的竞合，也可发生在不同的法律部门之间，如民事责任、行政责任和刑事责任等之间的竞合。

(二) 法律责任竞合的特点

第一，产生竞合的几种法律责任的责任主体为同一法律主体。如果存在几个法律主体，则应分别追究刑事责任。

第二，同一个法律责任主体只实施一个行为。如果行为人实施了数个行为，数个行为触犯了不同的法律规定且符合不同的法律责任构成要件的，通常按照下列原则处理：法律有特别规定的，按法律规定处理；法律无特别规定的，则是分别追究数个行为的法律责任，或者按照目的行为吸收手段行为、重行为吸收轻行为等原则，其他法律责任被其中一个法律责任吸收。

第三，同一行为符合数个法律责任的构成要件。行为人虽然仅实施了一个行为，但该行为符合数个法律责任的构成要件，因而导致了数个法律责任的产生。竞合的前提就是有两种或者两种以上的法律责任存在，如果只有一种法律责任，则谈不上竞合。

第四，数个法律责任之间相互冲突。如果数个法律责任之间并不冲突，则存在以下几种情况：一是几种法律责任能够并存，则同时追究行为人的数种法律责任，例如，我国《侵权责任法》第 4 条规定，侵权人因同一行为应当承担行政责任或者刑事责任的，不影响依法承担侵权责任。二是数个法律责任中的一个或者几个被另一个法律责任吸收，例如，犯罪行为的刑事责任吸收了行政责任。三是法条竞合，规定数个法律责任的法律条文之间存在包容的关系，此时法律有规定的，从法律规定；法律没有规定的，通常是特别法优于一般法。

（三）法律责任竞合的处理原则

部门法之间的法律责任竞合通常按照重者处之。已经追究较轻的法律责任的，在追究较重的法律责任时，应折抵已追究部分。例如，我国《刑法》规定的部分罪名的刑事责任与《治安管理处罚法》规定的部分违反治安管理的违法行为的行政责任存在竞合现象，就属此种情况。

部门法内部的法律责任竞合问题，典型的是民事侵权责任和违约责任的竞合。各国法律的处理方式有所不同。如法国民法就采取禁止竞合制度，英国法律采取有限的选择竞合制度，而德国采取允许竞合制度。根据我国《合同法》第122条的规定，因当事人一方的违约行为，侵害对方人身、财产权益的，受损害方有权选择依照合同法要求其承担违约责任或者依照其他法律要求其承担。可见，根据我国法律规定，违约责任和侵权责任产生竞合的情况下，当事人只能选择其中一种责任事由起诉。常见的责任竞合还有工伤保险责任与第三人侵权损害赔偿责任的竞合等。

深入阅读

1. 张越：《法律责任设计原理》，中国法制出版社，2010年版。

2. ［澳］凯恩：《法律与道德中的责任》，罗杰华译，商务印书馆，2008年版。

3. 陈兴良：《从归因到归责：客观归责理论研究》，《法学研究》2006年第2期。

4. 吴德桥：《违约责任与侵权责任竞合的几种理论学说评述》，《法学评论》1991年第2期。

5. 邓子滨：《法律制裁的历史回归》，《法学研究》2005年第6期。

课后思考

1.（2006年司法考试）某医院确诊张某为癌症晚期，建议采取放射治疗，张某同意。医院在放射治疗过程中致张某伤残。张某向法院提起诉讼要求医院赔偿。法院经审理后认定，张某的伤残确系医院的医疗行为所致。但法官在归责时发现，该案既可适用《医疗事故处理条例》的过错原则，也可适用《民法通则》第123条的无过错原则。这是一种法律责任竞合现象。对此，下列哪种说法是错误的？（　）

A. 该法律责任竞合实质上是指两个不同的法律规范可以同时适用于同一案件；

B. 法律责任竞合往往是在法律事实的认定过程中发现的；

C. 法律责任竞合是法律实践中的一种客观存在，因而各国在立法层面对其作出了相同的规定；

D. 法律解释是解决法律责任竞合的一种途径或方法。

2.（2005年司法考试）陆某在一百货商场购买"幸福"牌电饭煲一台，遗忘在商场门口，被王某拾得。王某拿至家中使用时，因电饭煲漏电发生爆炸，致其面部灼伤。王某向商场索赔，商场以王某不当得利为由不予赔偿。对此事件，下列哪一项表述能够成立？（　）

A. 王某的损害赔偿请求权应以与致损事件相关的法律规定为根据；

B. 不法取得他人之物者应承担该物所致的损害；

C. 由王某对自己无合法根据占有物品的行为承担损害后果，符合公平原则；

D. 按照风险责任原则，陆某作为缺陷商品的购买者应为王某的损害承担责任。

3.（2006年司法考试）下列有关法律后果、法律责任、法律制裁和法律条文等问题的表述，哪些可以成立？（ ）

A. 任何法律责任的设定都必定是正义的实现；

B. 法律后果不一定是法律制裁；

C. 承担法律责任即意味着接受法律制裁；

D. 不是每个法律条文都有法律责任的规定。

4. 我国《侵权责任法》第4条规定："侵权人因同一行为应当承担行政责任或者刑事责任的，不影响依法承担侵权责任；因同一行为应当承担侵权责任和行政责任、刑事责任，侵权人的财产不足以支付的，先承担侵权责任。"我国《刑事诉讼法》第77条规定："被害人由于被告人的犯罪行为而遭受物质损失的，在刑事诉讼过程中，有权提起附带民事诉讼。"最高人民法院《关于刑事附带民事诉讼范围问题的规定》（法释[2000] 47号）第1条规定："因人身权利受到犯罪侵犯而遭受物质损失或者财物被犯罪分子毁坏而遭受物质损失的，可以提起附带民事诉讼；对于被害人因犯罪行为遭受精神损失而提起附带民事诉讼的，人民法院不予受理。"请结合本书知识评析上述条文，并试找出这一现象存在的原因。

第三编

原　理

第九章　法的作用

学习要点

了解·识记：法的作用的含义，法的规范作用的含义，法的社会作用的含义

理解·应用：正确认识法的作用

第一节　法的作用释义

一、法的作用概述

（一）法的作用的概念和特点

法的作用，亦称法律作用，是对法在社会中产生的各种影响的总称。法的作用一般包括法对人们行为的影响、法对社会关系的影响以及法对社会生活的影响等三个方面。这些方面分别体现了法所作用的不同对象。法对人的行为、社会关系和社会生活的影响说明法对社会干预的全面性。法的作用作为法对社会的全面影响，具有外在性、实然性、中立性的特点。

1. 法的作用具有外在性的特点

法的作用是法对具体社会的现实影响，是法律对具体行为或社会关系的作用效果。因此，一部法律的作用，虽然为该法律内在的规定性所限制，但取决于社会对法律的实施情况，是存在于现实社会之中的。即是说，法的作用外在于法律本身。

2. 法的作用具有实然性的特点

法的作用体现为法律在实际生活中的具体效用，它是法的内在规定性的现实状态。在法的内在规定性被外化、实现的过程中，由于受到具体实施状况的影响，它必然在一定程度上差异于法内在规定性所指向的应然状态。如果说法的内在规定性更加直接地表达了立法者的立法意图，那么法律作用的实然性则更多体现了法律运行的社会效果。因此在某种意义上，法律运行的效果越好，法律运行的社会效果就越接近法的内在规定性；反之，亦然。

3. 法的作用具有中立性的特点

法的作用是法对现实社会的客观影响或效用。它同法本身的内在规定性必然存在某些差异，这些差异对实现立法者的意图来说，既是不可避免的，又是不能完全预知的。也就是说，在立法者看来，这些不能预知的差异对实现其立法意图，可能是有益的，可能是无益的，甚至是有害的。而这一切，取决于社会对法律的具体实施，立法者或法律本身的意图无法左右，所以，法的作用不一定与法的内在规定性保持一致，它在价值上是中立的。法的作用中立性，由于其不可被完全预知，也可称作不恒定性。

（二）法的作用与法的功能

法的功能，即法固有和潜在的功用和效能。虽然在一些教材中，法的功能被等同于

法的作用[1]，但我们认为，法的作用和法的功能是一对相近却又有差异的概念，法的功能是法的内在规定性的体现，它表现出内在性、应然性、正向性的特点。

法的功能具有内在性特点，这是区别于法的作用的外在性特点而言的。即法律一经制定，其功能也就被确定了，不受外在和以后实施状况的影响。换句话说，法的功能作为立法者对法律的期待，是通过立法确定下来的，而不是在法律的实施过程中追加的。因此，法的功能是预制的，而法的作用是已然发生的。

法的功能具有应然性特点，这是区别于法的作用的实然性特点而言的。法的功能是法律制定时立法者为法律设立的指导性方向，它直接体现了立法者或法律本身的意图，可以将之看做立法者为法律预先设立的理想模式。

法的功能具有正向性特点，这是区别于法的作用的中立性特点而言的。即法的功能意味着法律应当发挥积极作用，它对社会的意义是正向的，是符合立法者意图的。而法的作用在价值上却是中立的。

二、法的作用的分类

从不同的理论视角以不同的标准可以将法的作用进行不同的分类，常见的分类有以下几种。

（一）整体作用和局部作用

这是以法律系统的作用层级为标准对法的作用进行的划分。整体作用指法作为统一的法律体系在社会生活中的作用，而局部作用则指法律体系中某一下位法律体系、法律部门或具体法律规范在社会生活中的作用。在一般意义上，局部作用当从属于整体作用；但在法学意义上，基于对不同类型的社会关系进行不同调整而形成的各个法律部门，各自具有特殊的局部作用。例如，刑法对犯罪行为的惩治作用就不同于物权法对财产权的保护作用。只有实现好法律的各种局部作用，才能保证法律的整体作用更好地实现。

（二）直接作用和间接作用

这是以法律对人们的行为、社会关系和社会生活的作用途径为标准划分的。每种法律规范针对不同的社会关系进行定向调整，这种定向调整就是直接作用。在现实生活中，不同类型的社会关系总是相互联系的，法律对某一个或某一类社会关系的定向调整，势必对该社会关系相关的社会关系发生影响。这种影响就是法的间接作用。例如，刑法的直接作用是预防和打击犯罪，而对犯罪的有效预防和打击将为经济发展创造良好条件。刑法对经济发展的这种作用，即是法的间接作用。

（三）预期作用和实际作用

这是根据人们对法律的期待与法律的实际效果之间的区别对法的作用所作的分类。预期作用，指人们根据社会条件设想的可能发挥的作用；而实际作用则是法律调整社会关系、影响人们行为和社会生活所发挥的实际作用。这里需要进一步区分的是预期作用与法的功能的不同点。我们认为，虽然法的预期作用体现了人们甚至是立法者的设想，但这种设想也是根据具体社会条件得出的外在于法律自身的设想，它仍具法的作用的外在性。虽然法律的预期作用可能与实际作用高度一致，但这种一致性的实现，仍然取决

---

① 沈宗灵主编：《法理学》，北京大学出版社 2001 年版，第 81 页。

于社会对法律的实施，故其仍然具有法的作用的实然性。

（四）积极作用和消极作用

这是以人们对法律的价值评价为标准对法的作用进行的划分。法作用于具体社会后，根据其是否实现法的功能，人们自然会给出肯定或否定的评价。当法的作用与法的自身功能一致，人们会给法的作用以肯定评价，这表明法的作用是积极作用；当法的作用与法的自身功能不一致，人们会给法的作用以否定评价，这表明法的作用是消极作用。换言之，也可从法的作用能否实现法的自身功能为标准来划分法的积极作用和消极作用。

（五）规范作用和社会作用

这是以法作用于人们的具体行为或社会关系为标准对法的作用进行的划分。法主要是由法律规范构成的，它调整人们的行为，这是从法作为一种规范的特征来考察法的作用。同时，从法的本质和目的来看，法是一定的经济基础的上层建筑，反映并维护其经济基础，此即法的社会作用。学界通常认为，法的规范作用和社会作用是手段和目的的关系，即法通过其规范作用来实现其社会作用。需要强调的是，在理解法的规范作用与社会作用相互关系的时候，不能仅仅因为目的对手段的决定性作用而忽视作为手段的法的规范作用的独立价值。这是因为，法律作为一种社会规范，在目的上同道德、宗教、政党政策等其他上层建筑是共同的，但是在具体的调整方式上则独具特色。通过法的规范作用这个法所特有的调整人们行为的手段，法同其他上层建筑之间的区别才得以显现。

第二节　法的规范作用

通常地讲，法具有指引、评价、预测、教育和强制等规范作用。这些规范作用，可以说是法区别于其他社会规范的作用的基本标志。

一、指引作用

法的指引作用，是指法为人们提供特定行为模式的作用，它引导人们在法律规范所允许的范围内从事社会活动。法的规范作用通过具体法律规范实现。根据法律规范形式的不同，法的指引作用可以分为授权性指引、义务性指引和禁止性指引。授权性指引就是通过授权性法律，告诉人们可以做什么或者有权做什么；义务性指引就是通过义务性规范告诉人们应当做什么或者必须做什么；禁止性指引就是通过禁止性规范告诉人们不得做什么。

从权利—义务观点视之，授权性规范规定法律关系主体的权利，义务性规范和禁止性规范则赋予法律关系主体以义务。当授权性规范规定权利的时候，法律的目的在于鼓励权利主体从事法律所容许的事情，法律赋予其选择的自由；反之，义务性规范明确要求人们履行特定行为，禁止性规范则意味着法律对所禁止行为的正当性的否定。因此，法通过授权性规范实现的指引作用又被称作选择性指引或不确定性指引，而法通过义务性规范和禁止性规范实现的指引作用又被称作确定性指引。根据法律规范指引的行为主体的不同，法的指引作用又可被分为个别指引和一般指引。法律对特定主体行为的指引为个别指引，对普通主体行为的指引为一般指引。具体说来，个别具体法律规范的指引作用，多为个别指引，如具体民事规范对特定主体特定行为的指引；而在法律规范的一般意义上讲的指引作用，是一般指引，如所有劳动者与用人单位订立劳动合同均应符合劳动法所规定的构成要件。需要注意的是，区别个别指引和一般指引的标准是法律指引的行为主体的不同，不能认为具体的法律规范只能进行个别指引，也不能认为一般或普遍意义上的法律只能进行一般指引。虽然从不同角度观察，法具有不同的作用，但在法的众多规范作用中，法的指引作用是首要的。法律的目的不仅仅是制裁违法，更重要的是引导人们和谐有序地生产生活。因此，在人际交往日益频繁、人际关系日益复杂的今天，法的指引作用的重要性就更加突出了。

二、评价作用

法的评价作用，是法所具有的，通过法律判断、衡量人们行为是否合法或者有效的作用。在现实生活中，法并不是唯一的评价人们行为及其后果的标准，道德规范、传统习惯、社会团体的规章制度乃至宗教教义等规范也都在一定程度上具有对行为及其后果的评价作用。但是，法的评价作用却与之不同，也正是这些不同体现了法的评价作用的独特价值和重要意义：首先，较之其他规范，法的评价作用更具客观性。具体而言，在法律眼中什么行为是正当的，什么行为是不正当的，什么行为是被鼓励的，什么行为是被允许的，乃至什么行为是应受惩处、受怎么样的惩处，这一系列问题在法律规范中已经有相对明确的规定。需要指出的是，虽然不同的具体评价者（例如不同的法官）可能因为对法律的理解存在差异而导致对同一行为的不同评价，但这种因具体评价者对同一规范的不同理解而导致对同一行为的不同评价是一种认识的偏差，它不仅存在于法，也同样存在于其他社会规范对行为的评价过程之中。如果我们认为法律规范有其自身独立的含义，那么法的评价就应当独立于评价者的认识而存在。其次，较之其他规范，法的评价更具有普遍正当性。在同一社会，不同的个人或群体可能会有不同的道德规范、传统习惯、社会团体的规章制度乃至不同的宗教信仰。这些不同规范的评价可能在特定人群看来具有高度正当性，但却难以被社会成员普遍接受，它只能在相同规范的信奉者当中有效。我们认为，社会评价的自身逻辑对其自身最大的要求就是普遍的正当性。而一个社会的法律，一般是植根于道德、理性、公序良俗基础之上的，它不仅能判断行为是否合法，往往也能判断行为的正义与否。这就给法的评价建立了普遍正当的基础，只要行为进入了法律评价的范畴，法的评价较之其他评价对其就更具普遍正当性。从法的评价作用的定义分析，它具有如下两个重要特征：

第一，法的评价对象是行为，包括自然人、法人和其他社会组织的行为。这就意味着，法不对单纯的思想进行评价。当然，法律也可以对一个尚未具体实行的行为进行评价，但这不是对行为人欲实施该行为的思想进行的评价，这种评价的对象仍然是行为，是构想的行为而非现实的行为。也正是这种形式评价，影响人们的行为模式和价值观念，从而起到指引人们的作用。

第二，法的评价只能依据法律的规定和精神而行。法律在为不同的主体预设行为模式的时候，就已经为他们提供了相应的评价标准。对公职行为而言，法律的规定和精神就要求其运行非经法律授权即为非法，故法律对公职行为的评价标准是合法或不合法；对普通大众的非公职行为而言，只要不违反法律的规定和精神就不会追究其责任，故法律对他们行为的评价标准是违法或不违法。

三、预测作用

法的预测作用，也就是法所具有的，使人们通过法的可预期性特征，在法的范畴内预测彼此行为及其法律后果的规范作用。依据预测作用，人们可以根据法律规范估计自己行为的后果，从而决定自己行为的取舍。法的预测对象是所有经法律调整的主体之行为。通常认为，依靠作为社会规范的法律，人们可以预先估计彼此之间将如何行为。过去强调的是，这种人们对彼此之间行为的估计，不仅包括平等主体之间的行为，还包括个人对国家机关及其工作人员行为的估计。我们认为，法律预测的作用当及于所有经法律调整的主体之行为。申言之，国家机关及其工作人员在依法行政的时候，也可以根据法律规范对行政相对人的行为进行预测。例如，考虑自己的具体行政行为是否合法，若不合法则将面临行政诉讼。不仅可以根据法律预测彼此行为，人们还可以根据法律规范来预测自己的行为可能的法律后果。

法的预测作用对法的运行有着重要意义，集中表现在以下三个方面：

第一，预测作用对法的遵守有重要的意义。通过法律规范的预测作用，一切行为主体可以在行为前预先得知自己行为可能或必然面临的法律后果，这样行为主体便会从选择最有利或者成本最小的法律后果出发，自觉调整自己的行为，使之符合法律的规定。

第二，预测作用对司法活动有重要的意义。在整个司法过程中，为保障司法活动能依法进行，法律在许多地方要求法官凭借专业知识和司法经验对案件做合理的预测。例如，《中华人民共和国刑事诉讼法》第 20 条第 2 款就规定："可能判处无期徒刑、死刑的普通刑事案件"的第一审由中级人民法院管辖。此处的"可能判处死刑"，就是凭借法官根据法律规范的预测来判断的。

第三，预测作用对法律服务工作也具有重大意义。事实上，律师在为当事人提供法律服务的时候，很多时候都需要根据法规范地提供预测服务，并在此基础上为当事人提供相应的法律处置方案。

四、教育作用

法的教育作用，是指法所具有的，通过法律规范和法的实施，培养人们的法律认同和提高人们的法律意识，从而引导人们行为的规范作用。法的教育作用主要表现在以下三个方面：首先，普遍培养人们的法律认同感和提高人们的法律意识。在一个社会之中，法律往往固定了全社会的价值观念和行为准则，形成了特有的法律模式。通过对法律的宣传和实施，人们的思想会受到法律的影响而逐渐将外在于个体的法律规范内化为自身的价值认同和行为规范。在此基础之上，人们在法律影响下的相互行为将形成法律习惯。其次，法律规范通过个案也将对行为人本人和一般人今后的行为起到教育作用。这种教育作用又是通过对具体行为的惩罚或奖励两种形式来实现的。法律对违法行为的制裁不仅会使行为人受到教育，也会使其他一般人知道这样的行为将受到法律的惩罚，从而使他们在今后避免做出这样的行为。再次，法律对合法行为的鼓励，也同样会使一般的人受到教育。这种个案的示范教育作用，对预防违法，提高公民的法律意识、权利义务观念、遵纪守法的自觉性是必不可少的。法的教育作用对法律乃至法治自身也具有重大的意义。任何法律都有不同程度的威慑作用，但法律的首要目的不是惩处违法。试图一味依靠"严刑峻法"来管理国家，盲目通过严厉处罚违法来规范行为的法律，在历史上都是不能持久的；相反，只有通过对社会上大多人进行教育，使他们对法律及法治产生认同直至信仰，这样的法律、这样的法治社会才可能是持久稳定的。

五、强制作用

法的强制作用，是法通过国家强制力保障其实施的规范作用。只强调制裁的法律固然不能持久，但完全没有强制力的法律也将失去其权威性。这意味着，合理适度的强制，不仅是法的指引、评价、教育和预测等规范作用实现的现实保障，也是法律维护其权威的最后保障。任何违反法律当受法律处罚的行为都一律面临法律的强制。与其他社会规范相比，法律以国家强制力为保障的规范作用也是法的显著特征之一。法的强制作用形式多种多样，几乎涵盖了各个具体的法律部门。在刑法上，强制作用具体表现为管制、拘役、有期徒刑、无期徒刑直至死刑等形式；在民法上，强制作用具体表现为停止侵害、排除妨碍、消除危险、返还原物、恢复原状、赔偿损失、支付违约金、消除影响、赔礼道歉、罚款等形式；在经济法上，强制作用表现为停产整顿、停止贷款等形式；在行政法上，强制作用表现为警告、罚款、拘留、没收、停止营业等形式。需要强调的是，虽然法的强制作用是通过国家强制力实现的，但这并不意味着国家公权力的行使可以不受法的制约；相反，法对国家机关及其工作人员的行为的约束性强制也是其强制作用的重要内容。例如，公务员法对公务员在任兼职的限制等。

随堂思考

王某是某大学学生，在校强奸某女生后潜逃回家。其父得知情况后，对其错误进行严词训斥，并责其到公安机关自首。王某自首后，人民法院依法判处其有期徒刑5年。此事反映了法的哪些规范作用？

第三节　法的社会作用

与法的规范作用相比，法的社会作用是一个更为复杂的问题。因为规范作用是从法作为一种社会规范的外部影响展开分析的，因其客观而比较容易理解。而法的社会作用是从法相对隐蔽的本质和目的的角度展开分析的，这就大大增加了解释的难度。由于考察的角度不同，对法的社会作用的认识也不尽相同。这里，主要介绍两种主要的观点。

一、从作用领域考察法的社会作用

以法作用的领域为标准，可以将法的社会作用划分为社会调整作用、政治作用、经济作用、文化作用四个方面。

（一）法的社会调整作用

法律作为全社会的行为规则，在任何一个社会都具有对社会公共事务进行调整的社会作用。回溯法的历史，法的社会调整作用就是法产生的重要原因之一。在法产生之初，法的社会调整作用的表现形式相对较窄，主要是对社会基本秩序的维护和对作为犯罪原始形态的严重暴力危害的惩治。随着社会的不断发展，人们在同一社会中所处位置的差异越来越大，这些处于不同位置的个人在不同的场合下扮演着越来越复杂的社会角色，而这些复杂的社会角色又会因某一社会事实结成不同的社会群体。因此在现代社会，法律对同一社会中的不同个体、群体之间乃至全社会的社会公共事务的调整作用就显得愈发重要。现代社会法的社会调整作用主要表现在如下四方面：（1）对社会秩序的维护。维护社会秩序、保障社会安定是法最基本的社会作用之一，现代社会对其赋予了新的含义，例如防止侵略战争、反对恐怖主义以及网络黑客等等。(2) 对全社会整体利益的保护。在价值多元的现代社会，为规避盲目发展带来的危害，法律必须提供一个权威的基本价值标准，以保护全社会的整体利益，例如，法律规定环境资源政策、经济发展模式、教育与公共卫生事业等等。(3) 维护社会分配的基本公平正义。这不仅是维护社会稳定和进步的前提性要求，而且是法律保障公民基本权利的题中之意。例如，法律规定社会保险和救济、对个人所得财产的再分配等问题。(4) 对自然灾害等不测事件的应对。这主要表现在对地震、水灾、火灾以及全球气候变化等重大不测事件上。

(二) 法的政治作用

法作用于政治领域时主要有如下社会作用。

1. 法确认国家制度

所谓国家制度，即关于国家性质和国家形式等方面的制度，在整个国家政治生活中居于极为重要的地位。它不仅表现国家的阶级本质，而且规定着国家政权的运转和国家职能。因此，为了让国家制度具有权威性、稳定性，使其不受侵犯，各国都通过法的规定确认国家制度。关于国家制度的规定，通常被写进宪法，使之获得最高法律效力，为国家制度存续提供法律保障。

2. 法组织国家机构

所谓国家机构，即是国家为实现其职能而建立起来的国家机关的总称。组织国家机构不是任意的。相反，无论是静态意义上对国家机构的设立，还是动态意义上国家机构的运行，乃至国家机构行为的权限，都应具有合法性依据。这是国家尊重人民主权、实现人民授权的必然要求。因此，虽然由于历史和政治的原因，各国的国家制度和国家机构不尽相同，但各国都是以宪法和法律的规定为依据设立国家机构和行使国家权力的；否则，相应国家机构将因缺乏合法性依据而缺乏正当性。

3. 法确立社会民主

民主作为法治最主要的价值追求之一，其范围十分广泛，它不仅包括政治国家层面上的民主，也包括市民社会意义上的民主。这种广义上的民主，谓之社会民主。一个社会要推行民主，传统、习惯、政党政策、道德伦理可能都会对其产生影响。然而，对确立社会民主起保证性作用的，只有法律。这是因为，法律不仅从制度上规定民主模式，而且能够提供具体实施民主的最后保障。这不仅能够在一个社会建立起民主制度，并督促人们实行这个制度，而且能对破坏民主的行为进行国家强制。这种持久的、全过程的社会作用，就是法对社会民主的确立。

4. 法调整对外关系

在世界一体化和经济全球化的今天，各国之间的联系都越来越紧密。人与人之间日益复杂的跨国界的社会关系，是通过国内法与国际法进行调整的。国内法用以调整完全不涉外的社会关系，而涉外的社会关系则通过国际法规则体系调整。国际法又分别通过国际公法、国际私法、国际经济法调整国家主体之间、国际民商事主体之间的法律关系。

(三) 法的经济作用

法作用于经济领域时主要有如下社会作用。

1. 法确认经济制度

所谓经济制度，即一个国家在特定历史时期生产关系的总和，在国家经济生活中起极其重要的地位。法对经济制度的确认作用，就是用法律的形式将经济制度固定下来，使经济制度具有稳定性和严肃性。更为重要的是，通过法律确定经济制度，就能通过法律强制执行并维护经济制度，破坏经济制度的行为就可能面对法律的否定性评价。

2. 法调整经济关系

经济关系同样是一种社会关系，也是法律调整的对象。法律对经济关系的调整，使经济关系也成为一种法律关系，在这种经济法律关系中，主体在法律的引导下可以获得受法律保护的预期利益；相反，如果主体背离法律的规定，就有可能面临法律的制裁。这样，经过法律调整的经济关系就在很大程度上摆脱了经济行为的任意性，使交易秩序稳定安全。

3. 法促进经济发展

法律对经济发展的促进性作用主要表现在三方面：

第一，法律对经济发展的背景性促进。一般认为，经济的发展需要一个稳定的社会环境。法的社会调整作用、法的政治作用为经济发展提供了一个必要的社会环境。

第二，法律对经济发展的直接促进。经济发展需要符合其发展规律的经济制度与经济政策，而且，经济的持续增长要求它们是稳定的。法律对合理经济制度和经济政策的确立，可以调动社会创造财富的积极性，从而直接促进经济的发展。

第三，法律对经济发展的间接促进。经济发展也可能面临违法犯罪的干扰和破坏，法律对经济发展过程中干扰和破坏经济的行为进行制裁，就为经济发展扫清了障碍，从而间接地促进经济发展。

（四）法的文化作用

法作用于文化领域时主要有如下社会作用。

1. 法促进法律文化的形成和建设

法律文化本身就是社会文化领域的重要组成部分，它表现为社会对法律的信仰、对司法的尊重、对民主的推崇以及社会中个人、团体乃至国家机关自觉依法办事的行为范式。一个社会的法律文化往往体现了该社会的法治水平；同时，法律文化与推进社会法治建设又往往是互为因果的。在一个法律文化传统深厚的国家或地区推行法治，则相对顺利；法律文化的形成，也要求法律持久稳定地对社会生活进行有效且正当的调整。因此，反映民众要求的良善立法以及对法律的严格实施和有效运用，也会促进社会法律文化的形成和建设。

2. 法促进道德建设

尽管法律与道德属于不同的范畴，但二者却有着十分密切的联系和相互作用。虽然法律不是道德，但法律有自己的价值倾向，这往往对道德建设起着促进作用：一方面，法律规范确立了最基本、最广泛道德规范的重要地位，例如民事法律中的诚实信用原则、公序良俗原则，使这些道德原则有更高的权威性和感召力；另一方面，法律确立了一些不同于传统道德但却适应现代社会观念的规范，当法律提倡的行为受到鼓励或法律禁止的行为受到处罚，法律的道德倾向就得以弘扬，并影响社会大众，社会的道德观念也就会随之改变或提高。

3. 法促进科技文化事业进步

法律直接规定了与科技文化事业有关的多项事业，例如，在教育方面，对义务教育的普及、对国家发展教育职能的规定以及对社会力量依法办学的鼓励等；在科技方面，对科学技术的普及、对科研成果和技术发明的奖励等；在医药卫生方面，对国家发展医疗卫生事业的规定、开展群众性卫生活动等；在体育事业方面，对保证国家发展体育事业、开展群众性体育活动等；乃至在文学艺术、新闻广播电视、出版发行、图书馆、博物馆等方面，法律均有规定，此不赘述。一言以蔽之，法对科技文化事业的促进作用，集中体现为指明前进方向、规定落实措施、提供法律保障三个方面。

二、从性质上考察法的社会作用

以法的作用性质为标准，可以将法的社会作用划分为剥削阶级社会中法的作用和社会主义社会中法的作用。这种传统的考察方式有别于第一种考察方式的地方在于，它强调法的阶级性。在阶级社会中，法的社会作用主要体现在以下两个方面：

（一）维护统治阶级的阶级统治

法是统治阶级意志的体现，其目的就是维护对统治阶级有利的社会关系和社会秩序。当然，这里的阶级统治范围是极其广泛的，也同样包括了经济、政治和思想等领域。但这些内容都被维护阶级统治的目的统一起来。

（二）执行社会公共事务的作用

在阶级对立社会中，除了维护阶级统治这一核心作用外，还有执行各种社会公共事务的作用，包括维护人类基本生活条件的法律，例如维护社会基本秩序的法律和自然资源、医疗卫生的法律；有关劳动和社会保障的法律；有关生产力和科学技术的法律；有关文化事务的法律等。这部分作用其实与前一种考察方式下法的社会调整作用在基本范畴上是一致的，但它强调社会性同阶级性的统一，既不存在无社会性的阶级性，也不存在无阶级性的社会性。

随着社会的发展，法的该职能逐步提升，其意义尤显重要。所以，我们比较倾向于第一种对法的社会作用的考察。当然，这个分类也不是唯一和绝对的，有的学者以不同理论的视角也提出了其他有意义的尝试，例如，从法律满足主体的角度出发，将法的社会作用划分为对社会整体的作用、对社会集团的作用和对个人的作用。① 这些尝试，对于深化对法的社会作用的认识都是不无裨益的。

第四节 正确认识法的作用

一、法的强制与社会自治

所谓社会自治，即指人们在让渡权力组成国家后，由自己行使保留权利，自己事务自己决定的管理模式。这种人们保留的权利，也被称为社会自治权。严格说来，社会自治应当有两个层面：一是个人自治，二是特定社群的自治。随着社会发展，后者在生活中扮演了越来越重要的角色，其实质就是社会群体依特定目标集体行使社会自治权。这样，在公民个人权利与国家公权力之间便出现了一道屏障。在这个意义上，与个人自治

① 参见周永坤：《法理学》，法律出版社 2004 年版，第 169 页。

相比，社群社会自治权与国家强制力之间的距离更短，关系更加复杂。法律作为由国家强制力保障其实施的社会规范，同社会自治之间的关系就有待厘清。我们认为，社会自治不必然等同于法的强制的虚无，更不等同于法律的虚无；相反，法的强制当在社会自治中发挥重要的作用。

（一）社会自治是许多法律部门的直接来源

由国家强制力保障其实施的法律，在一定意义上，直接来源于社会自治。例如，正是由于古罗马市民社会的充分发展，在社会自治的基础上，产生了对民事法律规范和制度影响深远的罗马法。此后，精巧细致的罗马法在长达千年的时间里成功地调整了地中海沿岸的民商事活动；反过来，产生于社会自治的法律部门，也将对建立和维持社会自治，例如正是对罗马法的发现和回归，构成了西方近代法律传统的基石，罗马法又为启蒙运动建立社会自治提供了思想蓝本。

（二）法的规范为划分国家权力与社会权利提供依据

中国在历史上是一个公权强大的国家，在这样的背景下国家本位的观念更容易使国家垄断权力，国家暴力会让社会自治附属于公权力，这样就容易使社会自治偏离充分实现公民个人权利的价值追求。因此，应当在有限政府、社会本位的角度上来看待国家和社会的关系问题。然而，有限政府、社会本位并不意味着对法律规范及其强制的摈弃；相反，只有法律能为有限政府与社会自治的权力划分提供正当性依据。在法律规范下，政府严格依法行政，非经法律授权不得擅自行使国家公权，在法律授权下行使国家公权也不得超出法律授权的范围，这才是社会自治实现个人权利和社会权利的制度根据。当然，现代社会要求国家处理全社会公共事务的时候越来越多，为保障全社会的利益，政府应对和处理社会公共事务的必要公权也应当由法律授予。

（三）法的强制为社会自治与国家权力之间的和谐提供保障

社会自治是在社会本位的价值标准上超越了有限政府，这不是说社会自治可以在现实生活中无视国家公权。国家公权的行使不能逾越法律的界限，社会自治下的个人和社群也不能触及法律禁止的领域；否则，无论是政府还是个人、社群，都要因法律的否定而受到法律的强制。因此，法的强制对社会自治是必要的，它严格要求权力在法律允许的范围内行使，为社会自治与国家权力之间的和谐提供保障。

二、法的作用的有限性

法在保障和促进社会发展方面的作用无疑是巨大的。在历史上，法因其独特的规范作用和社会作用对人类社会产生了深刻的影响。从发展的角度来看，随着社会的进步和人际关系的日益复杂，法的作用进一步提高成为一个必然的趋势。然而，任何事物都有其局限性，跟其他任何事物一样，法的作用也存在其有限性。

经典摘录

尽管法律是一种必不可少的具有高度裨益的社会生活制度，它像人类创建的大多数社会制度一样也存在着某些弊端，如果对这些弊端不引起足够的重视或者完全视而不见，那么它就会发展成为严重的操作困难。（博登海默：《法理学法哲学及其方法》，邓正来译，华夏出版社，1987 年版，第 388 页。）

正确认识法的作用的有限性，对有效调整各种社会关系、避免“法律万能论”、构建法治社会与和谐社会都具有重大理论意义。法的作用的局限性主要表现在以下五个方面。

（一）法不是调整社会关系的唯一方法

对社会关系的调整存在众多方法，而法只是其中的一种。法虽然在调整社会关系时起着重要的作用，但它不是调整社会关系的唯一方法。除法律之外，还有政策、纪律、道德、风俗习惯、民俗公约乃至宗教教规等社会规范都在调整着特定的社会关系；同时，一个社会的政治、经济、文化和舆论都对社会关系的调整产生影响。虽然就建立和维护社会秩序而言，法仍然是这些方法中最主要的方法，但它不能取代其他各种规范调整方法；相反，其他规范调整方法在一定程度上，对法律是必不可少的补充。例如，法律允许在法律没有禁止的范围内行使私权，私权的滥用将导致人际关系的紧张和冲突；而道德却能建立内在的价值标准，使人们明确私权行使的界限，帮助法律消解权利的冲突，有利于社会的和谐与稳定。

随堂思考

结合法律与宗教、道德等规范的区别，试举例说明法律之外的社会规则在解决社会纠纷、构建良好秩序方面所发挥的作用。

（二）法的作用范围有一定的限制

在现代社会，法的作用范围已经极为广泛，其影响力之大超出了其他任何社会调整规范，并不断随社会发展扩展自己的作用范围。例如，对资产证券化的法律调整、对知识产权的保护。但应当看到，法律只能评价行为，而不能也不可能评价人们千差万别的思想，因此，法律的作用范围有其特定的限制，法律不能适用于社会生活的各个方面。例如，涉及人们思想认识、政治或宗教信仰或一般私人生活方面的问题，就不宜通过法律进行调整。而且，如果在这些方面用法律手段进行调整，往往会适得其反，导致有害后果。而法律对涉及人类思想领域的谦抑，往往能激发一个社会的创造力。

（三）法律抽象性、稳定性与现实生活存在一定的矛盾

法律是经由人们思想制定的社会规范，是对特定社会环境的一种反映，它具有高度的抽象性、概括性。它一旦被制定，就要求有一定的稳定性。法律的权威性和确定性要求它不能朝令夕改、不能频繁变动。然而，法律所调整的现实生活却是具体的、不断发展变化的。因此，不存在能预先涵盖所有社会状况的制定法，换言之，抽象而稳定的法律总是同具体的现实生活存在一些矛盾。这些矛盾，一部分由于其反社会性是法律强制的对象，而另一部分同法律矛盾的现象，却包含社会进步的因素。如果一味通过法律手段将存在于具体生活中与法律矛盾的现象盲目禁止的话，社会将因失去改良和进步的活跃因素而日趋僵化。因此，正确认识法的作用局限性，使之在调整社会的时候注意容忍那些无害于社会却不同的法律的现象，这对保持一个社会的活力，尤其是政治和经济领域的创新和自由是必不可少的。

（四）法的作用的充分实现，需要一定的社会条件

法的作用是法律规范作用于具体社会现实的后果，它的效果必然受到现实社会条件的制约。法的作用的实现仅仅依靠制定法律本身是不够的，要充分实现法的作用，至少需要三方面的条件：第一，物质条件。法律实现其作用的物质条件从广义上讲是稳定的

社会生活，从狭义上讲是要有相对完备的公安、检察和法院组织及其物质附属物，如警察、法庭、监狱等等。第二，精神条件。法的作用的实现，需要相应的精神条件。这包括法治意识的建立、权利和义务的观念，乃至程序正义等等理念。第三，人员条件。法律作为社会规范，其实行必须由人来运作，“徒法不足以自行”，即使有良善的制定法，缺乏具有良好法律素质和职业道德的专业人员，法律的作用也难以充分实现，在这个意义上，人员条件也是对这个社会物质条件和精神条件的集中体现。

（五）法的作用的实现，也需要耗费一定的社会成本

法律为人们设定权利，就是让人们为正当权利而斗争，这意味着法的作用实现的过程必然带来一定的社会成本。换言之，法的作用的实现是要付出代价的。它要么表现为法律程序中对社会资源的消耗，要么表现为对双方当事人中的一方权利请求的否认。例如，一方当事人请求离婚，而另一方当事人却不愿意离婚。法律在实现其对婚姻的社会作用时，一旦实现了离婚的自由就不能就单个案件而言保障另一方当事人不离婚之自由。因此，当选择法治的时候，我们就应当认识到法的作用的实现伴生着其对社会成本的消耗，并为此作好心理和舆论准备。通过法律来调节社会生活是一种有效的选择，但不是没有代价的选择。

深入阅读

1. 瞿同祖：《法律在中国社会的作用——历史的考察》，《中外法学》1998 年第 4 期。

2. 付子堂：《法律功能论》，中国政法大学出版社，1999 年版。

3. 刘作翔：《论法律的作用及其局限性》，《法制与社会发展》1996 年第 2 期。

4. ［美］艾德加多·巴斯卡哥利亚、威廉·赖特利夫：《发展中国家的法与经济学》，法律出版社，2006 年版。

课后思考

1.（2008 年司法考试）关于法的作用，下列哪些选项是错误的？（ ）

A. 法是由人创制的，人们在立法时受到社会条件的制约；

B. 法律人在处理法律问题时没有自己的价值立场；

C. 法具有概括性，能够涵盖社会生活的所有方面；

D. 法律不能要求人们去从事难以做到的事情。

2.（2006 年司法考试）20 世纪 90 年代初，传销在中国内地流行时，法律法规对此没有任何具体规定。当时，执法机关和司法机关对这类案件的处理往往依据《民法通则》第 7 条。该条规定：“民事活动应当尊重社会公德，不得损害社会公共利益，破坏国家经济计划，扰乱社会经济秩序。”这说明法律原则有哪些作用？（ ）

A. 法律原则具有评价作用；

B. 法律原则具有裁判作用；

C. 法律原则具有预测作用；

D. 法律原则具有强制作用。

第十章　法的创制

学习要点

了解·识记：立法的概念、特点，法律编纂与法律汇编，法的效力

理解·应用：立法权的分类，立法的程序；立法技术，法的效力范围

法的创制，即立法，是国家机关的专有活动和基本职能，是随着国家的产生和发展而出现和发展起来的，并且日益完善和制度化。立法是法治的重要内容，制定完备而良善的法律是进行法治建设的前提和基础。

学术前沿

在法理学中，使用“创制”多是在“法的创制”一语中。“法的创制”指的就是立法①。辞海中并没有“创制”的词条，只有“创”，即“创始，首创”。《现代汉语词典》中“创制”的解释是“初次制定（多指法律、文字等)”。从检索情况看，地方立法理论和实务界使用“创制性立法”、“创制性法规”的数量都很多。关于创制性立法的含义，有学者从地方立法目的或者地方性法规权限角度作了界定，观点并不一致。

第一节　立法概念

一、立法的概念

立法是指一定的国家机关依照法定职权和程序，制定、修改和废止法律和其他规范性法律文件及认可法律的活动，是将一定阶级的意志上升为国家意志的活动，是对社会资源、社会利益进行第一次分配的活动。

立法具有如下特点：

第一，立法是以国家名义进行的一项专门职能活动，是国家履行职能的主要方式之一，其目的是为了实现对国家和社会生活的有效调控。法与国家是紧密联系的，法离不开国家，国家也离不开法。国家是凌驾于社会之上的公共权力机关，统治阶级的意志要上升为法律，必须通过国家意志的形式表现出来，并依靠国家强制力的维持才能得以实施。

第二，立法是一定国家机关依照法定职权和程序进行的活动。法的制定是有权的国家机关在法定的职权范围内按照法定的程序进行的，只有这样，才能防止立法者的主观任性或专断。现代社会的法律创制不是个人意志的体现，而是一种普遍的，共同意志的

① 周旺生：《立法学》，法律出版社，1998年版，第85～86页。

表达、反映和集中过程。并且，由于现代立法的复杂性和专门性，不经过一定的法定程序，立法或者不能准确地表达民意，或者会出现一些难以防止的技术性纰漏。因此，依照法定程序进行法的创制活动，更符合现代立法的要求。

第三，立法是产生具有规范性、国家强制性的普遍行为规则的活动。立法的特征在于它是直接产生法和变动法的活动。其他国家活动尤其是现代国家活动，大多也是由特定的主体依据一定职权和程序进行的，但除却立法之外，所有国家活动都不具有直接产生法和变动法的特征。立法作为产生和变动法的活动，它还是一项系统工程，包括制定法、认可法、修改法、补充法和废止法等一系列活动。立法是针对普遍性的行为制定具有普遍约束力的法律规范。它表明立法制定的规范具有普遍性。立法制定的规范具有普遍性，不仅表现在效力空间和使用对象的广泛上，而且还表现于时间的延续性和前瞻性上。

第四，立法是以一定的客观经济关系为基础的人们的主观意志活动，并且受到其他社会因素的影响，是对有限的社会资源进行制度性的分配，是对社会资源的第一次分配，反映了社会的利益倾向性。立法是对社会进行权威的、有效的资源分配、财富分配，通过权利、义务的分配，从而实现社会控制、社会调整，实现社会动态平衡。

经典摘录

立法者应该把自己看做一个自然科学家。他不是在创造法律，不是在发明法律，而仅仅是在表述法律，他用有意识的实在法把精神关系的内在规律表现出来。如果一个立法者用自己的臆想来代替事情的本质，那么人们就应该责备他极端任性。（马克思：《论离婚法草案》，《马克思恩格斯全集》第 1 卷，人民出版社，1995 年版，第 347 页。）

二、广义的立法与狭义的立法

立法的概念有广义与狭义两种理解。

广义上的立法概念，泛指一切有权的国家机关依法制定各种规范性法律文件的活动，它既包括国家最高权力机关及其常设机关制定宪法和法律的活动，也包括有权的地方权力机关制定其他规范性法律文件的活动，还包括国务院和有权的地方行政机关制定行政法规和其他规范性法律文件的活动。

狭义上的立法概念，是指国家立法权意义上的概念，仅指享有国家立法权的国家机关的立法活动，即国家的最高权力机关及其常设机关依法制定、修改和废止宪法与法律的活动。

随堂思考

据于我国《立法法》，对一般意义上的“法律”外延只作广义与狭义两种区分。广义的法律包括法律、行政法规、地方性法规等 8 类规范性文件；狭义的法律仅指全国人大及其常委会制定、修改与解释的，以“法”、“决定”、“修正案”等名称呈现的法律规范性文件。

第二节　立法体制与立法原则

一、立法体制

立法体制（legislative system），是关于一个国家立法权限的划分、立法机关的设置和立法权的行使等各项制度的总和，其核心是立法权限的划分。国家的性质决定了一国的立法体制的性质，国家的结构形式也影响着一国的立法体制。

我国现行的立法体制是一种"一元、两级、多层次"的立法体制。"一元"是指根据我国宪法规定，我国是一个单一制的、统一的多民族国家，因此我国的立法体制是统一的、一元化的，全国范围内只存在一个统一的立法体系，不存在两个或两个以上的立法体系。"两级"是指根据宪法规定，我国立法体制分为中央立法和地方立法两个等级。"多层次"是指根据宪法规定，不论是中央立法，还是地方立法，都可以各自分成若干个层次和类别。

立法体制包括立法权限的划分、立法机关的设置和立法权的行使等各方面的制度，主要为立法权限的划分。

随堂思考

我国是统一的、单一制的国家，各地方经济、社会发展又很不平衡。与这一国情相适应，在最高国家权力机关集中行使立法权的前提下，为了使我们的法律既能通行全国，又能适应各地方千差万别的不同情况的需要，在实践中能行得通，宪法和立法法根据宪法确定的"在中央的统一领导下，充分发挥地方的主动性、积极性"的原则，确立了我国的统一而又分层次的立法体制。这种分层次的立法体制又是怎样体现和保证法制统一的呢？

二、立法权的分类

立法权（legislative power）是一定的国家机关依法享有制定、修改、废止法律等规范性文件的权力，是国家权力体系中最重要、核心的权力。

学术前沿

对于立法权的含义，学界有不同的看法。有的学者认为，"立法权是指特定国家机关依法享有的产生与变更法的一种国家权力。"有的学者认为，"立法权是由特定国家机关行使的，在国家权力体系中占据特殊地位的，用来制定、认可和变动法的综合性权力体系。"这类理解，在立法权的主体上，突破了第一种观点的局限，认为立法权非由立法机关专有，只要"特定国家机关"有法律依据（特别是宪法依据），均可成为立法权的主体。据此解释，行政机关制定行政法规的权力属于"立法权"，司法机关（主要是英美法系的法官）创设判例的权力，也可称为"立法权"。

根据享有立法权的主体和形式的不同，立法权可以划分为国家立法权、地方立法权、行政立法权、授权立法权等。

国家立法权，是由一定的中央国家权力机关行使，用以调整基本的、带全局性的社会关系，在立法体系中居于基础和主导地位的最高立法权。比如，全国人大及其常委会制定法律，即是在行使国家立法权。

地方立法权，是由地方有权的地方国家权力机关行使的立法权。享有地方立法权的地方权力机关可以是单一层次的，也可以是多层次的。比如，江苏省人民代表大会制定地方性法规，即是在行使地方立法权。

行政立法权，是源于宪法，由国家行政机关依法行使的，低于国家立法权的一种独立的立法权，包括中央行政立法权和地方行政立法权。比如，国务院制定行政规章、北京市人民政府制定规章，即是在行使行政立法权。

授权立法权，又称委托立法权或委任立法权，是有关的国家机关由于立法机关的授权而获得的，在一定期限和范围内进行立法的一种附属立法权。比如，国务院和经济特区所在的省人大及其常委会根据全国人大的授权进行立法，即是在行使授权立法权。

经典摘录

立法权应该存在于或已经存在于国家制度之前和国家制度之外。立法权应该存在于现实的、经验的、确立了的立法权之外。……立法权并不创立法律，它只披露和表述法律。（马克思：《黑格尔法哲学批判》，《马克思恩格斯全集》第3卷，人民出版社，2002年版，第70、74页。）

当代中国是单一制国家，根据我国宪法的规定，我国的立法体制是一元性的立法体制，全国只有一个立法体系；同时又是多层次的。

在我国，根据宪法规定，全国人民代表大会及其常委会行使国家立法权，制定法律；国务院根据宪法和法律制定行政法规，国务院下属的部委根据法律和行政法规，制定规章；省、直辖市的人民代表大会及其常委会在不同宪法、法律、行政法规相抵触的前提下，可以制定地方性法规；民族自治地方的人民代表大会有权依照当地民族地区的政治、经济和文化的特点，制定自治条例和单行条例；省、自治区的人民政府所在地的市和经国务院批准的较大的市的人民代表大会及其常委会不同宪法、法律、行政法规和本省、自治区的地方性法规相抵触的前提下，可以制定地方性法规；省、自治区、直辖市人民政府及省、自治区的人民政府所在地的市和经国务院批准的较大的市的人民政府，可以根据法律和国务院的行政法规，制定规章。

随堂思考

目前为止，一般地方的立法权主要包括：（1）制定和变动地方性法规；（2）制定和变动地方政府规章；（3）根据授权立法；（4）其他。除此以外，地方立法制度尤其是立法权限划分制度和地方人大会议制度等是否还有待完善？

三、立法原则

立法原则是指导立法主体进行立法活动的基本准则，是立法过程中应当遵循的指导思想。

我国《立法法》规定的立法原则有以下几种。

（一）立法应当遵循宪法的基本原则，即合宪性与合法性原则

立法的合宪性与合法性原则要求一切立法活动都必须以宪法为依据，符合宪法的精神；立法活动都要有法律根据，立法主体、立法权限、立法内容、立法程序都应符合法律的规定，立法机关必须严格按照法律规范的要求行使职权，履行职责。

（二）立法应当依照法定的权限和程序，即原则性与灵活性相结合原则

在立法中要做到原则性和灵活性相结合，恰当处理各种关系，注意各方面的平衡；重视立法技术、方法，提高立法的质量。

（三）立法应当体现人民的意志，即民主立法原则

立法应当体现广大人民的意志和要求，确认和保障人民的利益；应当通过法律规定，保障人民通过各种途径参与立法活动，表达自己的意见；立法过程和立法程序应具有开放性、透明性，立法过程中要坚持群众路线。

（四）立法应当从实际出发，科学合理地规定权利与义务、权力与责任，即实事求是、从实际出发原则

立法应当尊重社会的客观实际情况，根据客观需要反映客观规律的要求，要以理性的态度对待立法工作，注意总结立法现象背后的普遍联系，揭示立法的内在规律，避免主观武断，感性用事。

第三节　立法程序与立法技术

一、立法程序的含义

立法程序，是指特定的国家机关制定、修改和废除法律和其他规范性法律文件及认可法律的法定步骤和方式。我国的立法法对全国人民代表大会及其常务委员会的立法程序进行了基本的规定，全国人民代表大会及其常务委员会的立法程序主要有以下四个步骤，即法律议案的提出、法律案的审议、法律的表决和通过、法律的公布。

二、立法程序的一般步骤

（一）法律议案的提出

提出法律议案，又称立法议案、法律案，是立法程序的开始。法律议案是指依法享有法律议案提案权的机关或个人向立法机关提出的关于制定、修改、废止某项法律的正式提案。法律议案一经提出，立法机关就要列入议事日程，进行正式审议和讨论。

提出法律议案的关键是谁享有法律议案的提案权。在我国，根据宪法和法律的规定，下列个人和组织享有向最高国家权力机关提出法律议案的提案权：

一是全国人大代表和全国人大常委会的组成人员。依法律规定，全国人大代表30人以上或一个代表团可以提出法律议案。全国人大常委会委员10人以上可以向全国人大常委会提出法律议案。

二是全国人大主席团、全国人大常委会可以向全国人大提出法律议案。全国人大各专门委员会可以向全国人大或全国人大常委会提出法律议案。

三是国务院、最高人民法院、最高人民检察院可以向全国人大或全国人大常委会提出法律议案。

（二）法律案的审议

法律案的审议是指立法机关对已经列入议事日程的法律案正式进行审查和讨论。

全国人民代表大会对法律案的审议，一般经过两个阶段：一是由全国人大有关专门委员会进行审议，其中包括对法律案的修改、补充；二是立法机关全体会议的审议。

法律案审议的结果有以下几种：一是提付表决；二是搁置；三是终止审议。

（三）法律的表决和通过

法律的表决和通过是立法机关以法定多数对法律案所附法律草案表示最终的赞同，从而使法律草案成为法律。这是法的制定程序中具有决定意义的一个步骤。表决时除了通过外，还可能产生另外一种结果，就是没有获得法定数目以上人的赞同，即不通过。

我国宪法规定，宪法的修改由全国人民代表大会以全体代表 2/3 以上的多数通过。法律案所附法律草案要经过全国人大或全国人大常委会以全体代表的过半数通过。通过法律的方式有公开表决和秘密表决两种。

（四）法律的公布

法律的公布是指立法机关或国家元首将已通过的法律以一定的形式予以公布，以便全社会遵守执行。法律的公布是立法程序中的最后一个步骤，它是法律生效的前提。法律通过后，凡是未经公布的，都不能发生法的效力，从而无法在社会生活中发挥作用。未经证实公布的“法律”，不为人们所知晓，就不具有普遍约束力，也不可能得到人们的普遍遵守。

根据我国《立法法》的规定，不同层次的各级立法机关及其在其立法权范围内制定规范性文件和相应的公布机关见表 10－1：

表 10－1

规范性文件	制定机关	公布机关
宪法修正案	全国人大	全国人大
法 律	全国人大及其常委会	国家主席签署主席令公布
法律的立法解释	全国人大及其常委会	全国人大常委会
行政法规	国务院	总理签署国务院令公布
地方法规	省级人大制定	省级人大主席团
	省级人大常委会制定	省级人大常委会
	较大市的人大及其常委会	批准后由较大的市人大常委会公布
自治条例和单行条例	民族自治地方的人民代表大会	批准后由相应的人大常委会公布
规 章	国务院各部委及省级人民政府	相应的行政首长签署命令予以公布

三、立法技术

立法技术是指立法活动过程中所应体现和遵循的有关法律的制定、修改、废止和补充的技能、技巧规则的总称。这里仅介绍宏观立法结构技术的规范性法律文件的规范化和系统化。所谓规范性法律文件，是指有权制定法律规范的国家机关发布的属于法律渊源的文件。规范性法律文件的规范化和系统化具体指以下几种。

（一）规范性法律文件的规范化

规范性法律文件的规范化是指立法主体在制定法律、法规时必须符合一定的要求，必须按照一定的规格来进行。

强调规范化的意义在于：有助于法制的统一；有助于建立和谐一致的法律体系；有助于改善立法工作，提高立法工作质量。

（二）规范性法律文件的系统化

规范性法律文件的系统化，是对已制定的规范性文件进行系统的整理、分类和加工。规范性法律文件系统化的方式有两种：

第一种是法律汇编，即将有关规范性法律文件按照一定的标准予以排列，编辑成册，不改变文件的内容，也不是制定法律。第二种是法律编纂，即对属于某一部门法或某类法律的全部规范性文件加以整理补充、修改，甚至在此基础上制定一些新的系统化法律。二者的区别在于，法律编纂是立法活动，而法律汇编并不是立法活动。

随堂思考

对法律汇编与法典编纂之间区别的理解，可以有多种角度。下列哪些表述准确地揭示了二者之间的区别？（　）

A. 法律汇编既可以由个人进行，也可以由社会团体乃至国家机关进行；法典编纂只能由国家立法、执法和司法机关进行；B. 法律汇编是为了形成新的统一的规范性法律文件；法典编纂是将不同时代的法典汇编成册；C. 法律汇编可以按年代、发布机关及涉及社会关系内容的不同，适当地对汇编的法律进行改变；法典编纂不能改变原来法律规范的内容；D. 法律汇编不属于国家机关的立法活动；法典编纂是一种在清理已有立法文件基础上的立法活动

第四节　法的效力

一、法的效力的含义

法的效力，即法的约束力，指人们应当按照法律规定的那样行为，必须服从。一般而言，法的效力来自于制定它的合法程序和国家强制力。法律有效力，意味着人们应当遵守、执行和适用法律，不得违反。

学术前沿

法的效力能否成立，在学术界是有争议的。按照实证法学派的观点，法的效力是否有根据，要看法是否来自于立法机关或有立法权的机关。如果是，这个法就有效力。非实证法学派认为，看一个法是否有法的效力，不仅要看它是否来自于立法机关或者有立法权的机关，也要看它是否符合社会道德，是不是来自社会生活的需要，如果符合社会道德、来自社会生活需要就是有效力的；如果违背，这个法就是恶法，就不是法，就不可能有法的效力。

法的效力有广义和狭义之分。狭义的法的效力，即规范性法律文件的效力，是指法律的生效范围或适用范围，即法律对什么人、什么事、在什么地方和什么时间有约束力。广义上的法的效力还包括了非规范性法律文件的效力，即判决书、裁定书、逮捕证、许可证、合同等的效力。这些文件在经过法定程序之后也具有约束力，任何人不得违反。但是，非规范性法律文件是适用法律的结果而不是法律本身，因此不具有普遍约束力，所以一般意义上的法的效力，是狭义的法的效力。

二、法的效力范围

法是调整人们行为的规范，而人的行为都是具有一定事实内容，并在一定的时间和

空间中从事的，所以法的效力范围可以分为三种，或称为三个效力范围：对人的效力、空间效力、时间效力。

（一）法对人的效力

法对人的效力，是指法适用于什么人，即对哪些人具有约束力。

在世界各国的法律实践中，先后采用过四种对人的效力原则：

一是属人原则，即法律只适用于本国公民，不论其身在国内还是国外；非本国公民即便身在该国领域内也不适用。

二是属地原则，即法律适用于该国管辖地区内的所有人，不论是否本国公民，都受法律的约束和保护。

三是保护主义原则，即以维护本国利益作为是否适用本国法律的依据，任何侵害了本国利益的人，不论其国籍和所在地域，都要受该国法律的追究。

四是综合主义原则，即以属地主义为主，与属人主义、保护主义相结合。这是近代以来多数国家所采用的原则。我国也是如此。

根据我国法律，对人的效力包括两个方面：

一是对中国公民的效力。中国公民在中国境内适用中国法律，中国公民在中国境外也应遵守中国法律并受中国法律保护，但须考虑中国法律与所在国法律的关系问题。

二是对外国人和无国籍人的效力。对在中国境内的外国人和无国籍人，除法律另有规定外，适用中国法律；对外国人和无国籍人在中国境外对中国国家和公民犯罪的，按中国刑法应处 3 年以上有期徒刑的，可适用中国刑法，但按犯罪地法律不受处罚的除外。

（二）法的空间效力

法的空间效力，是指法在什么地方适用和有效。一般说来，一国法律在该国主权所及范围内有效。一国主权所及范围包括领土、领水及其底土及领空，还包括延伸意义上的领土，如驻外使馆、在外船舶及航空器。

随堂思考

下列哪些规范性法律文件在全国范围内有效？（ ）

A. 国务院《期货交易管理条例》；B.《香港特别行政区基本法》；C. 天津市人大常委会《天津市信访工作若干规定》；D. 中国银监会《商业银行信息披露办法》

（三）法的时间效力

法的时间效力，是指法何时生效、何时终止效力以及法对其生效以前的事件和行为有无溯及力。

1. 法的生效时间

法律的生效时间主要有三种：(1) 自法律公布之日起生效；(2) 由该法律规定具体生效时间；(3) 规定法律公布后符合一定条件时生效。

法律的公布是法律生效的前提。未经公布的法律必然不具有法律效力，但是要注意公布了的法律不一定有效，这是因为法律公布只是法律生效的必要条件而非充分条件。

2. 法的失效时间

法的失效是指法的效力终止或法的废止，表示法律失效的方式通常有两类：

一是明示的废止，即在新法或其他法律文件中明确废止旧法。二是默示的废止，即在法律适用中，出现新法与旧法冲突时，适用新法而旧法事实上被废止，或者上位法与下位法不一致的，适用上位法的规定而使下位法事实上被废止。法谚所谓“新法优于旧法，后法优于前法，后法废止前法”，即是此意思。

法律的终止效力，我国一般有以下几种情况：

（1）新法公布实施生效后，原有的相同内容的法自行失去效力；

（2）新法中明文宣布原有的相同内容的法自新法生效之日起终止效力；

（3）有权的国家机关颁布决定、命令等专门的法律文件，宣布某法失效（废除或修改其中某些条款使旧条款失效）；

（4）在法中明文规定该法的有效期限，期限届满时，该法即自行终止效力；

（5）某些法律因其历史任务业已完成，其所依据的特定条件已消失或其所调整的社会关系不复存在而自然失效。如新中国成立初期的《土地改革法》、《合作化法》等。

3. 法的溯及力

法的溯及力，也称法溯及既往的能力，是指法对其生效以前的事件和行为是否适用。如果适用，就具有溯及力；如果不适用，就没有溯及力。

关于法律的溯及力问题，一般通行两个原则：首先是“法律不溯及既往”原则。“法律不溯及既往”是一项基本的法治原则。通俗地讲，就是不能用今天的规定去约束昨天的行为，即国家不能用现在制定的法律指导人们过去的行为，更不能由于人们过去从事某种当时是合法而现在看来是违法的行为，而依照现在的法律处罚他们。其次，从我国目前有关法律溯及既往的原则的规定，一般采用“不溯及既往”的原则。作为“法律不溯及既往”原则的补充，法律规范的效力可以有条件地适用于既往的行为。具体表现在，法律不溯及既往原则在公法和私法领域都有“例外”，即某些法律在某些情况下是可以溯及既往的，例如在涉及公共利益的情况下。法律之所以可以溯及既往，最重要的是因为其要在公权力和私权利之间保持平衡。既判从旧原则也是法律不溯及既往的体现，是对法院裁判的既判力的尊重。程序法不创造新的权利和义务，只是提供法律救济和实现权利（或权力）的方法和途径，因此以溯及既往为原则。

学术前沿

在现在的法律制度中，一般的法没有溯及既往的效力，除非是涉及战争、和平、基本人权等重大主题、重大事项上，可以追溯既往。我国原来是一个法律可以溯及既往的国家，如1950年颁布的《镇压反革命条例》、1983年的“严打决定”。1997年修订《刑法》的时候，废除了刑法方面溯及既往的制度。到2000年制定《立法法》的时候，全面规定法律、法规、规章不得溯及既往，但是为了保护公民组织的特定的权益可以有例外。

“法律不溯及既往”是法治国家对法的内在要求。法律是行为和裁判的标准，应该具有确定性和可预测性；溯及既往性法律破坏了法律的确定性和可预测性。溯及既往性法律会导致国家权力的滥用和扩张，从而侵犯公民的基本权利。如我国《立法法》第

84 条就规定，法律、行政法规、地方性法规、自治条例和单行条例、规章不溯及既往，但为了更好地保护公民、法人和其他组织的权利和利益而作的特别规定除外。因此，法无溯及力的原则表现在国家不能用现在制定的法律指导人们过去的行为，更不能用现在的法律处罚人们过去从事的当时是合法而现在是违法的行为，以限制行政权力的扩张与滥用，维护社会秩序的稳定性，保护人们期待的信赖利益。

随堂思考

为什么现代法治国家普遍接受法律不溯及既往原则？

三、法的效力层级

法的效力层级，也称法的效力位阶或法的效力等级，指的是同一个国家的法律体系中的各种法的渊源，由于制定的主体、程序、时间、适用范围等的不同，而具有不同的效力，形成法的效力等级体系。

由于正式的法的效力具有层次或等级划分，因而其效力当然具有层次或等级性，法的效力之间也必然会发生冲突。处理法的效力层级之间的冲突主要应遵循以下原则。

（一）同一层级、同一位阶、同一种类的法的效力的冲突解决原则

第一，宪法至上原则。即在各级法律渊源中，宪法具有最高效力。根据我国《立法法》第 78 条的规定，“宪法具有最高的法律效力，一切法律、行政法规、地方性法规、自治条例和单行条例、规章都不得同宪法相抵触。”

第二，上位法优于下位法原则。即在效力较高的规范性法律文件与效力较低的规范性法律文件相冲突的情况下，应当适用效力较高的规范性法律文件。该原则主要适用于位阶具有高低之分的规范。根据我国《立法法》第 79 条的规定，“法律的效力高于行政法规、地方性法规、规章。行政法规的效力高于地方性法规、规章。”第 80 条的规定，“地方性法规的效力高于本级和下级地方政府规章。省、自治区的人民政府制定的规章的效力高于本行政区域内的较大的市的人民政府制定的规章。”第 82 条的规定，“部门规章之间、部门规章与地方政府规章之间具有同等效力，在各自的权限范围内施行。”

第三，特别法优于一般法原则。一般法（一般规定）是指在时间、空间、对象以及立法事项上作出的一般性规定的法律规范，特别法（特别规定）则是适用于特定时间、特定空间、特定主体（或对象）、特定事项（或行为）的法律规范。该原则主要适用于在同一位阶的规范。“特别法优于一般法”是世界各国普遍确立的司法适用的一项基本原则，我国《立法法》第 83 条规定，“同一机关制定的法律、行政法规、地方性法规、自治条例和单行条例、规章，特别规定与一般规定不一致的，适用特别规定。”

“特别法优于一般法”，是与“上位法优于下位法”、“后法优于前法”相并列的法律基本适用规则之一。我国《立法法》第 83 条规定，既是我国法律首次对“特别法优于一般法”规则的明文确认，也是首次对“特别法优于一般法”规则适用条件的设定。

第四，新法优于旧法原则。新法与旧法是以法律的生效时间先后为标准来分类的。“新法优于旧法”法律适用规则仅适用于同一机关制定的法律规范之间。《立法法》第 83 条规定：“同一机关制定的法律、行政法规、地方性法规、自治条例和单行条例、规章……新的规定与旧的规定不一致的，适用新的规定。”这确立了我国司法实践中法律适用的一项基本规则即“新法优于旧法”（或者说新的规定优于旧的规定）的规则。新

法优于旧法规则也称后法优于先法规则，其基本含义是，当新法（新的规定）和旧法（旧的规定）对同一事项有不同规定时，新法（新的规定）的效力优于旧法（旧的规定），在新的法律生效后，与新法内容相抵触的原法律内容终止生效、不再适用。

随堂思考

在“新法优于旧法”、“特别法优于一般法”适用规则发生竞合时，司法机关应选择适用其中一项规则，在不能确定适用时，应如何处理呢？

（二）不同层级、不同种类、不同位阶出现交叉时的效力的冲突解决原则

根据我国《立法法》第 81、86 条的规定，中国现期不同层级和种类的法，如果发生冲突，其处理原则如下：

（1）自治条例和单行条例依法对法律、行政法规、地方性法规作变通规定的，在本自治地方适用自治条例和单行条例的规定。

（2）经济特区法规根据授权对法律、行政法规、地方性法规作变通规定的，在本经济特区适用经济特区法规的规定。

（3）地方性法规、规章之间不一致时，由有关机关依照下列的规定的权限作出裁决：①同一机关制定的新的一般规定与旧的特别规定不一致时，由制定机关裁决。②地方性法规与部门规章之间对同一事项的规定不一致，不能确定如何适用时，由国务院提出意见，国务院认为应当适用地方性法规的，应当决定在该地方适用地方性法规的规定；认为应当适用部门规章的，应当提请全国人民代表大会常务委员会裁决。③部门规章之间、部门规章与地方政府规章之间对同一事项的规定不一致时，由国务院裁决。④根据授权制定的法规与法律规定不一致，不能确定如何适用时，由全国人民代表大会常务委员会裁决。

（4）根据授权制定的法规与法律规定不一致，不能确定如何适用时，由全国人民代表大会常务委员会裁决。

深入阅读

1. 周旺生：《立法学》，法律出版社，2004 年版。

2. 郭道晖、周旺生、王晨光主编：《立法——原则·制度·技术》，北京大学出版社，1994 年版。

3. 蔡定剑：《国外议会及其立法程序》，中国检察出版社，2002 年版。

4. 马怀德：《中国立法体制程序与监督》，中国法制出版社，1999 年版。

5. 张根大：《法律效力论》，法律出版社，1999 年版。

课后思考

1.（2010 年司法考试）司法审判中，当处于同一位阶的规范性法律文件在某个问题上有不同规定时，法官可以依据下列哪些法的适用原则进行审判？（　）

A. 特别法优于一般法；

B. 上位法优于下位法；

C. 新法优于旧法；

D. 法溯及既往。

2. (2009年司法考试)关于法律、行政法规、地方性法规、自治条例和单行条例、规章的适用,下列哪些选项符合《立法法》规定?( )

A. 同一机关制定的特别规定与一般规定不一致时,适用特别规定;

B. 法律、行政法规、地方性法规原则上不溯及既往;

C. 地方性法规与部门规章之间对同一事项的规定不一致不能确定如何适用时,由国务院裁决;

D. 根据授权制定的法规与法律规定不一致不能确定如何适用时,由全国人大常委会裁决。

3. 根据宪法、立法法、地方各级人民代表大会和地方各级人民政府组织法的规定,下列哪些机关在不同宪法、法律、行政法规相抵触的前提下,可以制定地方性法规?( )

A. 省、自治区、直辖市人民代表大会及其常务委员会;

B. 省、自治区人民政府所在地的市人民代表大会及其常务委员会;

C. 经国务院批准的较大的市人民代表大会及其常务委员会;

D. 经济特区所在地的市人民代表大会及其常务委员会。

4. 王某是成都市某公司的环卫工人。2006年3月19日,她正在清扫路面时,一辆货车从她身后疾驰而来将她撞飞致死。经交警认定:货车驾驶员承担事故全部责任。据此,肇事车主向陈某(死者丈夫)支付了有关王死亡的赔偿金、丧葬费及交通费共81000元。事后,经成都市劳动与社会保障局认定,王某是因工身亡。陈某拿到妻子工伤认定书后,随即找到某公司,要求该公司按工伤保险条例相关规定,再支付妻子丧葬补助金等数万元。这一要求遭到拒绝。陈某随即向成都市劳动仲裁委申诉,要求该公司再行支付妻子工亡补助金等共计10.701万元。仲裁委裁定该公司增补死亡补助金7735元。陈某不服仲裁,一纸诉状将该公司告上成都市成华区人民法院,尚未判决。(选自《法制日报》2007年5月15日第四版,记者马利民、张晓东的报道《车祸工伤无法“双份赔”惹争议》)

请运用法的创制中法的效力层级发生冲突时的解决方法,分析此案中法官应该如何选择?

第十一章　法的实施

学习要点

了解·识记：法的实施，执法、司法、守法的含义及特点，我国现行司法体制，法律监督

理解·应用：守法的具体要求，执法与司法的联系与区别，当代中国司法的基本要求和原则

法律是实践的产物，时刻处于运动之中。法律作为规范在创制出来以后，在实施前只是处于应然的、静止的状态，是一种书本上的法律。

法的实施，是指国家、社会和个人实施法律，将书本上的法律转化为“行动中的法”，从应然走向实然的过程及活动。法律实施的目的是达到法的实效。法的实效是指法律被人们实际施行的状态和程度。法的实施偏重于描述过程，而法的实效偏重于描述结果。法的实现指法的要求在社会生活中被转化为现实，是法的实施的过程性与法的实效的结果性相结合的概念。

法律实施能否达到法的实效，决定于法律本身是否具有合理性、法律制度的整体有效性，以及法律实施的国家、社会背景因素。按照现行的主流观点，根据实施过程的主体与方式的不同，法的实施可分为执法、司法、守法。

第一节　执　法

一、执法的概念与特征

执法，或称法的执行。执法一词的含义具有开放性，在不同场合具有不同的具体含义。广义的执法，是指国家行政机关、司法机关和法律授权、委托的组织及其公职人员，依照法定职权和程序，贯彻实施法律的活动，即包括一切执行法律、适用法律的活动。如“执法办案是人民法院第一要务”即是在这一意义下的理解。狭义的执法，仅是指国家行政机关和法律授权、委托的组织及其公职人员在行使行政管理权的过程中，依照法定职权和程序，贯彻实施法律的活动。这种意义上的执法包括行政立法、进行抽象行政行为、行政决策、行政裁决等活动。法理学主要讨论的是狭义的执法概念。

狭义的执法是指行政机关和法律授权、委托的组织及其公职人员采取直接影响行政相对人权利义务的具体行为，或对行政相对人权利义务履行情况进行监督检查的行为。“行政执法”一词通常是在这个意义下使用的。

执法是法律实施的重要组成部分。按照我国宪法及政治学理论，行政机关是国家权力的主要执行机关。从绝对数量上来看，国家的法律和其他规范性法律文件主要是通过国家行政机关的执法活动贯彻执行的。现代社会，执法活动涉及的领域十分广泛，在社

会生活中发挥的作用也越来越重要，是最普遍的实施法律的活动，对于建设法治国家具有十分重要的意义。

执法具有如下的特征：

第一，执法的主体是国家行政机关及其公职人员和法律授权、委托的组织及其公职人员。执法权是宪法和法律赋予行政机关的职权，中央人民政府（国务院）、地方各级人民政府及其下属部门是行使执法权的主体。法律授权的组织如学校等单位，在法律授权范围内执行法律。

第二，执法具有国家强制性和权威性。现代社会方方面面社会生活的组织与管理，都需要有相应的法律来规范。为了防止社会失序和行政权失控，进行社会管理的行政机关必须严格依照立法机关事先制定的法律对社会进行管理，实施法律。行政机关执行法律的过程就是代表国家进行社会管理，行使执法权的过程，社会大众应当服从。

第三，执法范围具有广泛性。执法是以国家名义对社会实行全方位的组织和管理的行为，因而也就决定了行政执法内容的广泛性。从我国现阶段的实践来看，行政执法不仅涉及公安、工商、税务、海关、文化、卫生、环保、城建、交通等众多领域，而且还广泛地涉及科技、教育、农业等诸多行业。随着社会的不断发展，行政执法所涉及的内容将更加广泛。

第四，执法具有主动性和单方面性。国家行政机关执行法律，既是职权，也是职责，通常都应采取积极主动的行动去履行职责，一般不需要以当事人的请求为前提（法律另有规定的除外）。如果不主动执法并因此给国家或社会造成损失，就构成失职，要承担法律责任。执法行为虽然是双方或多方的行为，但仅以行政机关单方面的决定而成立、生效，不需要行政相对人的同意，具有单方面性。

第五，执法程序具有效率性。在执法的程序设计上，更强调迅速、简便、快捷的价值取向。执法同样要追求公正，坚持公开、公正、公平原则，但总体上更注重效率，这与司法程序形成了较为明显的对比。

随堂思考

四川各地各相关党政部门、社会团体积极构建化解社会矛盾纠纷的“大调解”体系，旨在调解矛盾、化解民怨、维护民利，并提出了“调解就是执法、调解就是服务、调解就是管理”的口号。请结合本书对执法的概念与特征的讨论，分析“调解就是执法”这一口号，并谈谈你的看法。

二、执法的体系

执法体系是指由具有不同职权的行政机关或行政机关授权组织，为执法而互相分工、相互配合的有机整体。研究执法体系的意义在于区分不同执法主体的执法职权范围，了解不同执法主体执法活动的地位与效力。

我国的执法主体包括：

国务院及其职能部门。国务院有权制定行政法规，规定行政措施，发布行政决定和命令。国务院职能部门可以依照法律、行政法规的规定制定行政规章。

地方政府及其职能部门。在相应的地方行政区域内管理行政事务，确保宪法、法律、行政法规及地方性法规在本区域的贯彻实施。

依法授权、委托社会组织。依据法律的具体授权而行使特定行政职能的社会组织，可以在一定范围内执行法律。主要包括：社会组织、社会团体、企事业单位、基层民众自治组织等。

我国的行政执法事务领域主要包括：公安、资源、城乡建设、计划生育、工商、商标、质量监督检验检疫、卫生、食品药品安全、农业、物价、环境保护、交通运输、信息电讯、邮政、专利、新闻出版、税务、金融、外汇、海关、财政、劳动和社会保障、审计、经贸、水利、旅游、烟草专卖、司法行政、民政、教育、文化、广播电视电影、统计、电力、国有资产、外资、盐业、体育、行政等。

三、执法的基本原则

执法的原则是指行政执法主体在执法活动中所应遵循的基本准则。我国的执法要求遵循的原则主要包括以下几个方面。

（一）合法性原则

执法的合法性原则也即依法行政原则，是法治原则在执法中的具体体现。国务院2004年印发的《全面推进依法行政实施纲要》明确要求："行政机关实施行政管理，应当依照法律、法规、规章的规定进行；没有法律、法规、规章的规定，行政机关不得作出影响公民、法人和其他组织合法权益或者增加公民、法人和其他组织义务的决定。"合法性原则是现代法治国家对执法的基本要求，也是执法最重要的一项原则。现代法治国家要求依法行政，保障行政活动的权威性，防止行政权力的滥用。

（二）合理性原则

执法的合理性原则是指执法主体在执法活动中，特别是在行使自由裁量权进行行政管理时，必须做到适当、合理、公正，即符合法律的基本精神和目的，具有客观、充分的事实根据和法律依据，与社会生活常理相一致。合理性原则具体包括：公平原则，即同等情况同等对待；比例原则，即要求在执法过程中，坚持执法手段与执法目的的妥当性、必要性、均衡性。

（三）效率原则

执法的效率原则是指在依法行政的前提下，行政机关对社会实行组织和管理的各种行为必须有助于确保效率，以尽可能低的成本取得尽可能大的收益，取得最大的执法效益。它要求行政机关严格遵循行政程序和时限、精简行政机构、注重成本效益分析方法。

（四）正当程序原则

执法的正当程序是指执法机关在实施行政执法行为的过程中必须遵循法定的步骤、方式、形式、顺序和时限，目的是使执法行为公平、公开、民主，保障公民、法人和其他组织的合法权益。它要求执法活动程序合法、公正、公开，并充分吸收当事人参与。

第二节　司　法

一、司法的概念和特征

司法又称法的适用，是法律实施的重要组成部分。它是国家司法机关依据法定职权和法定程序，具体应用法律处理案件的专门活动。在西方国家，司法主要是指法院审判活动；在我国，司法主要是指人民法院行使审判权、人民检察院行使检察权和法律监督权。司法的特征主要包括以下几个方面。

（一）法定性

司法是享有司法权的国家司法机关及其司法人员依照法定职权和法定程序，运用法律处理案件的专门活动，是以国家名义行使司法权的活动。因而司法权是由法定的国家机关和人员专门掌握和行使的国家权力。在我国，人民法院和人民检察院是依照宪法和法律行使司法权的专门机关。公安机关、国安机关、监狱管理机关等虽不是专门的司法机关，但依照法律规定的程序和权限行使刑事案件侦查权。除此之外的任何国家机关、社会组织和个人，都不得行使司法权。从微观层面上看，具体行使司法权的个体也应当符合职权法定的要求。并非司法机关的所有人员都有权具体行使司法权，如人民法院的审判权必须由被依法任命为审判员、助理审判员的法官具体行使，除此之外的辅助人员、行政人员、后勤人员，不得具体行使审判权。

（二）程序性

司法活动的终极目标是通过案件的处理，实现公正、公平的最终价值，正当、严格的程序是实现司法公正的基本条件。因此，严格的程序性是司法活动的重要特征，也是司法活动与行政执法活动的重要区别之一。按照我国现行法律，司法程序主要包括三大类型，即刑事司法程序、民（商）事司法程序、行政司法程序[①]。司法机关办理司法案件，必须按照法律规定的诉讼程序，依法进行。如果司法机关办案违反法定程序，就难以保证相关当事人的合法权益，也难以确保最终司法结果的公正和法律的正确适用。司法的程序性要求还表现在司法根据法律作出的各项决定，必须以符合法定样式的法律文书（判决书、裁定书、调解书、决定书等）加以确定。正因为严格的程序性要求，司法活动往往成为成本高昂、耗时较长的活动。

（三）权威性

司法是以国家名义运用法律处理案件，对违法行为、法律争议作出裁处，确保法律正确实施，所以司法活动必须以国家强制力和权威性为保障。因此司法机关对案件结果作出的裁决，引起相关主体法律关系的确认、产生、变更或者消灭，具有权威性和终局性效力。任何政党、国家机关、社会团体和个人都应当尊重司法活动的权威性，尤其是司法裁决的权威和终局效力。对司法机关作出的裁决不服，有关主体可依法上诉。但对于生效司法裁决，相关主体必须服从并予以执行，不得擅自修改和违抗。对于拒绝执行生效司法裁决行为，应当承担法律责任，同时司法机关有权依法采取强制手段，保障裁决得到执行。

二、司法与执法的联系与区别

司法和执法都是国家机关实施法律的活动，两者应当共同服务于社会的基本目标，促进法的实现。但两者也存在重要的区别，主要区别在于：

第一，主体不同。执法的主体是行政机关、依法授权、受委托的单位及其人员，从绝对数量上多于司法主体。而司法主体主要是各级人民法院、人民检察院及依法有权具体行使司法权的公职人员。

---

① 除此之外，《国家赔偿法》及其相关司法解释还确定了单独的国家赔偿（司法赔偿）审理程序。

第二，内容不同。执法是对社会进行全方位组织、协调、管理、服务的活动，涉及社会生活的各个方面，对象十分广泛。而司法主要是一种判断，即对违法犯罪和各种纠纷争端作出认定并依法处理。

第三，程序不同。虽然执法活动也要求程序合法，但执法高效便捷的要求使执法的正当程序设计相比司法而言要简便许多。司法活动对程序的要求更高，对相关当事人的程序权利保护更多，诉讼程序设计更加复杂、严密。

第四，主动性不同。执法具有较强的主动性和经常性，要求行政机关积极地依法行使职权，主动实施法律。而司法则需要保持必要的克制和被动，即在案件审理中坚持“不告不理”原则，在刑事侦查追诉活动中只有在违法犯罪行为发生后才启动相应的司法程序。

经典摘录

（司法权是一种消极性权力，）只有在请求它的时候，或用法律的术语来说，只有在它审理案件的时候，它才采取行动。……从性质来说，司法权本身不是主动的。要想使它行动，就得推动它。向它告发一个犯罪案件，它就惩罚犯罪的人；请它纠正一个非法行为，它就加以纠正；让它审查一项法案，它就予以解释。但是，它不能自己去追捕罪犯、调查非法行为和纠察事实。如果它主动出面以法律的检查者自居，那它就有越权之嫌。（托克维尔：《论美国的民主》，商务印书馆，1991 年版，第 110～111 页。）

三、我国现行司法体制

司法体制是国家司法机关和其他执行司法任务的机关在司法活动中的职能划分、组织结构、活动原则和工作内容等方面的制度、规定的总称。根据我国宪法和有关法律，当代中国的司法体制是：人民法院行使审判权，人民检察院行使检察权，公安机关、国家安全机关等机关行使侦查权，司法行政机关主要负责与司法有关的行政管理实务，其他有关单位和个人行使与司法有关的职能。

（一）人民法院

人民法院是国家的审判机关，依法行使审判权。人民法院的主要职责是依法审理各类刑事、民事、行政及其他案件，负责生效法律文书的强制执行。我国人民法院系统由基层人民法院、中级人民法院、高级人民法院和最高人民法院及各专门法院构成。上下级人民法院之间是法律监督、业务指导关系。地方各级人民法院对产生它的权力机关负责。

人民法院审判案件，实行合议制。除简单民事案件、轻微刑事案件和其他法律规定的案件可以由独任审判员审理外，应当组成合议庭进行审理。各级法院设立审判委员会，实行民主集中制，是一个法院内的最高审判组织。审判委员会的任务是总结审判经验，讨论重大、疑难案件和其他有关审判工作的问题。审判委员会就审判工作作出的决定，合议庭、独任审判员应当执行。最高人民法院作出的司法解释，必须经最高人民法院审判委员会讨论通过。

我国人民法院审判案件，实行两审终审制。地方各级法院作出的一审裁判，当事人可以依法上诉于上一级法院，检察院可以依法向上一级法院抗诉。法定期限内未上诉、抗诉的，一审裁判发生法律效力。上级法院作出的二审裁判，最高人民法院作出的一审裁判，都是发生法律效力的终审裁判。

（二）人民检察院

人民检察院是国家的法律监督机关，依法行使检察权。人民检察院的主要职责是对侦查机关侦查的案件进行审查，决定是否逮捕、起诉或者免予起诉；对于侦查机关的侦查活动是否合法，实行监督；对于刑事案件提起公诉，支持公诉；对于人民法院的审判活动是否合法，实行监督；对于直接受理的贪污贿赂、渎职侵权职务犯罪案件，进行侦查；对于刑事案件判决、裁定的执行和监狱、看守所、劳动改造机关的活动是否合法，实行监督。我国人民检察院系统由基层人民检察院、中级人民检察院、高级人民检察院和最高人民检察院及各专门检察院构成。上下级人民检察院之间是领导关系。地方各级人民检察院对产生它的权力机关和上级人民检察院负责。

（三）其他机关、机构

除人民法院、人民检察院这两大司法机关外，公安机关、司法行政机关等机关虽不是专门的司法机关，但依照法律的权限行使一部分司法权或者承担与司法活动有关的职能。

我国的公安机关是具体职能最多、最复杂的国家机关之一。它具有双重身份，除进行社会治安管理、交通管理、户籍管理、出入境管理、安全保卫等行政机关职能外，还对最广泛的刑事犯罪案件行使侦查权，但法律另有规定的除外。如人民检察院行使贪污贿赂、渎职侵权职务犯罪案件的侦查权，国家安全机关对危害国家安全的刑事案件行使侦查权，监狱机关对监狱内发生的刑事案件行使侦查权，军队保卫部门对军队内刑事案件行使侦查权。

我国司法行政机关并非司法机关，但承担着与司法活动有关的行政管理职能，如普及法律常识、司法考试、公证工作管理、律师工作管理、法律援助、监狱和劳教场所管理、人民调解、社区矫正等。

四、我国当代司法的基本要求和原则

司法并非是简单地机械适用法律的过程，而是通过公正、及时处断案件，权衡、调整各种社会利益关系，实现社会公平正义，维护最广大人民群众根本利益的过程。我国司法的基本要求是公正、高效、权威，这是我国人民司法本质的体现，也是评价司法社会效果与价值的基本标准。我国司法的基本原则主要有以下几个方面。

（一）司法公正

司法公正要求司法机关公正无偏地行使司法权，维护社会正义。司法公正是司法活动的首要原则。司法公正不仅是社会正义的重要组成部分，并且是社会正义的最后一道保障。司法自身存在的正当性基础，是司法活动应当坚持的首要要求。司法公正既包括程序公正，也包括实体公正，两者不可偏废。司法公正要求司法机关和司法人员避免成为案件利益相关者，公平地对待、权衡当事各方的诉求，公平地给予程序权利。在法律及相关规定的空白地带，必须依照公正公平的原则谨慎行使自由裁量权，确保司法公正。

经典摘录

一次不公的判决比多次不平的举动为祸尤烈。因为这些不平的举动不过弄脏了水流，而不公的判决则把水源败坏了。（培根：《论司法》，载《培根论说文集》，水天同译，商务印书馆，1983年版，第193页。）

（二）独立行使司法权

该原则要求司法权由司法机关专属行使，其他任何组织和个人无权行使；司法机关独立行使职权，不受行政机关、组织或个人的干涉；司法机关办理案件，必须严格按照法律规定，不得滥用职权。确立这一原则，有利于保障公平合法权利和自由，确保司法机关正常行使职权，是实现司法公正的重要前提。贯彻这一原则，要处理好党的领导与司法机关独立行使职权的关系；要处理好维护司法权威和对司法活动进行依法正确监督的关系；要深化司法体制和工作机制改革，从制度上确保审判权、检察权独立、依法行使。

（三）法律面前一律平等

该原则是宪法确立的基本原则在司法活动中的具体体现。其基本含义是，任何公民，无论民族、性别、宗教信仰、教育程度、财产状况等有何不同，都平等适用法律；其合法权益都受到法律的平等保护；任何公民违法犯罪，都平等地受到法律制裁，不得享有任何法外特权。贯彻这一原则，必须坚决反对一切形式的封建特权意识和思想。但贯彻这一原则不等于搞机械的平均主义，司法活动既要体现平等，也要实现实质正义。

（四）以事实为依据，以法律为准绳

该原则的目的在于使司法机关公正、及时、合法地处理案件，准确制裁违法犯罪行为，正确处理各类法律纠纷。以事实为依据，要求司法机关重事实和重证据，不得主观臆断，不轻信口供，严禁逼供。该原则是宪法确立的基本原则在司法活动中的具体体现，是依法治国的重要内容。以法律为准绳，要求司法机关把法律作为处理案件的唯一标准和尺度，全面正确理解和严格适用法律，严格依照法定权限和程序办案，不得片面肢解法律的含义，更不得违法办案。

（五）司法克制与司法能动

司法克制，或称司法被动，它的主要要求是：司法机关保持适当克制，不得超越法定职权范围行使司法权；不得在违法犯罪尚未发生，或法律争议未提交司法机关的情况下擅自启动司法程序；一般不得主动审查判断未提交司法程序的争议或事项（不告不理）；不得主动介入利益纠纷，丧失公正中立的立场。司法克制原则，是司法固有品格的具体表现，是案件得到公正处理、处理结果获得认可和权威性的重要条件。

经典摘录

司法能动主义是以提高社会福祉或者促进政策制定为目的而不惜突破既定司法方式的一种理念。需要注意的是，目的是判断司法能动主义的核心标准，缺乏目的性的突破既定司法方式的判决不能称作司法能动主义的判决。或者说，单纯的司法审查或者背离先例或者背离通常的裁判方法判案本身并不等同于司法能动主义。（Thomas Sowell, "Judicial Activism Reconsidered", Essays in Public Policy No. 13.）

司法能动，或称能动司法。在我国，司法能动是指司法机关根据经济社会发展的变化，在法律范围内积极履行和延伸自身职能（如司法建议、司法调研等），服务国家经济发展和社会管理大局。其具体要求是：正确行使自由裁量权，促进经济社会健康发展，维护核心价值体系；统一法律适用标准，树立良好的社会导向；改革工作机制，更好地提供司法服务，促进社会矛盾化解；就行使司法权过程中发现的问题，积极向有关机关、部门提出对策建议；促进司法民主和司法公开，增强司法公信力和权威度；改进司法作风，适当向弱势群体倾斜，保障实质正义。司法能动是修正司法克制某些弊端的必然要求。必须处理好两者之间的关系，既防止司法面对社会现实麻木不仁，又防止司法盲目扩张引发不良后果。

随堂思考

2000 年，在陕西横山县波罗镇北窑湾集体煤矿换证期间，李某通过私刻公章、涂改采矿变更申请书等手段，获取了陕西省国土厅新的采矿许可证。煤矿原权利人联名要求有关部门给予更正，并向法院提起行政诉讼。后榆林市中院生效判决判令陕西省国土厅重新作出具体行政行为，陕西省国土厅向陕西省高院提出申诉后被驳回。但陕西省国土厅拒不执行判决。2010 年 3 月 1 日，陕西省国土资源厅召开“山东煤矿采矿权属纠纷协调会”，以会议决定否定生效的法院判决，群众的不满导致事件升级。7 月 17 日，该煤矿职工和该镇村民发生群体斗殴，多人受伤。请结合司法的有关知识，分析本案，并谈谈如何实现司法的权威性。

第三节 守 法

一、守法的概念与意义

守法，或称法的遵守，是指一切国家机关、武装力量、政党、社会组织、公职人员以及其他广大社会成员自觉遵守法律，依法办事。对守法的理解，既有消极的守法，也有积极的守法。所谓“消极守法”，是指以不犯法，被动消极履行法律义务为守法。而“积极守法”是指以主动的姿态行使法律权利，承担法律义务，并且通过守法的具体行为积极地促进法治。从这个意义来看，特定国家机关以外的社会组织、个人积极运用法律参与纠纷调处的行为，也可以看做积极守法的一部分。

守法的意义在于，守法是法制的基本要求，也是法治实现的基础；守法主体自觉的守法行为是法律从根本上得以实施的重要条件；遵守良好的法律，是维护和维系人类社会正常秩序，实现人民福祉的基本保障；人民群众自觉遵守法律义务，行使法律权利，运用法律来评价各种行为和现象，是预防和化解人民内部矛盾纠纷的重要途径；守法，特别是积极行使法律所赋予的权利，是制约公权力滥用、抑制权力腐化的有效手段。

经典摘录

法非不费吹灰之力便降临于民众，他们必须为之角逐和争夺、斗争和流血，正是这种情况把他们与他们的法紧密地联系起来……民众用以来信奉和主张自己法的爱的毅力，取决于为获得法而付出的辛劳和努力。……抵抗不法(unrecht) 是义务，是权利人对自己的义务——因为抵抗是道德的自我维护的命令——是权利人对集体的义务。(鲁道夫·冯·耶林：《为权利而斗争》，郑永流译，法律出版社，2007 年版，第 8、12 页。）

二、守法的主体、内容与范围

守法的主体是指在一个国家和社会中，哪些人和哪些组织应该成为遵守法律者。这与一国政权的性质、法律的性质、社会力量对比、历史文化传统有密切关系。具体来说，我国的守法主体包括以下几类：一切国家组织和武装力量，包括国家权力机关、行政机关、司法机关、军事机关和武装力量；非国家组织，包括各政党、各社会团体、企事业单位；公民，即具有我国国籍的个体，无论民族、性别、宗教信仰、教育程度、财产状况等有何不同；在我国领域内的外国组织、外国人和无国籍人，也都是我国的守法主体。

守法的内容，是严格履行法律义务与积极行使法律权利的统一。履行法律义务是指人们依照法律规定作为或者不作为，保障权利人的合法权益，或者维护国家利益和社会公共利益。履行法律义务分为两种不同的形式：一是履行消极法律义务，即遵守禁止性规范，依法不做出一定行为，即履行了相应的法律义务。二是履行积极的法律义务，即遵守命令性规范，依法积极作出一定行为，才构成守法。行使法律权利是指人们通过自己作出一定的行为或者要求他人作出或不作出一定的行为来保证自己的合法权利得以实现。行使法律权利，必须在法律规定的范围内，采取正当、合法的手段和方式，不得滥用权利，损害他人的合法权益。

守法的范围，指的是法所要求遵守的是哪些法律。当代中国法律的遵守主要是遵守由相关国家机关依照法律程序制定的规范性法律文件，包括宪法、法律、行政法规、军事法规、地方法规、自治法规等（包括有权机关对上述法律文件的解释），以及我国参加或同外国缔结的国际条约协定和所承认的国际惯例。有关国家机关制定的符合宪法和法律的行政规章和地方规章，有关组织和个人也必须遵守。此外，执法机关和司法机关所制定的生效的非规范性法律文件，对相关组织和个人也具有法律效力，遵守这类法律文件也是守法的重要组成部分。

三、守法的根据

守法的根据，是指人们为什么要守法，其守法行为的根据与来源。概括起来，主要有以下几个方面。

（一）服从的习惯

在某些社会条件下，出于思想上的惯性或者惰性，群众自觉形成了服从权威、模仿他人的从众心理，服从习惯成为其自觉行动。如果法律完全符合这些长久以来形成的习惯，那么法律就得到了自然而然的服从。

（二）对制裁的畏惧

法律的权威性来源之一是法律的强制力，又来源于社会成员对法律从内心的信服。法由国家强制力保障实施，这是法的基本特征。法律制裁是法律强制力的具体体现。国家运用强制制裁手段，责令违法者承担经济上的损失、自由上的限制乃至生命的剥夺，使守法者产生心理上的畏惧情绪，进而自觉守法。依靠畏惧建立起来的法律权威性是有局限的，当大多数社会成员对法律制裁的概率预期降低，甚至不畏惧法律制裁时，就难以保证多数人守法。

（三）出于舆论压力

法律规定的某些行为模式是社会组织的基本构成要素，当违反这些法律规定时，可能会使当前的社会结构发生松动和瓦解、现有的社会秩序发生混乱，给社会和他人带来损害。因此社会会形成一种对相应的违法行为予以鄙视和道德谴责的舆论氛围，每一个其中的成员如不遵守法律规定就会承受这种巨大的心理压力。这种压力的有效性有时甚至超过国家强制力制裁的有效性。

（四）利益考虑

出于自身利益的需要，对法律的激励机制作出正面的回应，进而积极行使权利，遵守法律义务。在这种情况下，法律的要求和社会成员利益的需求是基本适合的。但需要注意的是，守法并不在任何时候、任何局部都给守法主体带来现实的利益，如果在有利益时守法，在无利益时违法，这并非全面的守法。

（五）对法律的信念

当法律的实施符合守法者内心关于公正的向往，并被认为基本正确时，守法者会认为法律是其自身及社会良好公正秩序的基本保障，从而自觉地遵守法律，依法办事。在这种自觉的公民意识驱使下，坚定的法律信念成为积极守法的重要动力来源。

经典摘录

道之以政，齐之以刑，民免而无耻；道之以德，齐之以礼，有耻且格。（《论语·为政》）

赏莫如厚而信，使民利之；罚莫如重而必，使民畏之；法莫如一而固，使民知之。（《韩非子·五蠹》）

四、守法的条件

决定和影响人们守法的因素是多方面的，总的说来，可以分为守法主体自身的主观条件，以及守法者以外的客观条件。

（一）守法的主观条件

政治意识。法律与政治具有天然的联系，在某个角度看，是公民政治活动的一种产品。人们政治意识的先进或者落后，发达或者不发达，都会强烈地影响到法律遵守的程度。一个具有较强公民意识的个人，通常会将守法当做自己作为公民的政治义务而加以自觉遵守。

法律观念。法律观念与一个国家民族的传统文化有直接的联系。由于漫长的封建帝制统治的影响，我国传统法律文化存在许多糟粕沉淀于人们的观念与意识当中，许多人将法律等同于“刑法”、“王法”，对法律或者敬而远之，或者以压制法律、钻法律空子为荣。要真正建成法治国家，就必须通过各种途径，消除这些不利于守法的法律观念。

道德观念。人们关于善恶、是非、荣辱的观念标准，对于守法行为也有重大影响作用。有良好道德观念的人，一般也会具有较强的守法意识。同样，一个具有良好道德风尚的社区，通常也会保持较好的守法状态和社会秩序。道德水平低下，仅仅因为惧怕法律制裁而被迫的守法行为，并不可靠。

（二）守法的客观条件

法制状况。它包括立法、执法和法律监督等状况。首先，制定法自身必须具有相应的品质，包括实体内容方面符合良法的价值要求，事实上有遵守的可能性，以及形式方面的确定性、体系性、简明易懂等等。执法机关依法行政以及司法机关公正司法，对法律规则起到树立和确认作用，以及对法律的宣传力度，对守法活动也具有重要影响。法律监督也会强化法的震慑作用，督促人们自觉守法。

政治状况。包括国家的社会制度、政治制度、各阶层力量对比情况等等。在民主制度运行较为良好的政治状况下，法律能够较好地反映各阶层的利益诉求与力量均衡博弈妥协的结果，法律就比较容易得到自觉的遵守；反之，则法律的公信力就较低，人们守法的动力也就较弱。

经济状况与科技水平。人们能否依法行使权利和履行义务，并不完全取决于人们的主观意愿和选择，有时往往受制于社会物质条件的制约，这与社会的经济状况与科技水平密切相关。

第四节　法律监督

一、法律监督的概念与构成

"监督"一词的基本含义是察看并督促。法律监督有广义、狭义两种解释。狭义的法律监督指有关国家机关依法定职权和程序对立法、执法、司法等法制运作过程的合法性进行的监察、制控和督导。如全国人民代表大会及地方各级人民代表大会及其常委会的监督，以及各级人民检察院的监督等。

广义的法律监督指一切国家机关、社会组织和公民对法律活动的合法性所进行的监察、制控和督导。本书在广义上使用法律监督这一概念。

法的运行包括立法、执法、司法、守法与法律监督等一系列运作机制。执法、司法、守法都是以不同方式将法律操作实施的机制，而法律监督则是保障法律的实施不偏离法治目标的控制、校正机制。法律是人民意志与利益的反映，法律监督的本质在于法律所代表的人民意志和利益能够得到正确的反映和真正的实现。法律监督是法制系统不可缺少的重要环节，不进行有效的法律监督，就不可能实行法制，更不可能实现法治。因此，法律监督具有十分重要的意义，它是法律运行不可或缺的一部分，是实现法治的重要保障，是维护法的统一、权威和尊严的保障性机制，是防止权力或权利滥用，特别是保障国家机关依法办事的重要手段。

法律监督至少包含如下要素：

第一，法律监督的主体。法律监督的主体包括国家机关（包括权力机关、行政机关、司法机关）、政党、社会组织、大众传媒和公民等。在我国，实施法律监督的主体具有多样性和广泛性。

第二，法律监督的客体。在我国，国家机关、政党、社会组织、大众传媒、公民既是法律监督的主体，同时也是被监督的客体。但在实践中，法律监督的对象主要是运用国家权力的国家机关及其公职人员，也包括运用公共权力、具有政治优势地位的政治或社会组织。

第三，法律监督的内容。法律监督在内容上主要指向监督客体行为合法性有关的所有问题，在一定程度上也包括行为的合理性问题。

第四，法律监督的权力、权利，是指监视、查看、约束、控制、检查、督促监督客体的权力与权利。

第五，法律监督的规则是宪法和法律，包括实体规则和程序规则。

二、法律监督的原则

第一，合法性原则。其基本内涵是，法律监督必须以合法为监督的主要目的，即使是合理性监督也须以合法性为基础。法律监督必须以纠正违法行为、确保法律正确实施为基本目标，这是法律监督与党纪、政纪监督的区别所在；法律监督必须依法进行，必须依照法律规定或者允许的权限、程序、手段实施监督，确保监督活动严格依法进行，防止监督行为失控，对违法监督追究责任。

第二，民主公开原则。即要求监督应具有保障民主与公开的价值取向和操作机制。具体而言，法律监督必须以保障人民真正当家做主，规范和约束公权力行使，防范腐败和保障权利不受侵犯为基本价值目标。在操作机制上，应坚持监督机制的公开透明和权力相互制约平衡为基本原则。不以保障民主和权利实现的价值取向的监督，以及权力的叠加或压制以及不公开透明的监督权实施机制，都极易导致监督活动的异化，产生更严重的腐败。

第三，程序性原则。它要求监督活动的程序带有民主、开放、合理、可操作性强的设计，并且按照预先设计的程序严格进行操作，使监督活动具有内容和程序上的双重合法性。

第四，系统性原则。法律监督在体系、功能、结构上应当具备统一性、协调性和完整性，既相互补充，发挥各自优势，又充分衔接，相互协调。

三、我国现行法律监督体系

法律监督体系，是一个国家不同法律监督机制有机结合的统一体。依监督主体不同可分为国家监督和社会监督两大系统。

（一）国家监督

国家监督，是国家机关以国家名义依法定职权和程序进行的具有直接法律效力的监督。作为国家监督，其具有法定性、严格程序性、直接效力性的特点，是我国法律监督体系的核心。按照具体实施监督的机关不同，国家监督可分为权力机关的监督、行政机关的监督和司法机关的监督三类。

国家权力机关的监督。它主要指以各级人民代表大会及其常务委员会为主体的监督。国家权力机关的监督包括两个方面的内容：立法监督和对宪法和法律实施的监督。在我国，一切权力属于人民，国家权力机关代表人民进行法律监督，是人民行使国家权力的重要方面。它对于维护法治，捍卫民主，防止专横，抑制腐败，具有非常重要的作用。国家权力机关的监督主体是各级人民代表大会及其常务委员会。根据《中华人民共和国各级人民代表大会常务委员会监督法》的规定，各级人民代表大会常务委员会监督的方式主要有：听取和审议“一府两院”的专项工作报告、审查和批准决算，听取和审议国民经济和社会发展计划、预算的执行情况及审计工作报告、法律法规实施情况的检查，规范性文件的备案审查、询问和质询，特定问题的调查，撤职案的审议和决定等形式。

国家行政机关的监督。即以国家行政机关为监督主体的监督，其监督的客体和内容包括两个方面：对行政机关的行政行为的合法性和合理性的监督、对社会组织和公民行为的合法性的监督。对行政机关行政行为的监督分为两种：一种是一般行政监督，即基于行政管理权限和行政隶属关系由上级行政机关对下级行政机关进行的监督。另一种是专门行政监督，是行政系统内部的专门监督机关对国家行政机关及其工作人员执行法律、政策和命令等情况以及违法违纪行为所进行的监督。具体包括行政监察监督、行政复议监督和审计监督等。

国家司法机关的监督。国家司法机关的监督包括检察机关的监督和审判机关的监督。根据我国法律规定及目前实践，人民检察院的法律监督职能，主要是通过与诉讼有关的活动得以实现的，检察机关的监督职能与其司法职能并未明显分离，即主要通过刑事诉讼侦查权、批捕权，以及刑事、民事、行政诉讼中的抗诉权来实现。审判机关的监督称为审判监督，一方面审判机关有系统内部的自我监督，另一方面有依诉讼程序对本系统外的其他国家机关行为的合法性所进行的监督。最典型的是通过行政诉讼对行政机关的具体行政行为进行审查，作出相应判决、裁定来进行的监督。此外，根据《行政诉讼法》第 53 条第 2 款的规定，人民法院对于地方人民政府制定、发布的规章与国务院部、委制定、发布的规章不一致的，以及国务院部、委发布的规章之间不一致的，可由最高人民法院送请国务院作出解释或者裁决。

（二）社会监督

社会监督，是指国家机关以外的政治或社会组织和公民进行的不具有直接法律效力的监督。实践证明，虽然社会监督不具有直接的法律效力，但通过广泛、公开的社会监督所表达的人民群众的意志和诉求，已成为推动法律实施的重要力量，在法律监督体系中的作用不可低估。社会和公民参与法律监督的动力与意识，也已经是衡量一个国家民主、法治建设发展程度的重要标志。

根据监督主体的不同，社会监督可分为：

社会组织（包括政党）的监督。主要包括中国共产党的监督、人民政协的监督、民主党派和社会团体的监督。其中中国共产党作为执政党，在社会监督体系中具有十分重要的地位。其监督职能主要通过两种方式实现：一是通过政治领导，督促国家机关、社会组织和企事业单位依法办事；二是通过党的纪律检查和组织纪律对各级党组织和党员活动进行监督。

随堂思考

人大代表、政协委员、党代表的监督分别属于何种监督？

社会舆论的监督。随着现代新兴媒体的不断发展，媒体特别是网络媒体的能量日趋强大，因而借助新兴媒体的社会舆论监督最能体现社会监督的广泛性、公开性和民主性，能够十分有效地影响国家机关及其工作人员的行为，起到其他监督形式无法替代的作用。

公民的直接监督。公民直接进行的法律监督是当代中国法律监督体系的基础和力量源泉。公民的选举、罢免、表达权，申诉、控告、检举权等，从根本上来看都是一种直接监督权。公民监督的对象包括所有国家机关及其工作人员、政党、社会团体、社会组织以及大众传媒。中国的信访制度事实上也起到了一定的公民直接监督的作用。

随堂思考

明朝时期，为监督各级官员，国家建立了厂卫制度，包括锦衣卫、东厂、内行厂，“缇骑四处，天下骚动”。尽管存在严密的监督机构和制度，但明代成为中国历史上腐败最严重的朝代之一。你认为怎样的法律监督才会有良好的效果。

我们研究法律实施，就要对法律实施的状况作出评价，说明法律有实效或者没有实效，实效较好或者实效较差。这一评价标准是多方面的，涉及很多因素，而且不仅需要定性分析，还需要定量分析。通常而言，需要考虑以下因素：刑事案件的发案率、案件种类、破案率及犯罪分子的制裁情况，各类合同的履约率与违约率，普通公民和国家公职人员的法律意识及法治观念程度，社会大众对社会生活中安全、秩序、自由、公正、公共福利的切身感受，法律的社会功能和社会目的的实现程度，有关法律活动的成本与收益的比率等。

与抽象的法律理论相比，实施法律的社会实践永远是生动而鲜活的。多年以来法治建设的实践证明，人民群众是法律实施最广大的主体，是法律得以真正实施、达成法的实效的最根本的动力来源。从理论上的国家中心主义和制定法中心主义视野观察法律实施，难免走入一定的误区，因此，我们应当更加广泛地关注、参与法律在中国社会的实践过程，观察法律的实施过程所受到的广泛而复杂的社会因素的影响，对各种客观现象进行科学、深入的分析，从而得出正确而有价值的判断。

深入阅读

1. 贺卫方：《司法的理念与制度》，中国政法大学出版社，1998 年版。
2. 许章润：《法律信仰：中国语境及其意义》，广西师范大学出版社，2001 年版。
3. 汤唯：《法律监督论纲》，北京大学出版社，2001 年版。
4. 丁以升、李清春：《公民为什么遵守法律?》(上、下)，《法学评论》2003 年第 6 期、2004 年第 1 期。
5. 苏力：《送法下乡：中国基层司法制度研究》，北京大学出版社，2011 年版。

课后思考

1. (2004 年司法考试) 下列有关执法与守法区别的说法哪些是不正确的?（ ）

A. 执法的主体不仅包括国家机关，也包括所有的法人，守法的主体不仅包括国家机关，也包括所有的法人和自然人；

B. 行政机关的执法具有主动性，公民的守法具有被动性；

C. 执法是执法主体将法律实施于其他机关、团体或个人的活动，守法是一切机关、团体或个人实施法律的活动；

D. 执法须遵循程序性要求，守法无须遵循程序性要求。

2. (2007 年司法考试) 关于司法的表述，下列哪些选项可以成立?（ ）

A. 司法的依据主要是正式的法律渊源，而当代中国司法原则“以法律为准绳”中的“法律”则需要作广义的理解；

B. 司法是司法机关以国家名义对社会进行全面管理的活动；

C. 司法权不是一种决策权、执行权，而是一种判断权；

D. 当代中国司法追求法律效果与社会效果的统一。

3. (2008年司法考试) 市民张某在城市街道上无照销售食品，在被城市综合管理执法人员查处过程中暴力抗法，导致一名城市综合管理执法人员受伤。经媒体报道，人们议论纷纷。关于此事，下列哪一说法是错误的？（　）

A. 王某指出，城市综合管理执法人员的活动属于执法行为，具有权威性；

B. 刘某认为，城市综合管理机构执法，不仅要合法，还要强调公平合理，其执法方式应让一般社会公众能够接受；

C. 赵某认为，如果老百姓认为执法不公，就有奋起反抗的权利；

D. 陈某说，守法是公民的义务，如果认为城市综合管理机构执法不当，可以采用行政复议、行政诉讼的方式寻求救济，暴力抗法显然是不对的。

4. 2003年，洛阳市中级人民法院审理了一起一审合同纠纷案。法院审理发现，关于涉案合同违约赔偿的计算标准问题，《河南省农作物种子管理条例》（河南省人大常委会制定的地方法规）与《种子法》、《价格法》规定不一致。后该院判决认为："《河南省农作物种子管理条例》作为法律位阶较低的地方性法规，其与《种子法》相冲突的条款自然无效。"由于判决书这一表述，河南人大常委会下发文件要求"省高院对洛阳中院的严重违法行为做出认真、严肃处理"。该案审判长李慧娟随后被免去法官职务，引起舆论的普遍关注。请结合本节关于司法与法律监督的知识，查阅我国现行法律，分析洛阳中院的判决及河南省人大常委会的行为，并谈谈你对该事件的看法。

5. 阅读下列材料：

全国法院系统积极行动，以积极的姿态主动介入社会生活和经济生活，力求以司法方法达到有效化解和预防纠纷，促进经济平稳较快发展的目的。……能动司法的出发点和落脚点实际上就在于"服务"，即服务于大局，服务于人民，使司法权的行使变得更加积极、主动，更加有作为。（王胜俊：《充分发挥司法能动作用 保障经济平稳较快发展》，2010年1月6日。）

谈谈你对当前司法能动的理解和评价。

第十二章 法的价值

学习要点

了解·识记：法的价值概念；秩序；自由；正义；效率

理解·应用：法的价值冲突及其解决

第一节 法的价值概述

法的价值属于诸多社会价值中的具体价值，对法的价值的认识和理解与对待其他社会具体价值一样，必须建立在对一般价值的认识基础之上。然而"价值"这个概念，本身就是一个很难给出精确定义的概念。一般认为，在社会科学领域，"价值"一词多在两种情形下使用：一是体现在商品中凝结的社会必要劳动，二是指客观事物的有用性或具体的积极作用。前者属政治经济学范畴，后者则属哲学范畴。

马克思在《评阿·瓦格纳〈政治经济学教科书〉》中指出："价值这个普遍的概念是从人们对待满足他们需要的外界物的关系中产生的。"① 马克思虽然没有在上述论述中给价值下一个明确的定义，但却强调了完整理解价值概念的必要性：价值既不单纯来源于客体，也不单纯来源于主体，而是主客体相互关系、相互作用的结果。而主体、外界物和它们之间的相互关系则是正确理解价值的三个基本条件。将理论体系用于解释法的价值，则可以得出法的价值的基本内容有如下三个方面：

第一，法的价值主体是人。主体的需要与价值的存在之间存在必然联系，没有主体就不可能形成价值。事实上，在人的实践范围和认知范围之外的客观世界就无所谓价值的存在，它们也许具有物理、化学、生物等属性，但不具有价值属性。正如马克思所说，"人把成为满足他的需要的资料的外界物……进行评估，赋予他们以价值或使他们具有价值属性"②。法的价值主体是人，是作为个人、族群、人的总体三者统一的人。当然，西方文艺复兴以来的法律传统将作为个体的人作为最基本的法的价值主体。事实上，什么样的法律对什么人有价值，或者说特定的法律与哪些人存在价值关系，集中反映在主体的不同利害关系上。因此，没有任何一种法律对社会各阶层、各族群具有同等的意义，甚至在不同的时代特征和社会文化下人们对善恶是非的判断均有不同的标准。这就是法的价值的主体性特征。与一般价值一样，法的价值也具有主体性、时代性、历史性和社会性等特征。

第二，法的价值客体是法。法的价值客体，是广义的法，包含一切法律现象或法的现象。法的价值的基础是作为客体的法的基本属性，是法所具有的属性的表现形式。如

---

① 《马克思恩格斯全集》第19卷，人民出版社1995年版，第406页。

② 《马克思恩格斯全集》第19卷，人民出版社1995年版，第407页。

果法根本就不具有可以实现秩序、自由、平等、正义和促进人的全面发展等价值的属性基础，法也就不具有相应的价值。应该说，正式法的属性为法的价值的产生提供了客观上的可能性。正是客观上法律的要素、结构和功能，反映了法律所具有的价值属性。首先，法律规范的权利义务内容是决定法律具有良好状态的先决条件。具体的法律规范是形成法律体系的基础结构，其内容直接关系到一个法律部门乃至整个法律体系的运行效果。因此，完善一个国家的法律体系应该以法律规范为出发点。这就要求立法者在制定法律时要进行大规模的社会调查，审慎行事，努力制定出符合社会、政治、经济关系，体现民意的法律；还要求通过及时地修改、完善或废除相关法律规范，保持法律在客观上的科学性和时代性。其次，法律规范的内在逻辑结构以及法律规范、法律部门、法律体系之间的相互关系也是完备法律的形式要件。当法律规范进入运行阶段并与作为主体的人发生联系之前，它只是一种实现法律价值的潜在可能。如果一国现行的各种法律规范之间互无联系、杂乱无章，势必要影响实现法律价值的可能性。

第三，法的价值以法与人的相互关系为客观基础。任何价值都是以主客体之间的相互关系为基础的，法的价值也不例外；但主客体之间的相互关系并不是法的价值本身，它只是法的价值存在的客观基础。

综上所述，法的价值包含主体、客体以及主客体之间的相互关系三个不可分割的方面，任何一个方面都不能单独构成法的价值。

需要强调的是，法的价值反映了法对人的意义。首先，是指法对于人的需要的满足，其最主要的表现形式是将人的需求法律化，这又包括对人的需求在制度上的法律化与在社会生活意义上的法律化两方面。前者将人的需求法律制度化，使之具有合法的、为法律所保护的性质；后者将已被法律制度化的需求转化为社会现实。其次，是指人对法的超越性指向。这就是说：一方面，法的价值是人对法的永恒的追求，也许它不能在现实生活中被彻底实现，但人们总是通过自己的社会实践来努力接近那个价值目标；另一方面，法的价值高于法和法的价值的现实状况。

法的价值应当是主体内心确立并确信的超越性指向。在日常口语中，人们习惯于将“价值追求”连用。这就是说，人们对某些价值标准的期望、追求甚至信仰构成了人类社会发展的动因。如前所述，满足人们对法的需求是法的价值的重要方面和主要内容，但它并不构成法的价值的全部。法的价值还应当具有人们的期望、追求甚至信仰。也就是说，人们在运用法律满足自身需求的之前、之中和之后，均对法有着这样或那样的相对独立的精神寄托或精神索求。也正因为如此，法的价值因其超越性指向，形成了人类实践法律的指导作用和不竭动力。

因此，我们可以将法的价值初步定义为：以法与人的关系为基础的，法对人所具有的意义，它是法对人的需求的满足，是人关于法的超越性指向。

根据不同的标准，法的价值可以作出不同的分类。例如，根据满足意义的主体的不同，法的价值可以划分为法的个人价值、族群价值、社会价值和人类价值；根据哲学上目的与手段的关系，法的价值可以划分为法的目的价值和手段价值；根据价值展现的不同程度，法的价值还可以被划分为法的表面价值、潜在价值、现实价值、未来价值、预期价值等等。

此外，法的价值还具有其固有属性，它决定着法的价值的表现形式、应有功能和社会作用。具体而言，法的价值既具有属人性又具有社会性，既具有客观性又具有主观性，既具有应然性又具有实然性，既具有普遍性还具有一般性。

法的价值的分类和属性，在法理学上是一个极为重要的内容，涉及问题较多，将在高年级法理学中专门研习，此不详述。

第二节　法的主要价值

一、秩序

秩序可以分为两大类，即自然世界中按自然规律形成的自然秩序和人类社会中由各种社会规范调整而形成的社会秩序。作为法的主要价值之一的秩序，就是指社会秩序，它被看成是人类社会的一切事物按一定规范的安排所形成的固定的、有规则的合理状态。

秩序是法律的基础性价值之一。秩序的存在是人类社会开展一切活动的前提。首先，秩序是人类生存的基础。人类本身也是自然世界的一份子，因而也要受到自然秩序的支配；但人类能够自我组织起来，在自然秩序之外建立另一种秩序，从而摆脱了弱肉强食的自然状态，这本身就是人类的重大进步。人类正因为这种秩序获得了新生，也将依靠这种秩序生存。所以社会秩序的建立和维系，历来为人们所重视。其次，秩序是社会发展的基础。从历史经验看，古今中外任何相对繁荣和发达的社会，其社会都是稳定而有序的。因此，法律要促进社会发展，就必须以建立和维护某种社会秩序为基础。再次，秩序也是人们追求自由、效益、正义、人道等目标的基础。法律建立和维护一定的秩序，往往是人们实现更高追求的保障（如自由、效益、正义和人道等）。正是在这个意义上，可以说法律追求秩序又不满足于秩序。

由于历史、文化、阶层的原因，人们对秩序的理解和追求也呈现出多种方式。以历史演进为线索，大致可以归纳出如下四种秩序观：第一，等级结构秩序观。在古希腊思想家柏拉图和亚里士多德等人看来，并非所有人都具有发展美德的能力，正如人有不同的体质，所以人天生就应该分为不同的等级。这种因才定分、各守其份、徇份供职、各得其所、和谐一致的秩序观念被称为等级结构秩序观念。无独有偶，古代中国的思想家也将贵贱、尊卑、长幼、亲疏作为建立社会秩序的基本依凭，而自西汉大儒董仲舒向汉武帝建议“罢黜百家，独尊儒术”以来，“三纲五常”便被确立为传统中国社会秩序的基本内容。第二，自由、平等的秩序观。自文艺复兴运动以来，人们强调建立起一个更适合于人类文明的社会秩序。古代社会所强调的人与人之间的差别由自由和平等取代，国家保障每个人的自由、平等并防止公权力的滥用。正如庞德所说：“法律是对权力的一种限制。作为社会控制的一种高度的专门形式的法律秩序，是建立在政治组织社会的权力或强力之上的。但法律绝不是权力，它只是把权力的行使加以组织和系统化起来，并使权力有效地维护和促进文明的一种东西。”[①] 第三，“社会本位”的秩序观。资本主义进入垄断阶段以后，阶级矛盾和各种社会矛盾加剧，高扬个性的自由、平等秩序观的破绽和弊端被放大，人们对秩序的思考开始从个人的角度转向社会的角度。人们强调

---

① ［美］罗斯科·庞德：《通过法律的社会控制》，沈宗灵等译，商务印书馆1984年版，第26页。

"社会统合"、"社会连带"以及"个人与社会的和谐"，试图通过此种秩序的建立和维护，来调整各种相互矛盾冲突的利益，减少阶层之间的摩擦，以使得社会成员在最少阻碍和浪费的情况下分配各种资源。第四，马克思主义的秩序观。自由、平等的秩序观和"社会本位"的秩序观是现代文明的产物，也包含一定的合理因素，但它们都不能解释秩序的本质属性。马克思主义认为，不同社会的秩序的特殊性取决于社会生产方式的历史个性，而秩序的力量最终来源于生产关系的历史合理性。而在阶级社会中，秩序首先是统治阶级的秩序，真正意义上的自由、平等的秩序，则只有在消灭了私有制、剥削和阶级后才能建立起来。

法的秩序价值主要包含以下三方面的内容：首先，法律的社会政治秩序。在现代社会，政治权力的运行秩序是社会得以发展的重要条件之一，而权力运行的规则化和制度化也成为法律规范的题中之意。法律的社会政治秩序价值，就是以防止权力失控和专制独裁为基本追求，它是政治权力合法性和正当性的保障。其次，法律的社会经济秩序价值。社会产品的生产、交换、分配和消费是人类社会最基本的活动，也是人类赖以生存的基础，因而人类的存在和发展必须要有正常的经济秩序。而法律的社会经济秩序价值也正是应这种需求而产生的。正如恩格斯指出的："在社会发展某个很早的阶段，产生了这样一种需要：把每天重复着的产品生产、分配和交换用一个共同规则约束起来，借以使个人服从生产和交换的共同条件。这个规则首先表现为习惯，不久便成了法律。"① 再次，法律的社会生活秩序。安居才能乐业，建立有序的社会生活是人类开展其他活动的前提。因此，维护社会的正常秩序，促进社会的和谐稳定，就成为法律追求的基本价值之一。

随堂思考

2003 年 4 月，整个中国遭遇了一场"非典风暴"。在"非典"期间，为能够有效控制疫情，保护广大公民的生命财产安全，行政机关出台了一系列应急措施，这些措施包括：(1) 非法定的行政即时强制措施，如对患者的强制隔离治疗、对疑似病例或接触者的隔离、对相关场所的封锁和控制；(2) 对不特定的公众科以非法定的义务，如要求公共场所的经营者对公共场所进行消毒、要求用工单位不得遣散员工并承担员工治疗费用、要求流动人口进行健康检查和登记；(3) 颁布公共警告、控制人员流动；(4) 简化防治"非典"药物的行政许可程序，如新药许可和进口药物许可；(5) 对相关商品进行限价；(6) 对特定人员科以非法定的义务，如要求国家工作人员不得离职，否则将重罚等等。试从法律的秩序价值角度思考此现象。

二、自由

从哲学上而言，自由是指在没有外在强制的情况下，能够按照自己的意志进行活动的能力。这正如霍布斯将自由定义为"没有障碍"一样，它表明主体可以根据自己的意志、目的而行动，而不是按照外界的强制或限制来行动。法的价值上所言的"自由"，即意味着法以确认、保障人的这种行为能力为己任，从而使主体与客体之间能够达到一

① 《马克思恩格斯选集》第 3 卷，人民出版社 1995 年版，第 211 页。

种和谐的状态。

从价值上而言，法律是自由的保障。法律虽然是可以承载多种价值的规范综合体，然而其最本质的价值则是“自由”——“法典就是人民自由的圣经”。因而，法律必须体现自由、保障自由，只有这样，才能使“个别公民服从国家的法律也就是服从他自己的理性即人类理性的自然规律”，从而达到国家、法律与个人之间的完满统一。显然，就法的本质来说，它以“自由”为最高的价值目标。法典是用来保卫、维护人民自由的，而不是用来限制、践踏人民自由的。如果法律限制了自由，也就是对人性的一种践踏。

自由既然是人的本性，因而也就可以成为一种评价标准，衡量国家的法律是否是“真正的法律”：“法律只是在自由的无意识的自然规律变成有意识的国家法律时，才成为真正的法律。哪里法律成为实际的法律，即成为自由的存在，哪里法律就成为人的实际的自由存在。”“法律—自由—人”的这样一种关联，说明法本身只是人格的一种外在维护，也是人们评价、批判甚至推翻专制法律的工具。专制制度下的法律虽然由国家制定，形式上具有合法权威，然而由于本质上背离了自由的要求，因而只能是一种徒具形式的“恶法”。从这个意义上而言，任何不符合自由意蕴的法律，都不是真正意义上的法律。

经典摘录

在民主国家里，人民仿佛愿意做什么就做什么，这是真的；然而，政治自由并不是愿意做什么就做什么。在一个国家里，也就是说，在一个有法律的社会里，自由仅仅是：一个人能够做他应该做的事情，而不被强迫去做他不应该做的事情。……自由是做法律许可的一切事情的权利；如果一个公民能够做法律所禁止的事情，他就不再有自由了，因为其他的人也同样会有这个权利。……一个公民的政治自由是一种心境的平安状态。这种心境的平安是从人人都认为他本身是安全的这个看法产生的。要享有这种自由，就必须建立一种政府，在它的统治下一个公民不惧怕另一个公民。（孟德斯鸠：《论法的精神》（上册），商务印书馆，2005年版，第154～156页。）

自由在法的价值中的地位，还表现在它不仅是评价法律进步与否的标准，更重要的是它体现了人性最深刻的需要。人类活动的基本目的之一，便是为了满足自由需要，实现自由欲望，达成自由目的。这体现在法律上，就是必须确认、尊重、维护人的自由权利，以主体的自由行为作为联结主体之间关系的纽带，例如民法上常言的“意思自治”。可以说，没有自由，法律就仅仅是一种限制人们行为的强制性规则，而无法真正体现它在提升人的价值、维护人的尊严上的伟大意义。

三、正义

正义是法律追求的核心价值之一，也是评价法律的重要标准。然而自古以来，关于什么是正义的定义，就是一个聚讼纷纭的话题。这里简要介绍几种颇具影响的学说。

（一）实质正义

它又被称作具体正义，是判断实定法或判决等具体的法律的正当性的实质性的价值标准。在正义的诸种定义中，实质正义与普罗大众朴素的正义观念最为接近，强调的是法律后果的正义。但因标准难以确定，博登海默才说："正义有着一张普洛透斯似的脸，变幻无常，随时可呈不同形状，并具有极不同的面貌。"① 也正因为如此，学术界又为"正义"赋予了其他定义。

（二）程序正义

如果说实质正义强调的是关于法律结果在内容上的正当性，那么程序正义就是关于达至某一法律结果的过程的正当性。程序正义要求必须根据一种公正的程序对某个决定的利害关系人的各自要求予以公平对待。实质正义与程序正义各有侧重，但并不矛盾。比如切分蛋糕时，一个蛋糕两个人分，怎样分得公平呢？切蛋糕的人后拿蛋糕最能使分蛋糕公平。因为切蛋糕的人为了使自己分得的蛋糕与他人一样大，必须保持分蛋糕公平，因此能做到实际处理结果的公平。如果程序相反，切蛋糕的人先拿蛋糕，那么可能会把蛋糕切得一大一小，失去公平。由此可见，程序的设计对保持实体公平很有作用。

（三）形式正义

其具体要求是"同样情况同样对待"以及"不同情况不同对待"，这是对正义定义的一种纯形式要求。

随堂思考

了解美国著名的"辛普森案"，谈谈你对程序正义的看法。

事实上，"正义"本身是个关系范畴，它存在于人与人之间的相互交往之中。可以说，没有人与人之间的关系存在，就不会有正义问题的产生。换言之，所谓"不正义"绝对不会存在于孤立的个人之上，公正只是一种在涉及利害关系的场合，要求平等地对待他人的观念形态。这一原则，也就是我们通常所说的"把各人应得的东西归予各人"。从实质内容而言，正义又体现为平等、公正等具体形态。也就是说，公正不仅是人类的一种"理想"，同时还表现在使这种理想与现实社会条件的结合。同时，"平等"本身就有一个"不平等"的他者存在，没有平等自然无所谓不平等；同样，没有不平等也无所谓平等。

那么，在法律上如何实现正义这一价值标准呢？大致说来，包括以下数端：第一，正义是法的基本标准。也就是说，法律只有合乎正义的准则时，才是真正的法律；如果法律充斥着不正义的内容，则意味着法律只不过是推行专制的工具。因此，在制定法律时，立法者必须以一定的正义观念为指导并将这些观念体现在具体的法律规定之中，维系正义的制度形态，同时引导广大民众崇尚正义、追求正义。第二，正义是法的评价体系。这就是说，正义担当着两方面的角色：其一，它是法律必须着力弘扬与实现的价值。其二，正义可以成为独立于法之外的价值评判标准，用以衡量法律是"良法"抑或"恶法"。这就是正义观念固有的影响力，也是法学研究本身的任务使然。第三，正义也极大地推动着法律的进化。正义形成了法律精神上进化的观念源头，使自由、民主、平等、人权等价值观念深入人心；正义促进了法律地位的提高，它使得依法治国作为正义所必需的制度建构而存在于现代民主政体之中，从而突出了法律在现代社会生活中的位

① ［美］博登海默：《法理学：法律哲学与法律方法》，邓正来译，中国政法大学出版社1999年版，第252页。

置；正义推动了法律内部结构的完善，它使得权力控制、权利保障等制度应运而生；正义也提高了法律的实效。法律的执行不仅要有利于秩序的维持，更主要的是要实现社会正义。

随堂思考

1944 年，一个德国士兵在奉命出差执行任务期间，回家短暂探亲。有一天，他私下里向他妻子说了一些他对希特勒及纳粹党其他领导人物的不满。他刚刚离开，他的妻子因为在他长期离家服兵役期间“已投向另一个男子的怀抱”，并想除掉她的丈夫，就把他的言论报告给了当地的纳粹党头目。结果，她丈夫遭到了军事特别法庭的审讯，被判处死刑。经过短时期的囚禁后，未被处死，又被送到了前线。纳粹政权倒台后，那个妻子因设法使其丈夫遭到囚禁而被送上法庭。在法庭上，她的抗辩理由是：据当时有效的法律，她丈夫对她所说的关于希特勒及纳粹党的言语已构成犯罪。因此，当她告发她丈夫时，她仅仅是使一个罪犯归案受审。这个案件以及类似的一系列案件，使得第二次世界大战后针对战争问题的审判在法律上陷入了一个困境，如果严格坚持实证主义的“法律就是法律”的观点的话，那么，类似像告密者这样的人就不能得到法律的惩罚，但是，如果放弃对这些人的惩罚，又不符合正义的要求。最后，德国的法院援引了“良知”和“正义”之类的观念，认为“妻子向德国法院告发丈夫导致丈夫的自由被剥夺，虽然丈夫是被法院以违法的理由宣判的，但是，这种法律‘违背所有正常人的健全良知和正义观念，不能够被看做是法’。”

谈谈你对法律与正义关系的思考。

四、效率

效率，通常是指日常工作中所消耗的劳动量与所获得的劳动成果的比率。在价值体系中，如何以最少的资源消耗取得同样多的效果，或以同样多的资源消耗获得更多的产出，是效率的基本含义。

法律与效率的关系问题，业已成为当代法学关注的热点。这是由于：一方面，近现代以来社会经济的飞速发展导致了社会财富总量的不断丰富，资源与产品的分配如何才能更加合理地在社会成员之间分配，已成为关系到社会稳定和继续发展的重要问题。这是效率成为法的主要价值追求的物质基础。另一方面，随着实证主义的兴起，西方经济分析法学向传统法学发起冲击并脱颖而出，构成了效率问题成为法律主要关怀的理论支点。正因为如此，法学家们不仅要考虑法律的“正当性”、“合理性”，还要考虑法律的“效率性”。

学术前沿

以效率和选择为核心的经济分析法学（又称法律经济学）已渐成当下中国法学研究的主流学派。试了解经济分析法学的基础原理——科斯定理。

科斯定理第一律：在零交易成本的条件下，法律规定无关紧要，因为人们可以在没有交易成本的条件下就如何取得划分和组合各种权利进行谈判，其结果总是能够使产值增加。通俗地说，就是当交易为无成本时，法律权利的任何分配都能达到有效益的结果。

科斯定理第二律：如果存在实在的交易成本，有效益的结果就不可能在每个法律规则下发生，在这种情况下，合理的法律规则是使交易成本的效应减至最低的规则。简单地说，选择适当的法律规则，可以减少不必要的交易成本，从而达到资源最优化配置的最有效益的结果。

法的效率价值，主要包含以下三方面的内容：首先，法律通过对各种利益关系的调整，调动人们的劳动积极性，并以此来促进和提高效率。在相当长的一个历史阶段内，利益仍旧是创造性活动的源泉和动力。法律只有使利益关系明确化，使国家、社会、集体和个人之间的利益关系达到最优化，才能充分调动社会的积极性。其次，法律要协调经济运行过程各环节的相互关系，降低成本消耗，创造出更优的经济运行模式。最后，法律的自身运行也要提高效率，以期用有限的社会和司法资源解决更多的纠纷和问题。在经济学的意义上，法律的运行也是一个耗费社会和司法资源的过程。法在法律程序、证据制度等方面的制度安排，都试图引导司法者和当事人以尽量有限的社会司法资源为代价，实现法律的其他价值追求。

人们发现，当效率成为人们追求的价值目标时，现实生活中就出现了如何协调这一价值准则与其他社会诸价值的关系问题，这就使法的价值冲突问题凸显出来。

第三节　法的价值冲突

一、法的价值冲突的表现

自由、秩序、正义等，都可以说是法的最基本的价值，而实际上除此之外，尚有效率等其他价值形式存在。现在我们要面对的问题就是，法的各种价值之间有时会发生矛盾，从而导致价值之间的相互抵牾。法的价值冲突解决得好，就能以最小的法律成本获得最佳的法律效益；反之，如果法的价值冲突解决得不好，就有可能出现不必要的成本浪费、得不偿失乃至有失无得。

法的价值冲突是一个普遍的法律现象。首先，法的价值准则之间存在着冲突。例如，要保证社会正义的实现，在很大程度上就必须以牺牲效率作为代价；同样，在平等与自由之间、秩序与自由之间、秩序与平等之间也都会出现矛盾，甚至某些情况下还会导致“舍一择一”局面的出现。其次，法的价值观念之间也存在着冲突，即所谓价值客观主义与价值主观主义之间的冲突。前者认为，法的价值是客观存在的，它有客观的、绝对的依据或标准，因而法的价值是可以被认识，可以被分析的；后者强调，价值或价值判断仅仅与判断主体具有相关性，价值判断的结果也因判断主体的不同而具有相对性，因而价值问题在科学或学术意义上是无法求解的。最后，不同主体之间也往往存在着价值冲突。法的价值冲突常常出现于三种场合：一是个体之间法律所承认的价值发生冲突，例如行使个人自由可能导致他人利益的损失；二是共同体之间价值发生冲突，例如国际人权与一国主权之间可能导致的矛盾；三是个体与共同体之间的价值冲突，典型的即如个人自由与社会秩序之间所常见的矛盾情形。

二、法的价值冲突的产生原因

法的价值冲突的产生原因是多种多样的，但至少可以从主体原因和社会原因两个方面来加以分析。

（一）法的价值冲突产生的主体原因

法的价值主体具有多元性。从社会主体的角度看，国家机关、企事业单位、社会团体、公民都是法的价值主体。仅在国家机关中，就又包含着立法机关、司法机关和执法机关。从法制主体的角度看，法的价值主体包括立法主体、司法主体和守法主体。就在立法主体中，中央立法主体和地方立法主体又根据其立法权限被划分为若干层级。事实上，对法的价值主体的上述划分还是相对静止的，现实生活中的价值主体还在不断地发生角色转换。例如，人民法院一般是作为司法主体的，但当人民法院在进行办公器材的采购时，它又是民事法律价值的守法主体。法的价值主体的多元性，就必然导致不同主体对法的需求各有不同，产生法的价值冲突就在所难免。

法的价值主体具有复杂性。法的价值主体是人，是作为个人、族群、人的总体三者统一的人。族群主体具有不同的规模、性别、信仰、范围、类别、地位、作用、性质，而个体主体也都有不尽相同的经济收入、心理状态、政治态度以及年龄、出身、道德和文化水平状态。不同的法的价值主体拥有不同的价值诉求，这也必然导致相互在价值上的矛盾和冲突。

（二）法的价值冲突产生的社会原因

社会需求的多元性与多层次性。社会是由个人和群体组成的整体。不同的个人、不同的群体在社会生活中对法律产生不同的需求。即使是同一个人、同一群体，在不同的时间、不同的地点以及在不同的境况下，也会对法律产生不同的需求。也正是人的需求这种多元性、多层次性的状况，决定了受人的需要制约和影响的法的价值观念必然是多元多层次的，这些多元多层次的价值观念之间产生冲突也就在所难免。

社会生活的广泛性与复杂性。人类的社会生活丰富多彩，也极其广泛和复杂。随着社会生活的不断发展，政治生活、经济生活、文化生活、精神生活都在各自的领域变得愈来愈深刻，愈来愈复杂。在社会生活中，形形色色的社会角色势必产生广泛而复杂的法的价值需求，也就是法的价值冲突产生的原因之一。

三、法的价值冲突的处理原则

自然，就理想的社会而言，可以形成一种涵盖、平衡各种价值冲突的社会宽容，立法作为一种确立普遍规则的活动，也多是在这个意义上协调、平衡各种法的价值之间所可能会有的矛盾。例如，我国宪法第 17 条规定：“中华人民共和国公民在行使自由和权利的时候，不得损害国家的、社会的、集体的利益和其他公民的合法的自由和权利。”然而，由于立法不可能穷尽社会生活的一切形态，在个案中更可能因为特殊情形的存在而使得价值冲突难以避免，因而必须形成相关的平衡价值冲突的规则。在这个方面，可以采纳的原则主要有：

第一，价值位阶原则。这是指在不同位阶的法的价值发生冲突时，在先的价值优于在后的价值。正如拉伦兹所言：在利益衡量中，首先就必须考虑“于此涉及的一种法益较其他法益是否有明显的价值优越性”。就法的基本价值而言，主要是以上所言的自由、秩序与正义，其他则属于基本价值以外的一般价值（如效率、利益等）。但即使基本价值，其位阶顺序也不是并列的。一般而言，自由代表了人的最本质的人性需要，它是法的价值的顶端；正义是自由的价值外化，它成为自由之下制约其他价值的法律标准；而秩序则表现为实现自由、正义的社会状态，必须接受自由、正义标准的约束。因而，在以上价值之间发生冲突时，可以按照位阶顺序来予以确定何者应优先适用。

第二，个案平衡原则。这是指在处于同一位阶上的法的价值之间发生冲突时，必须综合考虑主体之间的特定情形、需求和利益，以使得个案的解决能够适当兼顾双方的利益。例如，在美国的“马修诉埃尔德雷奇”一案中，最高法院申明，在决定正当程序于特定的情况下所要求的具体内容时，它将审视三个因素：首先，“因官方行动将受到影响的私人利益”；其次，“通过所诉诸的程序而错误剥夺此类利益的风险”；最后，“政府的利益，包括牵扯的职能和其他的或替代的程序要求将需要的财政及行政方面的负担”。由此可以看出，在有关该案的处理上，法院并不以“公共利益”作为高于“个人利益”的价值标准来看待，而是结合具体情形来寻找两者之间的平衡点。

第三，比例原则。价值冲突中的“比例原则”，是指“为保护某种较为优越的法价值须侵及一种法益时，不得逾越此目的所必要的程度”。例如，为维护公共秩序，必要时可能会实行交通管制，但应尽可能实现“最小损害”或“最少限制”，以保障社会上人们的行车自由。换句话说，即使某种价值的实现必然会以其他价值的损害为代价，也应当使被损害的价值减低到最小限度。自然，价值冲突的情形过于复杂，其相关原则、依据及处理规则还有待于进一步研究。

深入阅读

1. 卓泽渊：《法的价值论》（第二版），法律出版社，2006 年版。

2. 郑成良：《法律之内的正义》，法律出版社，2002 年版。

3. ［英］密尔：《论自由》，于庆生译，中国法制出版社，2009 年版。

4. 严存生：《法的价值问题研究》，法律出版社，2011 年版。

课后思考

1. 我国《合同法》第 41 条规定：“对格式条款的理解发生争议的，应当按照通常理解予以解释。对格式条款有两种以上解释的，应当作出不利于提供格式条款一方的解释。格式条款和非格式条款不一致的，应当采用非格式条款。”对该法律条文的下列哪种理解是错误的？（　）

A. 该法律条文规定的内容是法律原则；

B. 格式条款本身追求的是法的效率或效益价值，该法律条文规定的内容追求的是法的正义价值；

C. 该法律条文是对法的价值冲突的一种解决；

D. 该法律条文规定了法律解释的方法和遵循的标准。

2. 对于“任何不符合自由意蕴的法律，都不是真正意义上的法律”这句话，下列哪个选项的理解是正确的？（　）

A. 法律的最高价值就是保障人的自由；

B. 从应然层面来讲，真正意义上的法律应当以保障公民权利和自由为根本目的；

C. 真正意义上的法律不会对人的行为进行任何限制和约束；

D. 是否保障公民权利和自由是评价法律好坏的一种标准。

3. 谈谈你对下列事件的看法：

2005 年 12 月 15 日的一场车祸，让年仅 14 岁的重庆市江北区某中学女生何源和另外两个同伴离开了人世。一辆大货车将一三轮车压在了下面，三轮车上的何源和两个好朋友被当场压死。然而，属于城镇户口的何源的两名女同学的家人均得到约 20 万元赔偿，而户口在江北农村的何源的家人仅得到 9 万元的赔偿。为什么会出现这种“同命不同价”的现象？因为依据 2003 年 12 月 4 日通过的《最高人民法院关于审理人身损害赔偿案件适用法律若干问题的解释》（以下简称《解释》），死亡赔偿金依据受诉法院所在地上一年度城镇居民人均可支配收入或者农村居民人均纯收入标准，按 20 年计算。《解释》自 2004 年 5 月 1 日起施行，而所有交通事故中的人身损害赔偿都得遵照该规定执行。依此规定，何源户口在江北区的农村，赔偿的标准是 2004 年度的重庆市全年农村居民人均纯收入；其他孩子是城市居民，应基于重庆市全年城市居民人均可支配收入计算。农村户口的居民因此就和城市居民拉开了大大的距离。重庆市权威统计数据显示，该市全年城市居民人均可支配收入为 9221 元，全年农村居民人均纯收入为 2535 元，这两个数字分别乘以赔偿年限（20 年）后，自然产生出近 20 万元和 5 万元两个存在巨大差距的结果。

第十三章　法治国家

学习要点

了解·识记：法治的含义及西方法治思想的历史，法治国家的内涵、原理，中国的法治建设

理解·应用：法治与人治的根本区别，法治国家的基本特征，中国法治建设道路

"法治"（rule of law）一词自古希腊哲人提出并阐述其思想以来，历代思想家多将其作为自己政治思想或法律理论的重要组成部分。作为法科新生，我们将自此从专业角度去重新认识这一概念，同时应当在学习过程中结合中国实际进行深入的思考。

第一节　法治的含义

一、法治的含义

作为法律思想和法律史上的一个重要范畴，"法治"自从被人类提出以来，思想家们便从未停止过对它的探讨与争论。"法治"的含义是什么？应当怎样界定"法治"？对此，古今中外的思想家都作出了不同的回答。《牛津法律大辞典》对法治的表述为："一个无比重要的，但未被定义，也不是随便就被定义的概念，它意指所有的权威机构、立法、行政、司法及其他机构都要服从于某些原则。"[①] 纵观法律思想和法学研究的发展进程，我们认为法治至少具有如下五层含义。

（一）*法治是一种宏观的治国方略*

汉语"法治"一词从被提出时便与"以法治国"、"依法治国"等词相等同，其主要是指一种宏观的治国方略。"以法治国"一词在中国古籍中首先见于《管子》一书，其后的商鞅、韩非子等人又对此进行了发展和实践。在古代中国思想体系中，法治总是与"礼治"、"德治"、"人治"等治国方略相并列、相对应。在西方思想体系中，法治首先是被作为与人治相对立的治国方略，即"法律的统治"。

治国方略多种多样，比如依靠道德治理，依靠执政者的贤明治理，依靠政策治理，依靠法律治理等等，法律的治理只是其中之一。"人治"与"法治"的争论主要集中在对治国方略或手段进行权衡与选择方面。

在现代社会，法治作为一种治国方略，它是指一个国家在社会控制体系中选择以法律为主的手段进行控制，而不是选择其他控制手段作为治国的基本方式。当代中国确定了"依法治国"的方略，这是我国治国方略进一步完善的重要标志。就治国方略这一层面而言，我国的法治意味着：依照表现为法律形式的人民意志来治理国家，法律是社会

---

① ［英］戴维·M·沃克：《牛津法律大辞典》，光明日报出版社1988年版，第790页。

控制的主要手段。

（二）法治是一种理性的办事原则

“法治”一词又经常被理解为“依法办事”，其基本含义是：在制定法律之后，任何人和组织的社会性活动均受既定法律规则的约束。所谓“既定法律规则”强调的是法律一经制定，任何人和组织不得以任何正当或不正当的目的（理由）违背法律规则，而只能遵照执行。无论发生什么具体情况，甚至是法律本身发生不正当的情况，也要严格依法办事。据此，我们可以把法治理解为人和组织进行社会活动的形式正当原则。之所以说法治是理性的，是因为法律是人们事先设定的规则，具有稳定性、连续性、普遍性和一致性的特点，它不受事发当时人的情感和意志左右。在法律面前只有先承认形式的合理性才能承认实质的合理性，这是法治建立的基本要求。

（三）法治是一种民主的法制模式

法制，即法律制度及其运行秩序的统称，包括立法、司法、执法和守法。法制一般分为专制的法制和民主的法制，法治是民主的法制。法制并不必然是民主的，法制也可以是专制统治的工具。古今中外的历史可以说明，发达的法制也可以是服务于君权或神权的专制统治，成为专制主义的工具。

法治常常被理解为“以民主为基础和前提的法制”。其基本含义是：法制必须以民主为社会条件和制度基础。近代资产阶级在追求自身经济自由、政治民主、反抗封建等级制度过程中逐步建立了法治这种民主的法制模式。这种模式的基本特征是：法律至上，保护人权和公民权，政府必须依法行政，司法独立，公民权利受到侵犯应当得到公正的救济等等。社会主义国家的民主基础是广泛而有保障的，因此我们所主张的法治或依法治国应该是一种民主的法制模式。

（四）法治是一种文明的法律精神

法治包含了一整套关于法律、权利和权力问题的原则与观念体系，它体现了人对法律的价值需要，因此法治还是一种法律精神。作为法律精神的法治，常与理念、原则、观念等词连用，如“法治理念”、“法治原则”、“法治观念”等等。离开法治精神的法律就会像一种失去控制的工具。这种精神导源于文明的社会条件和制度基础，是文明在法律上的转化形式，与人类精神文明一脉相承。考察近代以来的法治思想与实践，我们能够对法治所蕴含的法律精神作如下的归纳：

第一，法律是至高无上的。法律具有极大的权威，法大于权，任何人在法律面前一律平等。

第二，法律的制定是通过民主、公开的程序进行的，必须反映广大人民的意志并体现客观规律，即所谓“善法”是法治的必要前提。

第三，法律的适用不承认特殊情况，只承认普遍规则的效力；非经法定程序不得因个别情况而改变法律的普遍性，即使它的目标符合正义。

第四，法律的执行必须有严格的制度和程序的保障，行政权力必须接受法律的制约和程序的控制，滥用权力者应该受到法律的追究和惩处。

第五，法律必须包含切实保护公民权利的内容；权利与义务是统一的，但是权利是基本的，应占主导地位，在立法、执法和司法等环节均应关怀和尊重人权。

第六，法律必须确立权力制约观念。国家是权力机关，绝不是营利的经济组织，权力必须在法定的范围内活动，一定的国家机关享有法定的权力，同时要受到其他国家机关法定权力的配合与制约。

（五）法治是一种理想的社会秩序

法治是人类理想的社会结构，从它被提出开始，人类就一直在不断探索、不断完善它。正是在这一意义上，我们会常常使用“法治社会”这种提法。这种社会关系和社会秩序是这样被安排的：法律与国家、政府之间，运用法律约束国家、政府的权力；法律与人民之间，运用法律合理分配利益；法律与社会之间，运用法律确保社会公共利益不受权力和权利的侵犯。因此，有的学者认为“法治”是“在法律规束住了国家权力和政府后而使权利在人与人之间得到合理配置的社会状态”①。

学术前沿

1959年印度新德里国际法学家会议最终通过了关于法治问题的《德里宣言》，它确认了法治为一个“能动的概念”，它“不仅被用来保障和促进公民个人民事的和政治的权利，而且要创造社会的、经济的、教育的和文化的条件，使个人的合法愿望和尊严能够在这样条件下实现”。其基本精神如下：(1) 根据“法治”精神，立法机关的职能在于创造和维持使个人尊严得到尊重和维护的各种条件。(2) 法治原则不仅要防范行政权力的滥用，而且还需要有一个有效的政府来维护法律秩序，借以保障人们具有充分的社会和经济生活的条件。(3) 法治要求正当的刑事程序。(4) 司法独立和律师自由。

二、西方法治思想的历史

（一）柏拉图的贤人治国理想

柏拉图是西方历史上最著名的思想家。在治国问题上，柏拉图倾向于“人治”。柏拉图在其生命的大部分时间里对法治持否定态度，而竭力主张贤人（哲学家）统治。当然，柏拉图在晚年逐渐意识到法律在社会生活中的作用，而且明确提出了法治国的方案。他说，每一个城邦都应该有法律的支配，如果一个国家的法律处于从属的地位，没有权威，这个国家一定要覆灭。然而，我们认为如果一个国家的法律在官吏之上，而这些官吏服从法律，这个国家就会获得诸神的保佑和赐福。

经典摘录

在一个理想的国家中，最佳的方法并不是给予法律以最高权威而是给予明晓统治艺术、具有才智的人以最高权威。……（立法家们）不停地制定和修改法律，总希望找到一个办法来杜绝商业上以及其他方面的弊端，他们不明白，他们这样做其实等于在砍九头蛇的脑袋。（柏拉图：《理想国》，商务印书馆，1957年版，第143页。）

（二）亚里士多德的良法治理理论

亚里士多德的法治理论是在否定柏拉图的人治思想的基础上形成的。亚里士多德在认真思考“由最好的一人或最好的法律统治，哪一方面较为有利”这个问题之后，明确

---

① 参见徐显明：《论“法治”的构成要件》，《法学研究》1996年第3期。

提出“法治应当优于一人之治”。他指出，法治包含两层意义：已成立的法律获得普遍的服从，而大家所服从的法律又应该是制定得良好的法律。法治之所以优于人治，是因为：第一，法治代表理性的统治，而人治则难免使政治混入兽性的因素，因为即使最好的贤人也不能消除兽欲、热忱和私人情感，这就往往在执政时产生偏见和腐败，而法律正是免除一切情欲影响的理性的体现。第二，法治是以民主共和为基础的，民主共和政制有助于消除危及城邦幸福与和谐的某些个人的情欲或兽欲，因为群众比任何一人更可能作出较好的裁断，多数群众与少数人比较不易腐败，正如物多不易腐败，大泽水多则不朽一样。第三，法治内含平等、正义、自由、善德等社会价值，推行法治也就是在促进这些社会价值。正如他说：“法律不应该被看做和自由相对的奴役，法律毋宁是拯救。”

经典摘录

凡是不凭感情因素治事的统治者总比感情用事的人们较为优良。法律恰好是全无感情的，人类的本性使谁都难免有感情。

让一个人来统治，这就在政治上混入了兽性的因素。

法治应包含两重意义：已成立的法律获得普遍的服从，而大家所服从的法律又是制定得良好的法律。

法律的实际意义却应该是促成全邦人民都能进于正义和善德。（亚里士多德：《政治学》，商务印书馆，1965年版，第163、171、177页。）

（三）近代法治思想的核心——权力分立与保障自由

近代西方法治理论的创立首推英国法哲学家詹姆士·哈林顿，他在《大洋国》中提出了以自由为最高价值准则，以法律为绝对统治体制的法治共和国模式。哈林顿认为，要实现这个目标，必须实行权力制衡。继哈林顿之后，洛克以自然法为其法治理论的基础，强调法治的核心是保护个人自由权利。他认为，对个人自由权利的最大危害是政治权力的滥用，因此政治权力必须受到法律的约束。法治社会中的权力应当是有限的、分立的和负责的。孟德斯鸠将近代法治理论作了制度化的设计。他认为，为了防止个人被迫做他不应该做的事，就必须对国家权力加以限制，因为自由只能在“国家权力不被滥用的时候才存在。但是一切有权力的人都容易滥用权力，这是万古不易的一条经验。有权力的人们使用权力一直到需要有界限的地方才休止”。由此，他把法治理论与权力制度设计联系在一起，派生出了立法权、司法权和行政权的分权理论。另外，在那个时代，卢梭依其社会契约论阐述了他的法治思想，即人民拥有立法权，法治与共和政体相结合，法治意味着平等。他宣称：“我将选择一个立法权属于全体公民的国家作为我的祖国。”

（四）现代法治思想的发展走向——福利国家与法治改革

现代社会要求国家经济职能的扩大，即国家对于社会经济活动的规划和调控职能的普遍增加。与此同时，现代西方社会在公民权利方面也有较大的扩展，表现为自由权本位向福利权本位的发展。这种变化极大地挑战了传统法治观念。

现代西方法学家关于法治的理论问题主要有：第一，法治与政府自由裁量权的关系。在现代社会，政府不可避免地要运用自由裁量权，有人怀疑政府自由裁量行为是对法治的否定，是法治的危机。实际上，实行法治反对人治，不是排斥行政机关具有自由裁量的权力，只是反对人治中的专横、自私自利等因素。正当的自由裁量权力是一种合理的制度安排，是现代政治制度和法律体系所不可缺少的，因为行政事务十分复杂，立法者不可能在任何问题上都制定出详细的规则。我们面临的问题是要建立防范政府滥用自由裁量权的有效制度，规定一些肯定的标准作为政府权力对私人权利干预范围的界限，政府活动的扩展必须伴之以取消政府责任的豁免权等等。第二，法治与平等的关系。出于社会经济的考虑，立法必须把各种人区分开来，使雇主与受雇者等不同类型的人受不同的法律管辖，法律平等的传统观念会使法律归于无效。第三，法治和允许法律批评。批评法律的目的是促使法律的修改，但不能由于批评法律的缘故而拒绝服从法律。合法成立的法律未经修改以前，任何人都有服从的义务。国家对于受批评的法律可以采取放弃执行或者改进执行的态度。

随堂思考

第二次世界大战前的德国也是一个法律发达的国家，为何其能够以法律的名义为恶？请结合自然法学派和实证法学派的争议，谈谈你的看法。

第二节　法治国家理论

一、法治国家的内涵

“法治国家”或“法治国”，最初是相对于“警察国家”或“警察国”而言的一种关于国家形式和治国方式的统称。“警察国家”的特点是，只有君主才是主权者，他是不受任何制约的公权力的承担者，臣民对君主没有任何权利。早期“法治国”思想渊源于斯多葛学派自然法理论和古代罗马法律制度所形成的欧洲法制思想。早期“法治国”是指中世纪欧洲的某种国家形式，尤其是德意志帝国，当时被认为是“和平与法律秩序的守卫者”。国家权力的限度基本上由法律所规定，但其并不具有权利平等和个人自由等民主特征。现代意义上的“法治国家”是德国资产阶级宪政运动的产物。它的基本概念源于康德的国家学说。康德认为“文明的社会组织是唯一的法治社会”，而这种社会组织的“文明”在于它的成员即公民具有宪法规定的自由、平等和人格等三种不可分离的法律属性，不论是普通公民或行政官员，必须受立法者最高的控制。在德国18世纪末期开始的宪政运动中，这一理论发展成为“法治国”，其基本含义是国家权力，特别是行政权力必须依法行使。也就是说，国家依法实行统治，所以也称“法治政府”（government by law）。随着社会的发展，这种德国类型的“法治国”与英国类型的“法律的统治”（rule of law）尽管存在差异性，但实质性差别在逐步缩小。德、英、美等国的法治虽然因历史原因各有特点，形成各自的法治模式，但是从总体上看，它们的某些根本特征是相同的。有的学者把这些基本要素概括为：公布一部宪法确立权力分立以限制国家权力的集中；赋予保证公民免受他人侵犯或国家非法干预的基本权利；行政机关依法办事；对个人因征用、为公献身和政府滥用职权而造成的损失的国家赔偿义务；法院为防止国家权力侵犯公民权利而提供法律保护；司法独立审判制度和禁止刑法的追溯力。

我们今天所讲的“法治国家”，简单地说，就是指主要依靠正义之法来治理国家与管理社会从而使权力和权利得以合理配置的社会状态。这样理解“法治国家”的优点是：第一，它吸收并突出了“善法之治”这一法治的基本前提；第二，它从“治国方略”到“社会状态”，说明了建设法治国家的过程性，表述了手段与目的、形式与实质的关系；第三，它能够说明法治国家中的核心问题，亦即权力与权利的合理配置关系。

二、法治国家的基本构造与社会条件

实现法治国家并不是无条件的，而是一系列社会条件综合运动的产物。法治国家的目标对国家制度的基本构造提出了相应的要求。

（一）法治国家的政治统治模式应该是民主政体形式

政治统治模式实际上主要是政治体制的问题。法治国家在这方面的基本要求是实行民主政体。从世界各国来看，民主政体是法治国家的根本的政治模式。因此，真正建立法治国家的也是在近代政治革命以后的一些民主国家。民主共和政体是“资产阶级统治的正规形式”，也是无产阶级及其政党“进行统治的现成政治形式”①。

（二）法治国家的国家权力结构应该是分立制约的关系

法治国家在这方面的核心要求是国家权力的合理分工与有效制约。一个国家由谁来掌握统治权、政权机构如何组织、权力如何分配和制约、按照什么规则来运转和行使、社会各种力量通过什么方式和途径来参与政治等，这些问题构成了这个国家的权力结构。从法治国家的要求看，一国立法权是国家的最高权力，是产生其他权力的基础和母体，是高于其他权力的国家权力，只有这样才能保证法律至上。行政权是执行法律、管理国家行政事务的权力，它所制定的法规、规章只能是在法律的范围内作具体规定，只能服从立法机关的法律，而不能与之相抵触。司法权是指解决纠纷、处罚犯罪的审判权，它应当独立于行政权并对行政有合宪性和合法性的审查权。

（三）法治国家的社会控制原则应该是服从法律治理

在建立法治国家的条件下，法律被全社会确认为至高无上的控制手段，这个社会主要依靠法律来治理。国家对社会进行控制的手段是多种多样的，执政党的政策、社会道德、宗教传播等都可能产生较大的影响，甚至各自都有某些特别的作用和优点。但是，无论哪种手段都不能与法律实行社会控制相比，其他手段都服从法律，法律的手段具有更明显的优势。法治国家的目标要求必须主要通过法律实行社会控制，其他手段都服从法律，社会整合主要通过法律实施来实现。在人治国家里，法律作为社会控制的手段，其地位是附属的，其作用是微弱的，全能主义行政权力支配社会，出现决策的非程序性、处罚的任意性等，社会活力受到压抑。

（四）法治国家的经济条件应该是市场经济机制

法治是以商品经济即市场经济为基础的。纵观法治发展的历史，法治总是与商品经济相关，而与自给自足的自然经济和以国家垄断为内容的产品经济无缘。商品交换的特性决定了交换主体对“意志自由”的要求以及对权利平等的要求。当然，市场机制也有缺陷，它无法克服经济周期性波动、社会总体运行失衡、垄断、分配不公平等等，所以国家有必要通过法律形式对市场进行干预或宏观控制。所以市场经济是法治生成、存在

---

① 《马克思恩格斯全集》第4卷，人民出版社1982年版，第508页。

和发展的肥沃土壤。正是因为这样，我们才说“市场经济是法治经济”。可以断言，法治的实现程度取决于市场经济的发达程度。

（五）法治国家的文化条件应该是理性的文化基础

法治需要特定类型的文化作为其存在和发展的社会文化基础，这种特定类型的文化就是理性文化。法治需要理性的精神来正视事实，尊重客观规律，认识到社会固有的矛盾以及由此派生的法律的局限性。有了理性的精神，便会理性地运用法律的功能机制，而不会在抽象、稳定的法律与具体、运动的社会之间束手无策，也不会把法律当做医治社会百疾的良方。法治国家还需要公民对自己的权利能够主动追求，并对他人的一切合法权利给予同等的尊重，认同并履行自己依法对他人、社会和国家负有的义务。即以理性文化为基础的法治国家，具有深刻的文化机理。

三、法治国家的标志

那么，具备何种条件、达到什么水平才能算是一个法治国家呢？这就是法治国家的标志问题。我们把法治国家的标志分为形式标志和实质标志。

（一）法治国家的形式标志

形式标志也就是法治国家的形式要件，它主要表现为：第一，完备的法律体系；第二，严格的行政执法制度和公正的司法制度；第三，正当法律程序的设定和执行；第四，法律职业共同体的形成。

（二）法治国家的实质标志

法治国家的实质标志是指依据法治的精神而形成的涉及重大关系的理性化制度的确立和运行。具体来说，它涉及法律公共权力、国家责任、个人权利、公民义务的原则和制度。区分法律的善与恶，也主要是从这些方面来确立标准。所谓“善法”，也就是指涉及这些重大关系的理性法律制度。它们也都在不同程度上表明法治国家的共性。

1．法律与政治关系的理性化制度

（1）大部分政治行为被纳入法律调整的范围，非理性的权力习惯被立法修正为理性的政治经验，政治活动实现程序化。（2）国家权力受控制，包括受法律的控制、受权力的制衡、受权利的约束。（3）政策或政治主张可以指导立法但不能取代立法，可以作为使用法律的参照以补充法律遗漏，但不能直接作为审判依据。（4）法律确认和保障民主的体制、民主的权利、民主的完善与发展。

2．权力与责任关系的理性化制度

（1）权力与责任相统一，国家责任无可回避。（2）不管哪种权力主体，不管是具体行政行为还是抽象行政行为，也不管是自己执行或是受托代行，只要启动了权力，应该预设其责任。（3）与权力相对应的责任除了由侵权所导致的消极责任外，还包括现代社会满足公民请求的积极责任和由管理而带来的保证责任。（4）立法应当持续、及时地发现并补充遗漏的国家责任，避免权力侵害发生后找不到归责依据的现象。

3．权力与权利关系的理性化制度

（1）权力的取得合法化。对于公权力而言，无授权即无权力，只能在授权范围内行使权力。（2）对于私权利而言，国家承认“法不禁止即自由”，自由不局限于法律的承认，在法律不禁止的地方存在大量的自由，并同样予以尊重，不加以干涉。（3）权力受权利的制约。私权利的授予意味着对公权力规定必要的自由裁量幅度时，必须充分考虑到并尽量避免对私权利的侵害可能；当公权力行使自由裁量时，并不意味着可以任意对待私权利。

4. 权利与义务关系的理性化制度

(1) 权利受到平等的保障。不根据主体的身份，而是根据主体的行为平等地被授予权利、赋予义务。在权利发生矛盾时，既要保护多数人的权利，又要保护少数人的权利；既要保护基本权利，又要保护一般权利。(2) 义务的法律化与合理化。义务的设定必须通过立法机关与正当程序来进行，义务必须避免模糊措辞，应当明确无误，并充分论证义务设定的理由。(3) 义务的相对化。义务总是与权利相伴而生，没有无权利的义务。(4) 权利与义务相统一原则被公民、立法者与执法者加以正确的理解和执行。权利是基本的，应占主导地位，在立法、执法、司法的各个环节均应关怀和尊重人权。

法治国家的形式标志是由其实质标志所决定的，而法治国家的实质标志则由国家的基本构造和社会条件所决定。形式标志反映并影响实质标志，实质标志需要通过形式标志来实现。然而，不同国家进行法治建设有着不同的国情条件和本土资源，因此法治国家也势必存在差异。任何国家在依靠政府运用强制力推进法治建设的同时，还应当注意到法律对于社会经济、文化、历史传统的依赖关系。我们要寻找并利用本民族法治建设的资源，也要注意从社会生活中的各种习惯、道德、非正式制度中去发现对于现代法治有用的东西。

学术前沿

我国有学者将法治国家与非法治国家的区别总结为：民主完善，是法治国家必备的政治基础。人权保障，是国家文明程度和法治进程的重要特征。法制完备，是法治国家得以建立的必要条件，也是法治国家建立的基础条件。法律至上，只有法律在整个社会规范体系中具有最高地位，才是法治国家建立的保障。司法公正，是法治国家司法的本质要求，也是社会发展的必然要求。依法行政，这要求国家对社会进行管理必须有法律上的根据。(参见卓泽渊：《法理学》第四版，法律出版社，2004 年，第 311～317 页。)

第三节　中国的法治建设

一、中国古代的“人治”与“法治”之争

在中国古代社会，尽管有“法治”一词，但并无“人治”与“法治”的明确概念。近代维新派思想家梁启超和自由主义代表人物胡适，在研究先秦诸子的哲学和政治思想时，用“人治”概括儒家的主张，用“法治”说明法家的主张。从此，中国思想界、学术界在论述先秦思想及其后世学说时，遂有中国古代“人治”与“法治”之争的说法。

中国古代的“人治”说，通常被认为是儒家的治国主张。从政治法律理论方面看，所谓“孔孟之道”，就是“人治之道”。孔子认为，国家的兴衰，社会的治乱，取决于统治者个人的品德和才能，即“为政在人”，“其人存则其政举，其人亡则其政息”。只有依靠圣贤君主，才能达到天下大治和长治久安。

与儒家不同的是法家，他们在政治法律方面的主张可以概括为“以法治国”。他们

认为，人人都有“好利恶害”的本性，必须以法治之：“人情有好恶，故赏罚可用；赏罚可用，则禁令可立；禁令可立而治国具矣。”同时，法律具有“定纷止争”、“兴功惧暴”和“令人知事”等作用和功能，足以承担治国平天下的大任。但是，法家所讲的“法治”，与近代以来的民主政治之下的法治，实有根本的不同，甚至极端相反。法家的“法治”，虽然强调法的作用，主张“形无等级”，甚至要求“君臣上下贵贱皆从法”，但从实质上看，这种“法治”是以维护君主专制和确保“君权至上”为前提的。

因此，不论是儒家的治国主张，还是法家的治国之道，都是典型的“人治主义”。然而，我们后人在学习古代思想家思想的同时，不仅要批判性地接受，更重要的是，我们应当努力回到特定的历史条件之下，去分析在当时他们提出这些思想的进步意义。

二、近代中国对法治的追求

1840 年以后，在内部危机和外部力量的双重推动下，中国开始走上了现代化的道路。在法制的发展和转型方面，各派思想家和人文学者也力求中国从“人治”走向“法治”。

中国著名的维新派启蒙思想家梁启超，面对内外交困的国运，大声疾呼：“法治主义，为今日救时惟一之主义”。一方面，他认为历史上的强秦盛汉，都是中国古代“法治主义”的功劳。另一方面，西方的强大和富足，也是推行“法治主义”的结果。他认为，要在中国实现法治，首先必须解决政治问题和文化问题。

资产阶级革命家孙中山，认为只有兴法治才能救中国。他指出，中国历史上的各种黑暗，就是因为缺乏民主法治。孙中山所主张的法治，主要在于：(1) 民主政治就是法治政治；(2) 法治的根本是建立国会，制定宪法；(3) 法律面前人人平等；(4) 政府必须严格守法，依法行事。辛亥革命后颁行的《中华民国临时约法》和随后不久的几次“护宪”运动，都反映了他对法治理想的追求。

经典摘录

(中国) 自秦政灭六国，废封建而为郡县，焚书坑儒，务愚黔首，以行专制，历代因之，视国家为一人之产业，制度立法，多在防范人民，以保全此私产；而民生庶务，与一姓之存亡无关者，政府置而不问，人民亦无监督政府之措施者。(孙中山：《支那保全分割合论》，《孙中山全集》第 1 卷。)

20 世纪 30 年代末 40 年代初，中国政治理论界和法学界曾开展过一次引人注目的关于人治与法治问题的讨论，甚至一些哲学家也争先发表自己的见解。这场讨论所取得的最重要的成果，就是认识到中国必须走向法治国家。伴随着中国思想界、学术界关于实行法治的种种主张的讨论和呼吁，中国法制也开始向法治转变。清末的法制改革，中华民国时期的法制建设，在思想观念和制度规则方面，都推动了中国走向法治的历程。但是，由于中国传统的“人治”思想的深刻影响，近代社会结构的固有排斥和专制政治、军人政治或官僚政治的严重阻滞等原因，近代中国并未完成“走向法治”的时代使命，从而将这一使命留给了未来的新中国。

三、新中国的法治发展

从法治的视角来观察，新中国几十年的历史大约可以分为三个阶段：1949—1978 年，1978—1997 年，1997 年以后。应当说，法治在这三个阶段中具有不同的命运和地位。

（一）1949—1978 年

新中国成立初始，便废除了原民国政府的“六法全书”法律体系，中国共产党开始探索具有社会主义特色的社会治理模式。1956 年中共八大的决议指出：“由于社会主义革命已经基本完成，国家的主要任务已经由解放生产力变为保护和发展生产，我们必须进一步加强人民民主法制，巩固社会主义建设的秩序。国家必须根据需要，逐步地系统地制定完备的法律。”这为新中国完成“走向法治”的历史课题展现了希望。但是，1957 年“反右”运动以后，法律虚无主义不断盛行，以言代法、以政策代替法律和轻视法律的现象恶性发展，直至形成“要人治不要法治”的主流意见。在这种思想指导下，1957—1966 年，新中国的法制建设不断走下坡路。而 1966—1976 年的“文化大革命”，更是“人治”盛行，法制遭到毁灭性的大破坏。可见，这个阶段的大部分时间里，法治实际上是没有生存余地的，或者说，法治没有“合法”生长的权利，最终只有被否定或被遗弃。

（二）1978—1997 年

十年“文化大革命”的结束，中共十一届三中全会的召开，对于新中国重新认识法治问题具有深远的意义。1978 年，邓小平就指出：“为了保障人民民主，必须加强法制。必须使民主制度化、法律化，使这种制度和法律不因领导人的改变而改变，不因领导人的看法和注意力的改变而改变。”十一届三中全会的公报也要求：“为了保障人民民主，必须加强社会主义法制，使民主制度化、法律化，使这种制度和法律具有稳定性、连续性和极大的权威，做到有法可依、有法必依、执法必严、违法必究。”这些方针，开启了近二十年中国法制发展和改革的历程。从 1980 年关于“人治和法治”问题的大讨论到审判林彪、“四人帮”犯罪集团，从 1982 年宪法的制定到中共的十三大确定政治法律改革，从建设社会主义市场经济的法律体系到 1996—1997 年法学界对“法制国家”和“法治国家”的全面讨论，新中国法制建设进入了空前的发展阶段，“法治”思想也逐渐为更多的人接受和认同。但是，对于“法治”，许多人仍然存有怀疑，领导集体也处于徘徊之中。整个 80 年代，“人治”思潮时时涌动，“法治”也未获得稳固的合法地位。到了 90 年代中期，权威性的口号或主张，仍然是“社会主义法制国家”。这种状况说明，“法治”原则或“法治”的治国之道，有时依然处于迷茫和困惑之中。

（三）1997 年以后

1997 年召开的中共十五大，中国共产党第一次明确提出“建设社会主义法治国家”的宏伟目标。这既是近二十年来中国法制发展、改革和法学理论不断更新的结果，也是新的思想解放的产物。它不仅表明了中国未来政治和法治发展的基本方向，而且表明了中国走向法治的历程站在了一个新的起点之上。中国的法治道路是曲折的，但中国法治的前途是光明的。法治是也应当是我们每一个法律人的信仰和奋斗目标。

随堂思考

学习完本章之后，在你心中有没有一幅关于中国法治建设的图景呢？我们在借鉴西方先进法治文明的同时，自身是否有属于自己的法治特征呢？

深入阅读

1. 朱苏力:《法治及其本土资源》,中国政法大学出版社,2004年版。
2. 何怀宏:《西方公民不服从的传统》,吉林人民出版社,2003年版。
3. 何勤华主编:《现代西方的政党民主与法治》,法律出版社,2010年版。
4. 张晋藩:《中华法治文明的演进》,法律出版社,2010年版。
5. [英]维尔:《宪政与分权》,苏力译,生活·读书·新知三联书店,1997年版。
6. 梁治平:《法治十年观察》,上海三联书店,2009年版。

课后思考

1. (2010年司法考试)司法公正是司法工作的灵魂,是依法治国的重要标志。社会主义法治理念要求司法机关必须“严格公正司法”。下列哪一选项不符合社会主义法治理念的精神和要求?( )

A. 司法机关必须坚持实体公正和程序公正相结合,做到法律效果、政治效果和社会效果相统一;

B. 司法机关必须进一步提高办案效率,坚持公正与效率兼顾;

C. 司法机关为了保障判决有效执行,应对当事人实行“一站式服务”,即谁立案谁审判谁执行;

D. 司法机关为了加强审判监督,可主动邀请人大代表、政协委员和新闻媒体旁听重大疑难案件审判。

2. (2010年司法考试)社会主义法治理念的核心内容是“依法治国”。关于“依法治国”,下列哪一选项是错误的?( )

A. 依法治国以国家法律体系的健全、完善、规范、系统、协调为必要条件;

B. 依法治国依赖于法制完备,法律健全完备了,法治就实现了;

C. 依法治国应当树立宪法法律的权威;

D. 依法治国的实现,必须以规范和制约公权力为前提,做到职权法定、有权必有责、用权受监督、违法受追究。

3. (2010年司法考试)关于社会主义法治理念及其特征的表述,下列哪一选项是错误的?( )

A. 社会主义法治理念重在强调行政执法和司法工作应遵守一定的原则,与立法没有直接关系;

B. 社会主义法治理念反映和坚持了人民民主专政的国体;

C. 社会主义法治理念反映了社会主义法治的性质、功能、价值取向和实现途径;

D. 社会主义法治理念中的法治建设根本目标是实现好、维护好、发展好最广大人民的利益。

第四编 技能

第十四章　文献检索

学习要点

了解·识记：文献检索，法学文献检索，纸质文献，网络文献

理解·应用：如何进行法学文献检索

第一节　文献检索概述

一、文献

我国1983年颁布的国家标准《文献著录总则》中，文献被定义为“记录有知识的一切载体”。具体地讲，文献是指以文字、符号或图形等方式记录人类活动或知识的一种信息载体。广义的文献载体包括印刷型文献，即以纸张为载体，以手写、印刷等为记录手段而产生的一种传统的文献形式；缩微型文献，即以感光材料为载体，以缩微照相为记录手段而产生的一种文献类型，也称缩微复制品，如缩微胶卷；声像型文献，即以磁性材料或感光材料为载体，以磁记录或光学技术为手段直接记录声音、视频图像而形成的一种文献形式，如录音带、录像带等；机读型文献，也称电子型文献，即以磁性或塑性材料为载体，以穿孔或电磁、光学字符为记录手段，通过编码和程序设计，将文字语言变成计算机可以识别的机器语言，输入计算机，阅读时再由计算机将其内容输出。计算机处理而形成的一种文献形式，如磁带、磁盘、光盘等。就目前大学生的实际运用而言，文献的载体主要是纸质和网络，所以大学生学习和运用最多的是纸质文献资源和网络文献资源。

二、法学文献检索

《中华人民共和国国家标准情报与文献工作基本术语》（GB 4894－85）将文献检索定义为：“从存贮的文献中找出特定文献的过程。”联合国教科文组织《文献与情报工作辞典》（1976年版）则定义为：“从一个文献集合中查找专门文献的活动、方法与程序。”因此，文献检索就是在现有的文献资源中查找出符合个体需要的文献信息的过程。对于法科大学生而言，法学文献检索，就是在众多的的纸质和网络文献资源中，找到符合法律学习、研究和适用等特定目的所需要的文献信息的过程。

法学文献检索对于法学学习研究有着重要的意义。对于法学学习或研究而言，我们从事的每一项具体的研究都只能也必须建立在前人的基础上，文献检索能够让学习者和研究者了解该领域既有的研究成果，以及该领域知识的发展现状和前沿动态，据此粗略判断自己的研究大致处于什么位置。譬如要进行与中国民法典制定相关问题的研究，必须要先进行关于中国民法典制定问题研究的文献检索，掌握法学界对于该问题的研究现状，发现问题，了解争议，缩小自己的研究范围，然后再进行建立在既有成果之上富有自己思想的研究。如果没有进行必要的文献检索，最终的研究成果要么就会成为空中楼

阁，没有理论基础和依据，要么就会成为简单的重复，缺乏创见。因此，在一定程度上，对某一领域问题的文献掌握程度决定了在该领域你所能进行研究的深度。

法学文献检索也是司法适用的必要环节。对于一般的法律适用而言，寻找到最为合适的法律规范是正确适用法律的基础。比如涉及交通肇事案件的法律适用，需要通过文献检索找到准确的刑事法律规范，在最新的刑法中交通肇事的刑事法律规范是如何规定的，有没有单行的刑事规范，最高人民法院和最高人民检察院有没有相关的司法解释，而为了更好地论证案件，可能还会涉及搜集既有类似案件的审理情况，相关专家学者的观点，以及附带的民事赔偿的标准、范围等等，因此法律适用也是建立在文献检索的基础之上的。如果在文献检索环节出现失误，就会影响对案件的准确分析。对于一些疑难案件的法律适用，则更需要对相关问题进行研究型的分析，文献检索也就显得更为重要。

第二节　纸质法学文献

一、纸质法学文献的基本类型

按照出版形式来看，纸质法学文献主要分为图书、期刊、报纸、会议论文、学位论文、法律法规与案例汇编、法律类公报、法律辞书等。

图书文献是最常见的文献类型。图书文献中最具学术价值的是专著，其特点是对该书主题的论述系统、全面、深入，如需要了解某一问题，应当首先想到查询该问题的专著。除专著外，图书文献还包括编著类作品以及教材等。目前国内较大的法律专门图书出版机构包括：法律出版社、中国政法大学出版社、中国法制出版社等，一些高校出版社和综合性出版社也出版了许多法学图书，如北京大学出版社、中国人民大学出版社、清华大学出版社、商务印书馆、三联书店、山东人民出版社，台湾地区的元照、五南等也是著名的法学图书出版商。

期刊是指具有国家新闻出版署审批刊号而得以定期连续出版的出版物。期刊与图书相比，周期短、文章针对性强、内容广泛，是法学研究最基本的文献来源。国内的期刊包括学科专门性期刊，历史类如《历史研究》，经济类如《经济研究》，法学类如《法学研究》、《中国法学》等；各省社科院主办的综合性期刊，如中国社会科学院主办的《中国社会科学》、四川省社科院主办的《社会科学研究》；各高校主办的综合性期刊，如《北京大学学报》、《四川大学学报》等。近年来随着以书代刊情况越来越普遍，许多机构都以定期出版图书的方式规避国家期刊管理制度，从而产生了许多以图书方式出现的连续出版物，即“集刊”。这些集刊已经成为学术研究重要的资源载体，如《北大法律评论》、《清华法律评论》、《民商法论丛》、《刑事法评论》等。我国港澳台地区也有许多重要的期刊，如《政大法学评论》、《台大法律评论》等。

报纸以时事新闻为主要报道内容，具有更强的时效性和普及型，其影响力最广。报纸中所载的许多新闻和评论都是我们从事法学研究不可忽略的佐证材料，如《南方周末》、《南方都市报》等，法学类的报纸如《法制日报》、《人民法院报》等。

会议论文是用以学术会议交流的论文，许多会议论文并未公开出版或发表。由于会议主题的限制，所以会议论文往往问题集中。

学位论文是研究生为取得学位而撰写的具有较高学术价值和独创性的学术论文。学位论文在很大程度上是该作者在一定时期内的学术高峰，而且一般会在毕业后予以出版；即使未能出版，目前各高校对本校的硕博士论文也都有馆藏，并在图书馆网页中提供了搜索，读者可通过事先查询再借阅复印。

法律法规与案例汇编是出版者以一定的标准或顺序对现有法律的汇总，如按时间、按门类、按发布机构、按名称等等，方便法律工作者查找。全国人大法工委、国务院法制办等许多机构都先后出版了不同的法律法规汇编。最高人民法院和最高人民检察院还多次出版了案例汇编，这些案例对司法裁判和法学研究都有很高的参考价值。法律法规和案例汇编在一般高校图书馆均有馆藏。

公报是由国家机关发布的文件，在我国有全国人民代表大会常务委员会公报、最高人民法院公报、最高人民检察院公报，这些公报会颁布最新的法律法规和与之相关的内容，是了解法律动态的最权威的资源。

法律辞书是指常见的工具书，如《英汉法律词典》、《牛津法律大辞典》、《英美法辞典》等等。

除此之外，法律年鉴、司法裁判文书等其他文献也是我们可以利用的法学文献资源，而许多其他学科或者其他类型的文献资源只要能为我所用，都应当成为我们研究和学习的搜集范围。

二、一些重要的检索资源知识

重要的转载文献。所谓转载是指再次刊发已经发表过的文献，包括全文转载和部分转载以及观点转载。一般转载的文章都是具有较高水准或是有开创性的价值。国内主要的转载刊物包括《中国社会科学文摘》、《人大复印资料》、《高等学校文科学术文摘》等。

重要的目录资料。通过目录索引可以了解既有的书籍报刊基本内容，以找到自己所需资源。主要的书刊目录包括《民国时期总书目》、《全国总书目》、《中国近代期刊篇目汇录》、《全国报刊索引》、《全国中文期刊联合目录》等。

核心期刊。目前我国已经出版了大量的学术期刊，但由于数量较大、学术不够规范，出现了良莠不齐的现象，为此，一些机构纷纷以不同的统计和评价标准对现有期刊进行分级，提取出了一些具有较强影响力的期刊作为核心期刊。迄今最有影响力的核心期刊分类主要是北大图书馆的中文核心期刊和南大社会科学评价中心的CSSCI（中文社会科学引文索引）期刊。CSSCI（2010—2011）法学类期刊共21种，包括：《法学研究》、《中国法学》、《法商研究》、《政法论坛》、《中外法学》、《法律科学》、《现代法学》、《法学》、《法学评论》、《法制与社会发展》、《环球法律评论》、《比较法研究》、《行政法学研究》、《知识产权》、《法学杂志》、《法学论坛》、《法学家》、《当代法学》、《华东政法大学学报》、《政治与法律》、《中国刑事法杂志》。CSSCI（2008—2009）法学类集刊15种，包括《行政法论丛》、《北大法律评论》、《民间法》、《刑事法评论》、《诉讼法学研究》、《法律方法》、《私法研究》、《国际经济法学刊》、《清华法学》、《武大国际法评论》、《南京大学法律评论》、《经济法论丛》、《清华法治论衡》、《刑法论丛》、《人权研究》。

《中国图书馆分类法》。《中国图书馆分类法》（原称《中国图书馆图书分类法》）是新中国成立后编制出版的一部具有代表性的大型综合性分类法，是当今国内图书馆使用最广泛的分类法体系，简称“中图法”。其中法律类图书的编码为 D9 和 DF。如要查询法律社会学的著作，它在中图法中的编码就是 D90－052。

第三节　网络法学文献

一、校园网数据库资源

网络数据化是文献存档和信息交流的趋势，利用网络方式获取法学文献也已经成为法学研究和学习的重要技巧，所以各大高校图书馆都在加强数据化和网络化建设。学校图书馆提供的丰富的网络文献馆藏可以通过经由校园网 IP 控制的方式自由获取，加之网络搜索方式更加便捷，相较于纸质文献检索效率大大地提升，所以在纸质文献有网络数据的前提下，应当鼓励运用网络搜索方式查询法学文献。当然这种网络资源主要指的是图书馆的法学数据库资源，一般网络资源不应作为严格的学术资源使用。以下介绍几种最常用的数据库。

中国知网（China National Knowledge Internet）。中国知网是由清华大学筹建的，始建于 1999 年 6 月，英文简称为 CNKI。CNKI 是全球信息量最大、最具价值的中文网站。据统计，CNKI 网站的内容数量大于目前全世界所有中文网页内容的数量总和，可谓世界第一中文网。CNKI 的信息内容是经过深度加工、编辑、整合，以数据库形式进行有序管理的，内容有明确的来源、出处，可信可靠，比如期刊、报纸、博士硕士论文、会议论文、图书、专利等等。由于其涵盖了几乎所有期刊、报纸和学位论文的全文内容，所以 CNKI 成为法学学习和研究中最常用的数据库。

中文科技期刊数据库（VIP）。中文科技期刊数据库由重庆维普资讯有限公司创办，是经国家新闻出版总署批准的大型连续电子出版物，收录中文期刊 12000 余种，全文 2300 余万篇，引文 3000 余万条，分 3 个版本（全文版、文摘版、引文版）和 8 个专辑（社会科学、自然科学、工程技术、农业科学、医药卫生、经济管理、教育科学、图书情报）定期出版。2005 年，维普资讯网和全球最大的搜索引擎提供商 Google（谷歌）进行战略合作，成为 Google 在中国的重要合作伙伴，并且成为“Google 学术”网站最大的中文内容提供商。

超星数据库。超星数据库由北京超星公司创办。2000 年已成为世界最大的中文数字图书馆，2000 年 5 月超星数字图书馆被列为国家“863 计划”中国数字图书馆示范工程。超星数字图书馆目前藏书量达到数十万种，每天以 800～1000 本的速度递增。

万方数据库。万方数据库由万方数据（集团）公司创办，集纳了涉及各个学科的期刊、学位、会议、外文期刊、外文会议等类型的学术论文、法律法规、科技成果、专利、标准和地方志。

中国法律检索系统（“北大法宝”）。北大法宝是由北京大学法制信息中心与北大英华科技有限公司联合推出的智能型法律检索系统。收录 1949 年至今几乎所有的法律法规、部门规章、司法解释和案例、仲裁裁决、裁判文书、全国的地方法规和规章、中外条约、港澳台法律、合同范本、法律文书、法学教程、参考文件、法学论文和 WTO 法律文件。

Westlaw 数据库（"万律"）。Westlaw 是世界上最大的法律出版集团 Thomson Legal and Regulator's 于 1975 年开发的为国际法律专业人员提供的互联网的搜索工具，拥有丰富的英语地区法律资源，包括论文、案例、法令法规、表格、条约、商业资料等等。其中 World Journals 收录了 1200 多种英语国家期刊。

LexisNexis 数据库（"律商"）。LexisNexis 的拥有者励德爱思唯尔（Reed Elsevier）是全球最大的出版发行集团。律商联讯结合国内各大高校图书馆的运作特点，引进了学术大全（LexisNexis Academic）数据库。LexisNexis Academic 学术大全内容丰富，包括全文收录美国及世界其他地区的 350 种报纸新闻，美国约 300 年的联邦与州的案例，许多国际法律出版集团的全文图书，500 多种权威法学学术期刊，300 多种美国及其他国家的法律报纸、杂志和法律报道。

二、免费网络数据库

除了这些图书馆购买的资源之外，还有一些网络资源属于免费资源，所以不需要经由校园网而可以自由获取，主要包括：

开放存取期刊目录（DOAJ）（http://www.doaj.org）。DOAJ 由瑞典隆德大学图书馆（Lund University Libraries）主办。DOAJ 目前免费提供 4250 多种期刊的篇目检索和 1570 多种期刊的全文检索，收录论文 30 多万篇，其中有法律与政治学、哲学与宗教学、社会科学等 17 个主题。

High Wire Press（http://highwire.stanford.edu）。High Wire Press 是提供免费全文的、全球最大的学术文献出版商之一，于 1995 年由美国斯坦福大学图书馆创立。数据库目前已收录电子期刊 1274 种，文章总数已达 600 多万篇，其中超过 193 万篇文章可免费获得全文，这些数据仍在不断增加。High Wire Press 学科范围涵盖生命科学、医学、物理学、社会科学等主题。数据库在免费注册之后即可使用。

谷歌图书搜索（Google Book Search）（http://books.google.com）。图书搜索是谷歌公司于 2004 年启动的一个项目，旨在对全球大学图书馆藏书进行数字化扫描，打造世界上最大的数字图书馆。目前，谷歌图书已扫描了来自全球各地图书馆和出版商的 700 万种图书，其中约 100 万种书可以免费预览全部内容。

三、常用法律类网站

除了数据库之外，许多一般网站也可以给我们提供丰富的学习研究资源和法学与法律信息。综合性的法律网站，如北大法律信息网（http://www.chinalawinfo.com/）、中国法学网（http://www.iolaw.org.cn/）、中国法学创新网（http://www.lawinnovation.com/）、月旦法学网（http://www.lawdata.com.tw/）；部门法学术网站，如中国民商法网（http://www.civillaw.com.cn/）、中国私法网（http://www.privatelaw.com.cn/）、中国诉讼法律网（http://www.procedurallaw.cn/）、中国刑事法网（http://www.criminallaw.com.cn/）、中华法律文化网（http://www.ruclcc.com/）、中国理论法学研究信息网（http://www.legal-theory.org/）；法学院校网站，如北京大学法学院、中国人民大学法学院、清华大学法学院、中国政法大学、西南政法大学、华东政法大学、台湾大学法学院、台湾"中研院"法律所等；政府网站，如中华人民共和国中央人民政府门户网站、全国人大常委会、国务院法制办、最高人民法院等，这些网站都有着丰富的资源可供查询和浏览。

深入阅读

1. 渠涛:《中文法律文献资源及其利用》,法律出版社,2006 年版。
2. 陈瑞华:《法学论文写作与资料检索》,北京大学出版社,2011 年版。
3. 于丽英:《法律文献检索》,北京大学出版社,2010 年版。
4. 董晓春:《法学信息资源与文献检索》,法律出版社,2001 年版。

课后思考

自拟一个思考问题,然后通过图书馆数据库查找与该问题相关的书籍资源、论文资源和立法资源。

第十五章　学术规范

学习要点

了解·识记：学术规范，抄袭，剽窃

理解·应用：引用；注释

学术规范是学术共同体成员从事学术活动的行为规范。从广义上讲，学术规范涉及学术研究的全过程，包括学术研究规范、学术评审规范、学术批评规范、学术管理规范。从狭义上讲，学术规范主要是指学术研究规范。学术共同体成员必须熟悉和掌握学术研究的行为准则即学术规范，并在实际行动中遵守这些规范。只有遵守学术规范，才能在学术共同体中得到认可；如果违反了学术规范，成为学术不端，应被否定。

第一节　引用与注释

一、引用

引用是指在研究中采用了其他人的观点或语言作为自己论证的根据。在科学研究中，作者常以抄录或转述的方式利用他人的学术成果，供自己著作参证、注释或评论之用，推陈出新，创造出新的成果。引用必须是在自己观点作为主体结论的前提下，基于参证、注释和评论等目的，合理利用他人论著的内容。如果超出合理范围，所引用的内容成为新作品的主体部分，则不再视作引用而是抄袭。

引用要注明作者姓名、论著名称、出版信息等，以便阅读者可以依此信息回查原文。引文应以原始文献和第一手资料为原则，不能片面曲解他人观点。若原文观点已有修订版，应引用最新版本。当然，学术界的基本共识或是普遍性的学术概念和原理，在引用时不需要注明出处。

引用按照引用方式可分为直接引用和间接引用。直接引用是指一字不改地照录原话，引文前后应加注引号，并以注释表明为他人所著。间接引用是指作者通过自己的语言转述他人的研究观点，引文内容可不加注引号，但应以注释方式表明为他人观点。如直接引用超过一定篇幅，可采用改变排版方式等办法来更为清晰地加以区分。

引用应当符合现行知识产权法的相关规定。现行的著作权法对合理使用和适当引用都有规定。根据我国《著作权法》第2条的规定，“合理使用”必须具备以下几个条件：(1) 使用的作品已经发表。已经发表的作品是指著作权人自行或者许可他人公之于众的作品。未发表的作品不属于合理使用的范围。(2) 使用的目的仅限于为个人学习、研究或欣赏，或者为了教学、科学研究、宗教或慈善事业以及公共文化利益的需要。(3) 使用他人作品时，应当指明作者姓名、作品名称；但是，当事人另有约定或者由于作品使用方式的特性无法指明的除外。(4) 使用他人作品，不得影响该作品的正常使用，也不得损害著作权人的合法权利。我国《著作权法》第 27 条指出，“适当引用”指为介绍、评论某一作品或说明某一问题，在作品中可以适当引用他人已经发表的作品。适当引用应具备的 4 个条件是：（1）引用目的仅限于介绍、评论某一作品或者说明某一问题；（2）所引用部分不能构成引用人作品的主要部分或者实质部分；（3）不得损害被引用作品著作权人的利益；（4）应当指明作者姓名、作品名称。

一般而言，自己的论文中只适量地引用了他人作品中的观点、论据或内容，而不构成自己作品的主要观点及论据或主要内容，则属于引用；若是在自己的作品中大量地引用他人作品的观点、论据或内容，从而使自己作品大部分或主要观点、论据或内容是照搬他人作品的结果，则属于抄袭。

学术前沿

贺卫方教授提出引用的“伦理规则”十条。第一条：学术引用应体现学术独立和学者尊严。第二条：引用必须尊重作者原意，不可断章取义。第三条：引注观点应尽可能追溯到相关论说的原创者。第四条：写作者应注意便于他人核对引文。第五条：应尽可能保持原貌，如有增删，必须加以明确标注。第六条：引用应以必要为限。第七条：引用已经发表或出版修订版的作品应以修订版为依据。第八条：引用未发表的作品须征得作者或相关著作权人之同意，并不得使被引用作品的发表成为多余。第九条：引用应伴以明显的标识，以避免读者误会。第十条：引用须以注释形式标注真实出处，并提供与文献相关的准确信息。

二、注释

注释是对学术作品中的引文所作的专门说明。在《著作权法》中，注释指对文字作品中的字、词、句进行解释。

注释应遵从一定的形式规定。目前的注释方式分为三类：夹注、脚注和尾注。夹注是直接在正文中或图释中注释，即要在注释的字词后面加上括号，在括号内写明注文。脚注是在需要注释的地方作出标示，在每页的下端进行对应的说明。尾注是把注释集中于论著的末尾。

注释中可能会涉及与参考文献的关系问题。参考文献指作者为撰写或编辑论著而引用的有关图书资料，一般罗列在文末。目前我国期刊和书籍出版的规则中对注释的形式及其与参考文献的形式规范尚无统一格式。有的期刊要求“注释分离”，“注”就是表明参考文献，“释”是对文中某一问题的进一步说明。有的期刊并未严格区分注释和参考文献，如果文中的每一处引用都有相关注释说明便不再要求在文后罗列参考文献。不同的学科对于注释与参考文献的通行惯例也有所区别，但这些区别仅是形式的不同，注释的基本规则却是一致的：凡引用他人论著必有注释予以说明，这种说明必须信息准确，可保障回查到原文。

学术前沿

目前国内的注释体例主要分为两大类，一类是以综合性社科期刊或学科类期刊为群体的格式，一类是以高等学校学报为群体的格式。以法学期刊为例，前者如《法学研究》（社科院法学所）、《中国法学》（中国法学会）、《中外法学》（北大法学院）等等，后者如《现代法学》（西南政法大学）、《法学评论》（武汉大学）、《法律科学》（西北政法大学）等等。现摘录《法学研究》的注释体例如下：

1. 著作类：

[1]《马克思恩格斯选集》第3卷，人民出版社1972年版，第26页。

[2] 周鲠生：《国际法》上册，商务印书馆1976年版，第156页。

2. 论文类

[3] 王家福、刘海年、李步云：《论法制改革》，《法学研究》1989年第2期。

3. 文集、教材类

[4] 龚祥瑞：《比较宪法学的研究方法》，载《比较宪法研究文集》第1册，南京大学出版社1993年版。

[5] 佟柔主编：《民法》，法律出版社1980年版，第123页。

4. 译作类

[6]〔英〕梅因：《古代法》，沈景一译，商务印书馆1984年版，第69页。

5. 报纸类

[7] 王启东：《法制与法治》，《法制日报》1989年3月2日。

6. 古籍类

[8]《宋会要辑稿·食贷》卷三。

[9] [清] 沈家本：《沈寄簃先生遗书》甲编，第43卷。

7. 辞书类

[10]《辞海》，上海辞书出版社1979年版，第932页。

8. 港台著作

[11] 戴炎辉：《中国法制史》，台湾三民书局1966年版，第45页。

[12] 史尚宽：《民法总论》，台湾三民书局1988年版，第230页。

9. 外文类

从该文种注释习惯。著作或者文章名使用斜体。尽可能避免中外文混用。

第二节　学术不端

如果未能遵守学术规范，违反了学术共同体公认的行为准则，即被视为学术不端。科技部2006年颁布的《国家科技计划实施中科研不端行为处理办法（试行）》对学术不端行为的7个方面进行了罗列：（1）故意做出错误的陈述，捏造数据或结果，破坏原始数据的完整性，篡改实验记录和图片，在项目申请、成果申报、求职和提职申请中做虚假的陈述，提供虚假获奖证书、论文发表证明、文献引用证明等。（2）侵犯或损害他人著作权，故意省略参考他人出版物，抄袭他人作品，篡改他人作品的内容；未经授权，利用被自己审阅的手稿或资助申请中的信息，将他人未公开的作品或研究计划发表或透露给他人或为己所用；把成就归功于对研究没有贡献的人，将对研究工作作出实质性贡献的人排除在作者名单之外，僭越或无理要求著者或合著者身份。（3）成果发表时一稿多投。(4) 采用不正当手段干扰和妨碍他人研究活动，包括故意毁坏或扣压他人研究活动中必需的仪器设备、文献资料，以及其他与科研有关的财物；故意拖延对他人项目或成果的审查、评价时间，或提出无法证明的论断；对竞争项目或结果的审查设置障碍。(5) 参与或与他人合谋隐匿学术劣迹，包括参与他人的学术造假，与他人合谋隐藏其不端行为，监察失职，以及对投诉人打击报复。(6) 参加与自己专业无关的评审及审稿工作；在各类项目评审、机构评估、出版物或研究报告审阅、奖项评定时，出于直接、间接或潜在的利益冲突而做出违背客观、准确、公正的评价；绕过评审组织机构与评议对象直接接触、收取评审对象的馈赠。(7) 以学术团体、专家的名义参与商业广告宣传。

2007 年 2 月，中国科学院发布《中国科学院关于加强科研行为规范建设的意见》，将科研不端行为概括为 6 个方面：(1) 在研究和学术领域内有意做出虚假的陈述，包括：编造数据，篡改数据，改动原始文字记录和图片，在项目申请、成果申报以及职位申请中做虚假的陈述。(2) 损害他人著作权，包括：侵犯他人的署名权，如将作出创造性贡献的人排除在作者名单之外，未经本人同意将其列入作者名单，将不应享有署名权的人列入作者名单，无理要求著者或合著者身份或排名，或未经原作者允许用其他手段取得他人作品的著者或合著者身份。剽窃他人的学术成果，如将他人材料上的文字或概念作为自己的发表，故意省略引用他人成果的事实，使人产生为其新发现、新发明的印象，或引用时故意篡改内容、断章取义。(3) 违反职业道德利用他人重要的学术认识、假设、学说或者研究计划，包括：未经许可利用同行评议或其他方式获得的上述信息；未经授权就将上述信息发表或者透露给第三者；窃取他人的研究计划和学术思想据为己有。(4) 研究成果发表或出版中的科学不端行为，包括：将同一研究成果提交多个出版机构出版或提交多个出版物发表；将本质上相同的研究成果改头换面发表；将基于同样的数据集或数据子集的研究成果以多篇作品出版或发表，除非各作品间有密切的承继关系。(5) 故意干扰或妨碍他人的研究活动，包括故意损坏、强占或扣压他人研究活动中必需的仪器设备、文献资料、数据、软件或其他与科研有关的物品。(6) 在科研活动过程中违背社会道德，包括骗取经费、装备和其他支持条件等科研资源；滥用科研资源，用科研资源谋取不当利益，严重浪费科研资源；在个人履历表、资助申请表、职位申请表，以及公开声明中故意包含不准确或会引起误解的信息，故意隐瞒重要信息。

学术不端行为在哲学社会科学中最常见的表现就是抄袭和剽窃行为。抄袭和剽窃都是指将他人的思想产品据为己有，如在自己的文章中使用他人的思想见解或语言表述，而没有申明其来源，二者没有本质的区别，但在侵权方式上，抄袭更多地表现为不适当引用他人作品而未加以注释，剽窃表现为窃取他人的作品以自己名义发表。前者是公开的，后者是隐蔽的。

一般而言，抄袭和剽窃的形式主要包括：(1) 抄袭他人受著作权保护作品中的论点、观点、结论，而不在参考文献中列出，让读者误以为观点是作者自己的。(2) 窃取他人研究成果中的调研、实验数据、图表，照搬或略加改动就用于自己的论文。(3) 窃取他人受著作权保护的作品中独创概念、定义、方法、原理、公式等据为己有。(4) 片段抄袭，文中没有明确标注。(5) 整段照抄或稍改文字叙述，增删句子，实质内容不变，包括段落的拆分合并、段落内句子顺序改变等等，整个段落的主体内容与他人作品中对应的部分基本相似。(6) 全文抄袭，包括全文照搬（文字不动）、删简（删除或简化，将原文内容概括简化、删除引导性语句或删减原文中其他内容等）、替换（替换应用或描述的对象）、改头换面（改变原文文章结构，或改变原文顺序，或改变文字描述等）、增加（一是指简单地增加，即增加一些基础性概念或常识性知识等；二是指具有一定技术含量的增加，即在全包含原文内容的基础上，有新的分析和论述补充，或基于原文内容和分析发挥观点）。（7）组合别人的成果，把字句重新排列，加些自己的叙述，字面上有所不同，但实质内容就是别人成果，并且不引用他人文献，甚至直接作为自己论文的研究成果。（8）自己照抄或部分袭用自己已发表文章中的表述，而未列入参考文献，应视作“自我抄袭”。

我国司法实践中认定抄袭和剽窃一般来说遵循三个标准：第一，被剽窃（抄袭）的作品是否依法受《著作权法》保护。第二，剽窃（抄袭）者使用他人作品是否超出了“适当引用”的范围。这里的范围不仅从“量”上来把握，主要还要从“质”上来确定。第三，引用是否标明出处。这里所说的引用“量”，国外有些国家做了明确的规定，如有的国家法律规定不得超过1/4，有的则规定不超过1/3，有的规定引用部分不超过评价作品的1/10。我国《图书期刊保护试行条例实施细则》第十五条明确规定：“引用非诗词类作品不得超过2500字或被引用作品的十分之一”；“凡引用一人或多人的作品，所引用的总量不得超过本人创作作品总量的十分之一”。对于引用“质”，一般应掌握以下界限：（1）作者利用另一部作品中所反映的主题、题材、观点、思想等再进行新的发展，使新作品区别于原作品，而且原作品的思想、观点不占新作品的主要部分或实质部分，这在法律上是允许的；（2）对他人已发表作品所表述的研究背景、客观事实、统计数字等可以自由利用，但要注明出处，即使如此也不能大段照搬他人表述的文字；（3）《著作权法》保护独创作品，但并不要求其是首创作品，作品虽然类似但如果系作者完全独立创作的，则不能认为是剽窃。

近年来，中国学术界逐渐重视学术规范的问题。大学生应当从写论文的第一天开始养成遵守学术规范，拒绝抄袭和剽窃，尊重他人知识产权的习惯。在广泛阅读的基础上，在承认前人既有的研究成果之上，求实创新，坚持独立思考，提出自己的观点。

深入阅读

1. 教育部社会科学委员会学风建设委员会：《高校人文社会科学学术规范指南》，高等教育出版社，2009年版。

2. 邓正来：《中国学术规范化讨论文选（修订版）》，中国政法大学出版社，2010年版。

课后思考

学术研究为什么必须要重视学术规范？针对近年来出现的多起疑似学术造假和学术版权纠纷案件，谈谈你的看法。

附一：四川大学法学教育史略

清末民初，时值中西文化交汇，中国传统文化面临社会转型而濒于崩溃，其中教育制度也随之发生巨变。新政之前，中国的教育职能主要由家庭（家族）负责，礼部、学政和教谕（儒学教官）等教育机构的设置，主要的功能是组织科举考试、举行祭孔仪式并以此来推行儒家教化。即使是相对有一些独立性的书院，也逐渐演变为科举“培训班”，这在清代尤为明显。[①] 1901 年，清廷颁布了“兴学诏书”，提出“兴学育才，实为当务之急”，并要求“除京师大学堂应切实整顿外，着各省所有书院，于省城均改设大学堂，各府厅直隶州均设中学堂，各州县均设小学堂，并多设蒙养学堂。”[②] 1902 年清廷颁布《钦定学堂章程》，提出建立学堂和国民通识教育体系。至此，改私塾为学堂，建立具现代意义的新式大学，成为当时教育领域里的主要现象。清末教育制度的变革促进了西方近代自然科学和人文社会科学在中国的传播，作为与清末政体变革最为相关的法科教育，也随着时局的需要而兴盛起来。

一、源起（1903—1911）

四川大学的法科教育滥觞于清末新学兴起之时。在新学堂建立不久，鉴于时局紧迫，清廷希望在短期内提升官吏水平。1901 年 11 月 4 日，袁世凯上奏光绪帝，称“时艰方亟，需才孔殷，而学堂收效尚迟，目前断难济用。况昔人有言，变士习易，变仕习难，造就吏才，尤为急务。”“拟请京师设立课官院，各省分设课吏馆”，“按期认真扃试，试以策论。”“使贤能愈切奋兴，不肖亦知愧勉，庶人人讲求经济，砥砺学修，皆得成材而资世用，藉副圣朝图治作人至意。”[③] 1902 年，光绪谕旨要求“自道府以至州县，凡初到省……其尚堪造就者，均令人课吏馆，讲习政治法律一切居官之要，随时酌予差委，以觇其才识。”[④]于是四川同其他各省一样，于 1903 年正式开设课吏馆以加强对官吏法律、政治知识的培养。1904 年，清廷拟订各省政治速成科办法，令各省在旧设课吏馆内设立政治速成科。翌年夏，修订法律大臣伍廷芳、沈家本奏请于各省课吏馆设立仕学速成科，以培养实行新政所需要的法政人才。学部议复伍、沈二大臣的奏片，曰：“查各省课吏馆业经遍设，尚无专习法律一门。近日直隶议设法政学堂，所列科目颇为详备，与该大臣等所拟办法相合，于造就已仕人才佐理地方政治，深有裨益。”[⑤] 故各省纷纷取法直隶法政学堂章程，参酌各地情形，或在课吏馆办理仕学速成科，或直接设

① 干春松：《制度化儒家及其解体》，中国人民大学出版社 2003 年版，第 227 页。

② 《光绪朝东华录》，中华书局 1958 年版，第 5676 页。

③ 袁世凯：《设课吏馆片》，光绪二十七年九月二十四日（1901 年 11 月 4 日），天津图书馆、天津社科院历史所编：《袁世凯奏议》（上），天津古籍出版社 1987 年版。

④ 《光绪朝东华录》第 5 册，中华书局 1958 年版，总第 4863～4864 页。

⑤ 《学务大臣议复专设法律学堂并各省课吏馆添设仕学速成科折》，《大清法规大全》，“教育部”，卷 15。

立仕学馆，比较著名的有湖南在 1904 年成立的湖南省仕学馆。[①]

四川在 1903 年开办了课吏馆，依当时形势，由四川各地选派现职的司法官员入馆学习内政、司法之课程，[②] 后也照湖南例专设仕学馆造就具政法知识的地方官僚。1905 年四川总督锡良[③]派人赴日考察近代教育后，责成提学使方旭、候补道周善培在原课吏馆的基础上创办四川法政学堂。1906 年 8 月四川法政学堂成立，该年“川省仕学馆开办已及半年，近奉部章改为法政学堂，考取正佐各 30 员，入堂肄习，以两年为毕业”[④]。四川法政学堂初分“官班”和“绅班”，官班为有科举功名和世家阀阅的人而设立，地址初设在成都皇城贡院西偏，后迁总府街内务司旧署。绅班主要招收无功名的士绅及其子弟，地址在五世同堂街财政旧署。[⑤] 两班虽由学堂监督（即校长）统一管理，但实际相互独立。四川政法学堂第一任监督是四川青神进士、日本法政大学毕业生邵从恩。[⑥] 法政学堂设别科和讲习科，学制两、三年不等，开设的主要法学课程有大清律例、大清会典、法学通论、民法、国际公法、国际私法、商法、刑法、行政法、宪法泛论、城乡地方自治章程、法院编制法等。

此时的宪政编查馆咨行各省法政学堂，要求刊行校外讲义，以期推广法政知识，造就有用人才。四川法政学堂亦以“购阅校外讲义者称法政学堂校外学员”，四川法政学堂聚集专家，“详定体例，举近日最切要最新之法政学说，草为校外讲义，月出二编，刊行全省，期与我僚属我士民研习而共勉焉。其有研精覃思寻绎有得者，且将按其成绩给以证书。”校外讲义之学科包括：法学通论、民法总则、物权、债权、刑法全部、宪法泛论、行政法、商法总则及会社、民事诉讼法、刑事诉讼法、裁判所构成法、平时国际公法、战时国际公法、国际私法、政治学、财政学、经济学、统计学、警察学、监狱学、地方制度、西洋史、世界地理，仅就学科名目而言，堪与法政学堂内各学员所习科目相比肩。这套凡 30 余册，以 3 学期（一年半）为毕业。凡四川现任实缺署事及有要差正佐各项人员，除曾习法政毕业者外，均可购领自行修学。此类校外学员于讲义内有不了解之处，可随时致书法政学堂询问；且学员于每学期须将所圈阅的讲义及研究心得作为笔记，寄送法政学堂核验。如修学 3 学期满，可报名参加考试，合格者由法政学堂

---

① 《湖南仕学馆章程》，《东方杂志》，第一年，第 8 期。

② 四川省地方志编纂委员会：《四川省志·哲学社会科学志》，四川人民出版社 1998 年版，第 206 页。

③ 锡良（1853—1917），清末大臣，蒙古镶蓝旗人。字清弼，巴岳特氏。进士。历任山西知县、知府及湖南布政使。1900 年后，任热河都统时，请改旧制，整顿时政。1903 年升任四川总督。辛亥革命后，离职还乡。1917 年卒。谥文诚。著有《锡良遗稿》。朱自强、高占祥等主编：《中国文化大百科全书·历史卷》（下册），长春出版社 1994 年版，第 518～519 页。

④ 《各国教育汇志》，《东方杂志》第三年，第 12 期。

⑤ 《四川大学史稿》，四川大学出版社 1985 年版，第 25 页。

⑥ 邵从恩（1871—1949），字明叔，青神县人。1902 年中举人，1904 年殿试成进士，后来到日本东京帝国大学学习法政，想寻求法治救国的道理。1908 年，受四川当局的奏请，奉调四川，兴办四川法政学堂（即四川大学法学院的前身），并主持四川司法筹备处，培养推行法治的专门人才，普及法政教育。辛亥革命后，他担任过许多高级职务。他在北京任法制局参事时，曾拟定各种法规，刻苦钻研法学著作，善意培养法治人才。其一生从事法治教育、争取国家和平，照片至今陈列在北京革命历史博物馆。参见政协全国委员会文史资料研究委员会编：《文史资料选辑 第一辑（总 101 辑）》，文史资料出版社 1960 年版，第 172～184 页。

发给校外卒业证书。[①] 透过这种方式，实施学堂外的法科教育，普及法政知识。

随着预备立宪活动的展开，特别是地方自治的筹备和运行，"法政学员，人数甚众。1909 年，四川官立法政学堂官班约 170 名，绅班约 240 名"，舆论称"四川法学，可谓发达极矣"，[②] 可见当时法政学堂法科教育之影响。至 1910 年，法政学堂绅班在校学生达 467 人，居当时四川五大专门学堂（后发展为四川大学前身的五大公立专门学校）之首，教师 22 人，主要有李德芳（法学通论）、陈润海（大清律例）、李光珠（刑法）、周择（经济学、财政学）、叶秉诚（世界历史）、龚道耕（大清会典）、孔庆余（国际公私法）、郑鸿基（民法）、刘天佑（政治学、行政法）、沈宗元（算术）、程莹度（法院编制法）、周常昭（商法）、覃育贤（宪法）、陈崇基（民法）等，皆为当时的知名人士。学堂固定资产 23856 两，年经费 15921 两，房舍和操场占地 178600 方尺。[③]

四川法政学堂的法科教育受日本影响极深，除中国古典法律文献外，学堂授课大多数采用日本教材，仿照日本法科教育模式，并聘用日本留学回国人员执教，传授大陆法系的法学观点。除第一任监督兼教员邵从恩系留学日本毕业外，学堂教务长、教员周择、教务长李德芳、教员丁傅绅、孔庆余、周代本、黄毓兰、黄赞元、覃育贤、屠文溥、张知竞、熊兆渭、胡锡璋、程莹度等人均为日本法政大学或日本明治大学毕业。

二、并校（1912—1931）

辛亥革命后，旨在为清廷培养政法人才的四川法政学堂失去政治基础，因此官班与绅班合并，于 1912 年成立四川法政学校，驻绅班原址。1914 年后，四川省立专科以上学校实施新的定名运动。1915 年 1 月，四川法政学校改称四川公立法政专门学校，设政治、法律和经济三科。其时的法科教育学制多样，有本科（三年）、别科（三年，专为年龄大、国学基础好者开办）、预科（一年）和补习班别科（不限学年），教学规模不断扩大。

四川公立法政专门学校的学生数和教师数均居当时的五大公立专门学校之首，1917 年四川公立法政专门学校有教职员共计 40 人，年经费 31000 两，固定资产 41000 两。[④] 从 1906 年到 1915 年，共有 2100 多名学生毕业，平均每年 210 名，多则 300 名。其时的校长和教员都是当时法政界知名人士，1912—1917 年内的三任校长邵从恩、印焕门和颜楷均留学或毕业于日本。其中颜楷在辛亥革命时担任保路同志会干事长，入民国后辞高官不受，有"恂恂儒者，乃见义则大勇"[⑤] 之誉。1917 年前后在四川公立法政专门学校任教的主要教员有陈崇基（商法、民法）、盛宗培（法律科主任，刑事和民事诉讼法、公司条例）、李德芳（法学通论、刑法总论）、沈仲荧（民法物权）、谢升庵（民法债权、刑法总论）、覃育贤（比较宪法、国法学）、陈国华（行政法）、罗学姝（商法）、衷冀保（国际公法、外交史）、沈翰林（公司条例）、李辟（货币论、经济学）等。四川公立法政专门学校课程基本按照当时教育部要求开出，相当一部分讲义是自己编写的，1918

① 赵尔巽撰《叙言》；《四川法政学堂发行校外讲义及劝惩章程》，《四川法政校外讲义》第一册，1910 年官印刷局承印。转引自程燎原：《清末法政人的世界》，法律出版社 2003 年版，第 125～126 页。

② 《法政学堂发达之一斑》，《申报》，1909 年 12 月 15 日。

③ 《四川大学史稿》，四川大学出版社 1985 年版，第 25～26 页。

④ 《四川大学史稿》，四川大学出版社 1985 年版，第 39 页。

⑤ 《四川文史资料选辑》，第一辑。

年法律科开设了宪法、行政法、罗马法、刑法、民法、法制史、商法、刑事诉讼法、国际公法、财政学、破产法、民事诉讼法、国际私法、法院编制法等课程。[①]

“五四”期间，四川公立法政学校的学生积极参加学生运动，校长熊晓岩还主持了有四川 60 余所高校的 6000 余名学生和各界人士 1 万多人参加的成都“学界外交后援会成立大会”，响应北京学生运动。四川公立法政学校的学生孙少荆创办了五四期间的著名进步刊物《星期天》。

1927 年上半年，四川公立法政专门学校连同四川公立外国语专门学校、四川公立农业专门学校、四川公立工业专门学校、四川公立国学专门学校五大专门学校相继提请成立单科大学。但按当时《国立大学校条例》规定，三科（院）以上始得称大学，遂未办成。到 1927 年 8 月，由省长公署和教育厅召集多次会议，决议由五专门学校合并改组成公立四川大学，并经省长公署及大学院立案。四川公立法政专门学校即成为公立四川大学的法政学院，刘昶育时任第一任学长（即院长），其后周馥昌继任院长。1931 年公立四川大学、国立成都大学和国立成都师范大学三校合并组建国立四川大学。国立四川大学法学院随之成立。

三、繁荣（1932—1951）

1931 年国立四川大学成立后，张澜[②]推荐王兆荣[③]任第一任校长。王兆荣在三校院系基础上重新调整院系设置。至 1933 年，国立四川大学下设文学院、理学院和法学院，法学院包括法律系、政治系和经济系。1932 年学校临时行政会议任命熊晓岩为法学院院长。熊晓岩系万县人，留学日本早稻田大学，学习政治经济学，辛亥革命后任重庆高等检查分厅检查长，四川公立法政专门学校校长，省议会议长。1933 年熊晓岩因病辞职，四川大学学校秘书长吴君毅被兼聘为法学院院长，谢盛堂任法律系主任。吴君毅系四川成都人，日本东京帝国大学法学系毕业。[④] 其担任过伦敦大学研究员、柏林大学研究员，国立北京法政大学教务长兼政治系主任，北京大学讲师，北京法政大学法制室参事，三大学合并前任成都大学法学院院长，具备较强的法科教学和管理经验，其后也多次出任法学院院长之职。

1935 年，任鸿隽[⑤]被当时的教育部任命为国立四川大学校长。任鸿隽在任期间，以

---

① 《四川大学史稿》，四川大学出版社 1985 年版，第 40 页。

② 张澜（1872—1955），字表方，四川南充人。清末秀才，1925—1930 年任国立成都大学校长。1941 年在重庆发起组织中国民主政团同盟，被推为主席。1944 年民主政团同盟改称中国民主同盟，继任主席。新中国成立后历任中央人民政府副主席、全国人大常委会副委员长、全国政协副主席。参见谢增寿，康大寿编著：《张澜传略》，档案出版社 1992 年版。

③ 王兆荣（1887—1968），字宏实，秀山中和镇西街人，祖籍江西，至曾祖始定四川秀山。1910 年考入为中国留学生特设之东京第一高等学校预科学习，1920 年冬应聘任为北京法政专门学校教务校长，1932—1935 年任国立四川大学校长。参见中国人民政治协商会议重庆市秀山土家族苗族自治县委员会文史资料委员会编：《秀山文史资料》（第 9 辑），第 86～116 页。

④ 政协四川省文史资料研究委员会、四川省文史馆编：《四川近现代文化人物》，四川人民出版社 1989 年版，第 309～312 页。

⑤ 任鸿隽（1886—1961），字叔永，四川巴县人，原籍浙江吴兴，游学日本，1918 年秋回国，历任北京大学教授、教育部专门教育司司长、上海商务印书馆编辑、南京东南大学副校长、中华教育文化基金董事会干事长、四川大学校长、中央研究院总干事兼化学研究所所长等职。参见中国社会科学院近代史研究所近代史资料编辑部编：《近代史资料》（总 105 号），中国社会科学出版社 2003 年版

“现代化”、“国立化”的目标实施校务改革。在人事上新聘了大量省外的知名学者任法学院教授，最初选定时任国立武汉大学法学院院长的燕树棠担任四川大学法学院的院长，后燕因故未履任，改由南开大学教授，著名政治经济学家徐敦璋担任。法律系的主要教授有谢升庵、王翰芳、龙维光、裘千昌、胡恭先、罗彦辉等。其中胡恭先系西昌礼州人，1927 年毕业于日本京都帝国大学，先后任国立中山大学法科教授，省立安徽大学教授兼法学院院长；裘千昌系浙江奉化人，1929 年毕业于日本九州帝国大学文法学部法科，曾先后在安徽大学、成都大学、中山大学、四川大学、朝阳大学任教授。这些教授大多系当时法学界名流。

任鸿隽校长教学改革主张“大学学生，重在求得研究学问之门径”①、“学校应向实际应用方面发展”②，因此国立四川大学的法科教育也体现出这两方面的特点。法学院教授为鼓励学生抒发志趣，加深研究，练习著述，组织了论文奖励会，其会员由院长及教授担任，每月各捐 2 元。每学期向学生征文两次，题目由各会员拟定公布，凡法学院学生均可选作，论文奖分甲、乙、丙三等，甲等奖金 10 元，乙等 7 元，丙等 5 元。自奖励会成立以来，学生投稿异常踊跃，促进了学生应用知识能力的提高。法律系为使学生有实际锻炼的机会，培养学生运用法律的能力，1936 年 4 月成立了法律顾问处，由裘千昌任主任，指导学生在法律顾问处直接与民众见面，收集社会案件、解答法律疑难。此时的法律学系有教授 4 人，副教授 1 人，特约教授 2 人，讲师 4 人，学生 55 人；开出课程有：民法总则、刑法总论、宪法、政治学、经济学、监狱学、犯罪心理学、法院组织法、民法债编总论、国际公法、刑事诉讼法、刑法各论、行政法、罗马法、债编各论、民事诉讼法、物权法、公司法、票据法、海商法、土地法、刑事诉讼实习、法医学、刑事政策、亲属法、继承法、保险法、国际私法、劳动法、破产法、强制执行法、民事诉讼实习、法律哲学、中国法制史等 41 门。③ 1935 年法学院教师自编讲义共计 28 种，总页数达 88350 页之多。④

日军侵华期间，国立四川大学法学院的学生发扬爱国进步的精神，先后组织和参加了多次学生运动，法学院学生刘掞任总编辑的《战时学生旬刊》成为当时川大学生积极宣传抗日救国的重要舆论工具。1938 年中共国立四川大学总支成立，法学院学生王玉淋任总支书记。1938 年国民政府迁都重庆，国立四川大学在教育界地位迅速上升。1939 年因日机轰炸成渝，四川大学迁至峨眉，设文、理、法、师范 4 个学院 19 个系。余群宗时任法学院院长⑤。余群宗系四川广安人，1927 年毕业于日本东京东亚预备学校、东京帝国大学法科，获法学学士学位。1929 年回国后，先后在中山大学、四川大学、重庆大学法律系任教授⑥，主要代表作有《中国土地法论》⑦、《中国票据之统一的考究》等。胡元义（芹生）时任法律系主任。

---

① 《川大周刊》，第四卷，第 4 期。
② 《川大周刊》，第四卷，第 2 期
③ 《国立四川大学档案》，第 189 卷。
④ 《国立四川大学档案》，第 189 卷。
⑤ 国立四川大学出版组：《国立四川大学简况》，1942 年版，第 6 页。
⑥ 四川省地方志编纂委员会：《四川省志·哲学社会科学志》，四川人民出版社 1998 年版，第 216 页。
⑦ 《中国土地法论》，成都国立四川大学出版组 1944 年。

1943年四川大学迁回成都后，下设文、理、法、农、师范5院23系，法学院设法律系（司法组）、政治系和经济系，吴君毅时任法学院院长，裘千昌任法律系主任。其间法学院迅速发展，仅新聘教授就达12人，法律系的人数，包括当时司法行政部为专门培训法官而委托筹办的司法组在内，共达一千人。此时的法律系拥有一大批留学日本和欧美的教授。刑法有谢盛堂、赵念非，谢盛堂著有《刑法总论》、《刑法分论》，赵念非系四川省大足县人，1916年留学日本九州帝国大学，受教于著名法学家牧野英一博士，1930年获得法学硕士学位①；民商法有袭千昌、朱显祯、胡元义、宁柏青，裘千昌系浙江奉化人，1929年毕业于日本九州帝国大学文法学部法科，著有《中国民法债编总论》、《民法债编总论》、《公司法》，并编写《民法总论》、《债编各论》、《保险法论》、《票据法论》等讲义，朱显祯系四川璧山人，早年毕业于日本帝国大学，获法学学士学位，回国先后在中山大学、四川大学任教授，担任四川大学法律系主任，② 主要代表作有《亲属法论》、《继承法论》、《德国历史法学派之学说及其批评》③、《礼与法律》④、《法律解释论》⑤，宁柏青著有《破产法论》⑥。另有土地法的余群宗，宪法行政法的胡恭先，国际法的刘世传，诉讼法的龙守荣，法院组织法的杨兰荪等，并在原有的法律课程基础上增设了亲属法、海商法、继承法、公司法、票据法、强制执行法、破产法、土地法等新课程，出版了一系列有影响的法学论著。其时的学生也相当活泼，成立了专门性研究组织“法律学会”⑦，并创办了由朱显祯和裘千昌主编的学术期刊《法学月报》⑧。在1941年的司法官考试中，全国被录取共205人，国立四川大学法学院学生就占33人。⑨

新中国成立之初，废除旧法导致司法系统极缺办案人员，四川大学法律学系的许多学生提前被分别派往司法部门参加司法改革和司法工作，法律学系的教员也兼职法院工作，如裘千昌兼任川西行署高级人民法院副院长，赵念非兼任成都市法院副院长。其他教员也积极地参与到新中国的建设中，如胡恭先历任四川省政协第一至五届委员会委员，四川省人民政府文史馆研究员，四川省少数民族地区经济建设服务中心顾问等职。赵念非参加中华人民共和国第一届全国司法会议，参与新中国《法院暂行组织条例》、《刑法大纲》、《诉讼程序通则》等法律草案的起草和修改讨论并受到毛泽东、周恩来、邓小平等领导人接见，担任四川省政协第二届、第五届委员会委员。

四、重建（1952—1998）

也许是“所有社会，在民族危机和重大事变时期之后都有过重大教育改组的尝试”⑩，新中国成立后第一个关于教育改革的指导方针就规定在当时起宪法作用的《共

① 成都市中级人民法院：《成都法院志》，四川人民出版社1997年版，第306～308页。
② 四川省地方志编纂委员会：《四川省志·哲学社会科学志》，四川人民出版社1998年版，第215页。
③ 《社会科学论丛》，第1卷第10期。
④ 《社会科学论丛》，第2卷第8～9期。
⑤ 《中山大学社会科学论丛》，1935年第2卷第8、9卷。
⑥ 《破产法论》，商务印书馆1935年版。
⑦ 国立四川大学出版组：《国立四川大学简况》，1942年版，第5页。
⑧ 周晓晴等编：《四川大学图书馆报刊目录1876—1949》。
⑨ 国立四川大学出版组：《国立四川大学简况》，1942年版，第8页。
⑩ ［美］卡扎米亚斯：《教育的传统与变革》，文化教育出版社1981年版。

同纲领》中："中华人民共和国的文化教育为新民主主义的，即民族的、科学的、大众的文化教育"，"人民政府应有计划有步骤地改革旧的教育制度、教育内容和教育法"（第41条）。1950年6月第一次全国高等教育会议上，教育部明确提出了要在全国范围内有计划统一地进行院系调整。马叙伦强调："我们要在统一的方针下，按照必要和可能，初步地调整全国公私立高等学校和某些系科，以便更好地配合国家建设的需要。"①1952年初，中央人民政府教育部随即推出"全国高等学校院系调整方案"，开始了影响深远的全国院系调整。

四川大学在这场院系调整中，工学院独立为成都工学院（成都科技大学），农学院独立为四川农业大学。1952年下半年，经西南军政委员会政法委员会和文教部决定，四川大学法律系、政治系连同重庆大学、云南大学、贵州大学等校的法律系和政治系并入西南革命大学总校，组建为革命大学一部政法系，四川大学法学院的大量优秀教授如余群宗、裘千昌、赵念非、朱驭欧、伍柳村等调入该校。在此基础上，1953年西南政法学院成立，成为全国仅有的几所专门性政法院校。四川大学仅剩文、理两院，四川大学自身的法科教育因之中断。

1983年经国家教委批准，四川大学任命郭炳和、秦大雕、赵炳寿组成四川大学法律系恢复建系筹备组，由郭炳和任组长。1984年四川大学法律系正式恢复，四川大学的法科教育因此得以恢复。此时的四川大学法学院拥有几位刑法学界极为知名的教授，如伍柳村、周应德等。伍柳村系四川峨眉山市人，1937年毕业于四川大学法律学系，1952年院系调整调入西南政法大学，著有《刑法学》、《刑法讲义》、《试论教唆犯的二重性》、《划清罪与非罪的几个界限》、《试论犯罪的着手》等；周应德系重庆南川人，我国第一个刑事侦查学教授，1952年曾任最高人民法院西南分院审判员，著有《犯罪侦查学概论》、《犯罪侦查学》等。1985年经国家教委批准，四川大学法学院设立刑法学专业硕士点，开始招收刑法硕士研究生，由伍柳村、周应德、赵炳寿、黄肇炯、陈康扬和许建光教授分别担任中国刑法、国际刑法、法律逻辑、刑事侦查、物证技术专业方向的导师。这是当时全国法学界为数不多的几个法科硕士点。1994年四川大学和成都科技大学两校合并，成立四川联合大学，同时恢复建立四川联合大学法学院，下设法律系和哲学系，赵炳寿时任法学院院长。1998年底，国家教育部决定将四川联合大学更名为四川大学，四川大学法学院这一名称得以恢复。2011年四川大学获批法学一级学科博士点，四川大学的法科教育得以不断发展。

（里 赞 刘昕杰 执笔编撰）

① 马叙伦：《第一次全国高等教育会议开幕词》，上海市高等教育局研究室等编：《中华人民共和国建国以来高等教育重要文献选编》（上），第123页。

课吏馆（1903）
四川法政学堂（1906）
四川法政学校（1912）
四川公立法政专门学校（1914）
公立四川大学法政学院（1927）
国立四川大学法学院（1933）
西南政法学院（1952）
四川大学法律系（1984）
四川联合大学法学院（1994）
四川大学法学院（1998）

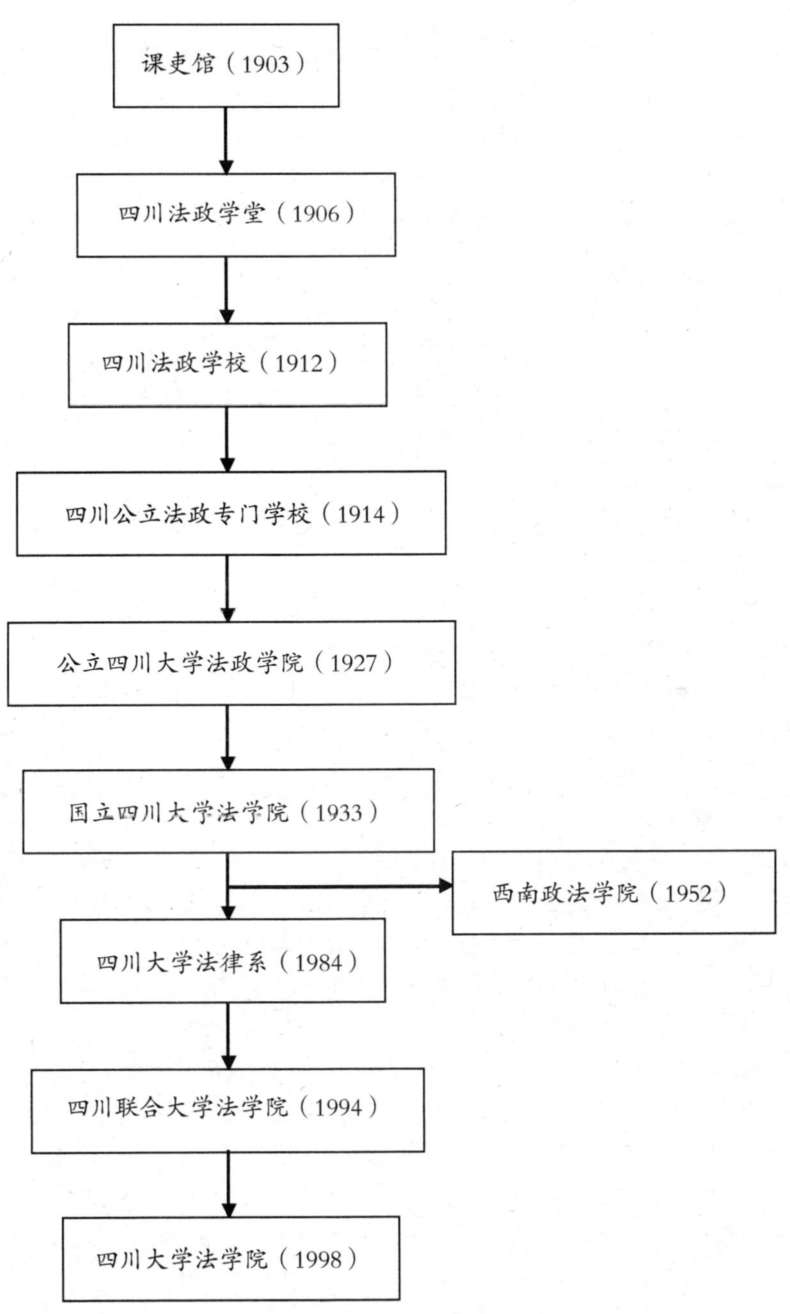

四川大学法学院沿革图

附二：法学本科推荐阅读书目

1. 以下为法学大学生推荐阅读书目（仅限中文法学专著或中文法学译著），若对某领域或某学者感兴趣应当进一步延伸阅读相关书目。

2. 版本以 2011 年初为限，书籍有新版应阅读最新版。

基础知识入门

[1] 刘星：《西窗法雨》（第二版），法律出版社，2008 年版。

[2] 任东来：《美国宪政历程：影响美国的 25 个司法大案》（第二版），中国法制出版社，2004 年版。

[3] 蔡定剑：《历史与变革——新中国法制建设的历程》，中国政法大学出版社，1999 年版。

[4] 梁慧星：《法学学位论文写作方法》，法律出版社，2006 年版。

[5] 于丽英：《法律文献检索教程》，清华大学出版社，2005 年版。

[6] [美] 博西格诺：《法律之门》（第八版），华夏出版社，2007 年版。

[7] [英] 罗伊德：《法律的理念》，新星出版社，2005 年版。

法理学与法律交叉学科

[8] 苏力：《法治及其本土资源》（修订版），中国政法大学出版社，2004 年版。

[9] 张文显：《二十世纪西方法哲学思潮研究》，法律出版社，2006 年版。

[10] 张乃根：《西方法哲学史纲》（增补本），中国政法大学出版社，2002 年版。

[11] 邓正来：《中国法学向何处去——建构中国法律理想图景时代的论纲》，商务印书馆，2006 年版。

[12] 何勤华：《西方法学史》（第二版），中国政法大学出版社，2003 年版。

[13] 夏勇：《走向权利的时代——中国公民权利发展研究》，社会科学文献出版社，2007 年版。

[14] 张志铭：《法律解释操作分析》，中国政法大学出版社，1998 年版。

[15]（中国台湾）颜厥安：《法与实践理性》，中国政法大学出版社，2003 年版。

[16] 许章润：《说法·活法·立法：关于法律之为一种人世生活方式及其意义》（增订版），清华大学出版社，2004 年版。

[17] [英] 哈耶克：《自由秩序原理》，三联书店，1997 年版。

[18] [美] 伯尔曼：《法律与宗教》，中国政法大学出版社，2003 年版。

[19] [美] 波斯纳：《法律的经济分析》，中国大百科全书出版社，1997 年版。

[20] [美] 罗尔斯：《正义论》，中国社会科学出版社，1988 年版。

[21] [美] 劳伦斯·弗里德曼：《法律制度》，李琼英等译，中国政法大学出版社，

1994年版。

[22]［美］吉尔兹：《地方性知识》，中央编译出版社，2004年版。

[23]［德］茨威格特等：《比较法总论》，法律出版社，2003年版。

[24]［德］哈贝马斯：《在事实与规范之间——关于法律和民主法治国的商谈理论》，三联书店，2003年版。

[25]［德］拉德布鲁赫：《法哲学》，法律出版社，2005年版。

[26]［德］考夫曼：《法律哲学》，法律出版社，2004年版。

[27]［德］韦伯：《论经济与社会中的法律》，中国大百科全书出版社，1998年版。

[28]［法］达维德：《当代主要法律体系》，上海译文出版社，1984年版。

[29]［奥］凯尔森：《法与国家的一般理论》，中国大百科全书出版社，1996年版。

[30]［爱］凯利：《西方法律思想简史》，法律出版社，2002年版。

[31]［日］千叶正士：《法律多元》，中国政法大学出版社，1997年版。

法律史与法律文化

[32] 瞿同祖：《中国法律与中国社会》，中华书局，1981年版。

[33] 张晋藩：《中国法律的传统与近代转型》（第三版），法律出版社，2009年版。

[34] 梁治平：《法辨——中国法的过去、现在与未来》，中国政法大学出版社，2002年版。

[35] 张中秋：《中西法律文化比较研究》（第四版），法律出版社，2009年版。

[36] 范中信：《中西法文化的暗合与差异》，中国政法大学出版社，2001年版。

[37] 武树臣：《中国传统法律文化》，北京大学出版社，1994年版。

[38] 徐忠明：《中国法律精神》，广东人民出版社，2007年版。

[39]（中国台湾）林端：《儒家伦理与法律文化》，中国政法大学出版社，2002年版。

[40]（中国台湾）王伯琦：《近代法律思潮与中国固有文化》，清华大学出版社，2006年版。

[41]［美］布迪：《中华帝国的法律》，江苏人民出版社，1995年版。

[42]［美］高道蕴等：《美国学者论中国法律传统》（增订版），清华大学出版社，2004年版。

[43]［日］滋秀贺三等：《明清时期的民事审判与民间契约》，法律出版社，1998年版。

[44]［美］黄宗智：《清代的法律社会与文化：民法的表达与实践》，上海书店，2007年版。

宪政与公法原理

[45] 张千帆：《西方宪政体系》（修订版），中国政法大学出版社，2001年版。

[46] 林来梵：《从宪法规范到规范宪法》，法律出版社，2001年版。

[47] 童之伟：《法权与宪政》，山东人民出版社，2001年版。

[48] 王希：《原则与妥协：美国宪法的精神与实践》，北京大学出版社，2000

年版。

[49]（中国台湾）陈新民：《德国公法学基础理论》，法律出版社，2010 年版。

[50]（中国台湾）翁岳生：《行政法》，中国法制出版社，2002 年版。

[51]［美］戈登：《控制国家——西方宪政的历史》，江苏人民出版社，2001 年版。

[52]［美］汉密尔顿等：《联邦党人文集》，商务印书馆，1980 年版。

[53]［法］托克维尔：《论美国的民主》，商务印书馆，1988 年版。

[54]［英］戴雪：《英宪精义》，中国法制出版社，2001 年版。

[55]［英］维尔：《宪政与分权》，苏力译，三联书店，1997 年版。

[56]［日］杉原太雄：《宪法的历史——比较宪法学新论》，社会科学文献出版社，2000 年版。

[57]［日］盐野宏：《行政法》，北京大学出版社，1999 年版。

[58]［日］芦部信喜：《宪法》，北京大学出版社，2006 年版。

民商法与经济法学

[59] 王利明：《民法典体系研究》，中国人民大学出版社，2008 年版。

[60] 龙卫球：《民法总论》（第二版），中国法制出版社，2002 年版。

[61] 梁慧星：《民法解释学》（第三版），法律出版社，2009 年版。

[62] 谢怀拭：《外国民商法精要》，法律出版社，2002 年版。

[63] 孟勤国：《物权二元结构论》（修订版），人民法院出版社，2002 年版。

[64] 徐国栋：《民法基本原则解释：以诚实信用原则的法理分析为中心》（增删本），中国政法大学出版社，2004 年版。

[65] 杨桢：《英美契约法论》（修订版），北京大学出版社，2000 年版。

[66] 尹田：《法国物权法》，法律出版社，1998 年版。

[67] 董安生：《民事法律行为》，中国人民大学出版社，2002 年版。

[68] 张民安：《现代法国侵权责任制度研究》（第二版），法律出版社，2007 年版。

[69] 杨立新：《侵权法论》（第三版），人民法院出版社，2005 年版。

[70] 漆多俊：《经济法基础理论》（第四版），法律出版社，2008 年版。

[71] 李昌麒：《经济法——国家干预经济的基本法律形式》，四川人民出版社，1995 年版。

[72] 范健等：《商法的价值、源流及本体》，中国人民大学出版社，2004 年版。

[73]（中国台湾）王泽鉴：《法律思维与民法实例：请求权基础理论体系》，中国政法大学出版社，2002 年版。

[74]（中国台湾）黄茂荣：《法学方法与现代民法》，中国政法大学出版社，2001 年版。

[75]（中国台湾）黄立：《民法债编总论》，中国政法大学出版社，2002 年版。

[76]［德］舍费尔等：《民法的经济分析》（第四版），法律出版社，2009 年版。

[77]［德］巴尔：《欧洲比较侵权行为法》，法律出版社，2004 年版。

[78]［德］拉伦茨：《民法通论》，法律出版社，2003 年版。

[79]［德］梅迪库斯：《德国民法总论》，法律出版社，2001 年版。

[80] [德] 克茨:《欧洲合同法》，法律出版社，2001 年版。
[81] [美] 沃森:《民法法系的演变及形成》，中国政法大学出版社，1992 年版。
[82] [日] 金泽良雄:《经济法概论》，中国法制出版社，2005 年版。
[83] [日] 我妻荣:《我妻荣民法讲义》，中国法制出版社，2008 年版。
[84] [法] 盖斯坦等:《法国民法总论》，法律出版社，2004 年版。
[85] [英] 阿狄亚:《合同法导论》，法律出版社，2002 年版。
[86] [加] 柴芬斯:《公司法: 理论、结构和运作》，法律出版社，2001 年版。
[87] [加] 温里布:《私法的理念》，北京大学出版社，2007 年版。

刑法学

[88] 张明楷:《刑法的基本立场》，中国法制出版社，2002 年版。
[89] 陈兴良:《本体刑法学》，商务印书馆，2001 年版。
[90] 周光权:《刑法学的向度》，中国政法大学出版社，2004 年版。
[91] 李海东:《刑法原理入门 (犯罪论基础)》，法律出版社，1998 年版。
[92] 马克昌:《比较刑法原理》，武汉大学出版社，2002 年版。
[93] 邱兴隆:《关于惩罚的哲学》，法律出版社，2000 年版。
[94] 曲新久:《刑法的精神与范畴》(修订版)，中国政法大学出版社，2003 年版。
[95] 储槐植:《美国刑法》(第三版)，北京大学出版社，2004 年版。
[96] [意] 贝卡里亚:《论犯罪与刑罚》，中国大百科全书出版社，2005 年版。
[97] [意] 帕多瓦尼:《意大利刑法学原理》，中国人民大学出版社，2004 年版。
[98] [日] 大冢仁:《刑法概说》，中国人民大学出版社，2003 年版。
[99] [日] 曾根威彦:《刑法学基础》，法律出版社，2005 年版。
[100] [德] 李斯特:《德国刑法教科书》(修订译本)，法律出版社，2006 年版。
[101] [美] 弗莱彻:《刑法的基本概念》，中国政法大学出版社，2004 年版。
[102] [法] 斯特法尼等:《法国刑法总论精义》，中国政法大学出版社，1998 年版。
[103] [英] 史密斯:《英国刑法》，法律出版社，2000 年版。
[104] [俄] 库兹涅佐娃:《俄罗斯刑法教程》，中国法制出版社，2002 年版。

诉讼法与司法制度

[105] 陈瑞华:《刑事诉讼的中国模式》(第二版)，法律出版社，2010 年版。
[106] 张卫平:《转换的逻辑——民事诉讼体制转型分析》(修订版)，法律出版社，2007 年版。
[107] 龙宗智:《相对合理主义》，中国政法大学出版社，1999 年版。
[108] 贺卫方:《司法的理念与制度》，中国政法大学出版社，1998 年版。
[109] 顾培东:《社会冲突与诉讼机制》(修订版)，法律出版社，2004 年版。
[110] 孙长永:《侦查程序与人权》，中国方正出版社，2000 年版。
[111] 徐昕:《论私力救济》，中国政法大学出版社，2005 年版。
[112] [日] 谷口安平:《程序的正义与诉讼》，中国政法大学出版社，1996 年版。

[113]［日］棚濑孝雄：《纠纷的解决与审判制度》，中国政法大学出版社，1994年版。

[114]［美］达玛什卡：《司法与国家权力的多种面孔》，中国政法大学出版社，2004年版。

[115]［美］麦克洛斯基：《美国最高法院》，中国政法大学出版社，2005年版。

[116]［英］丹宁勋爵：《法律的正当程序》，法律出版社，2000年版。

[117]［意］卡佩莱蒂：《比较法视野中的司法程序》，清华大学出版社，2005年版。

[118]［意］奈尔肯：《比较刑事司法论》，清华大学出版社，2004年版。

[119]［法］文森等：《法国民事诉讼法要义》，中国法制出版社，1999年版。

其他部门法

[120] 董保华等：《社会法原论》，中国政法大学出版社，2001年版。

[121] 汪劲：《环境法律的理念与价值追求》，法律出版社，2000年版。

[122] 吕忠梅：《环境法新视野》，中国政法大学出版社，2000年版。

[123] 蔡守秋：《调整论》，高等教育出版社，2003年版。

[124]（中国台湾）黄越钦：《劳动法新论》，中国政法大学出版社，2003年版。

[125]［美］芬得利等：《环境法概要》，中国社会科学出版社，1997年版。

[126]［法］基斯：《国际环境法》，法律出版社，2000年版。

[127]［英］詹宁斯等：《奥本海国际法》，中国大百科全书出版社，1995年版。

（刘昕杰 推荐）

后 记

这本《法理学导论》是为适应四川大学法理学教学改革的需要而编写的。四川大学法学院在国内高校中较早地采取法理学课程的双阶段教学方式，即在大一阶段进行法理学基础教学，大三阶段再进行法理学的深入学习。2011 年，四川大学开始实施“探究式、小班化课堂教学改革计划”，大一阶段的法理学成为最早实施小班化教学的课程，因此需要有一本既要强调知识的系统性和基础性，又注重互动性和启发性的教材。为此，在参考现有许多法理学教材的基础上，结合四川大学法学院的教学实践，我们适时地编写了这样一本适用于大一法科新生的法理学导论教材，旨在讲授最基础的法理学知识，并培养学生理性的思考能力和探索创新精神，为学生进入更专业的法学学习打好坚实的基础。本教材的编写分工如下：

刘昕杰：负责全书的体例设计，并撰写前言、法与法律、法律要素、文献检索、学术规范初稿，并对其他部分初稿进行了修改补充，约 12 万字。

王有粮：撰写法学源流、法律体系、法的作用、法的价值部分初稿，约 5 万字。

李海昕：撰写法律责任、法的实施初稿，约 3 万字。

刘　铖：撰写法律关系初稿，约 2 万字。

樊英杰：撰写法的创制初稿，约 1 万字。

范　杰：撰写法治国家初稿，约 1 万字。

毛晓宁：撰写法律职业初稿，约 1 万字。

张天如：撰写法律渊源初稿，约 1 万字。

全书由主编修改统稿。书稿完成后，四川大学法理学研究生阅读了本书并提出了修改意见。感谢我的学分制学生张瀚文、刘楷悦、宋珊珊、高桂芳、黄蒙、汪琦珂、穆雪、黄润、许慧、费雪、吴涛、李梦园、袁存静、薛瑾茹、何盼盼、申香梅、王浠萌、王明珠、云姣，以及赵亮、赵崧、江霞、陈翰、周书文、陆嘉伟等许多法学院 2010 级本科生，与他（她）们的交流使我了解到大一新生的许多真实可爱的想法。感谢四川大学法学院领导和同事，特别是法学理论教研室各位老师的理解和支持。感谢四川大学出版社王冰编辑的辛勤工作，她使本书能以最少的谬误，在最短的时间内付梓出版。

编　者

2011 年 1 月于成都